海南省博物馆·文物保护科技系列

"华光礁Ⅰ号"沉船文物数字化保护与古船复原初探

苏启雅　包春磊　著

文物出版社

图书在版编目（CIP）数据

"华光礁Ⅰ号"沉船文物数字化保护与古船复原初探 /
苏启雅，包春磊著 . — 北京：文物出版社，2023.12

　ISBN 978-7-5010-8223-0

　Ⅰ . ①华… 　Ⅱ . ①苏… ②包… 　Ⅲ . ①数字技术—应
用—南海—沉船—出土文物—文物保护—研究 　Ⅳ .
① K875.352-39

　中国国家版本馆 CIP 数据核字（2023）第 191957 号

"华光礁Ⅰ号"沉船文物数字化保护与古船复原初探

著　　者：苏启雅　包春磊

责任编辑：黄　曲
封面设计：程星涛
责任印制：张　丽

出版发行：文物出版社
社　　址：北京市东城区东直门内北小街 2 号楼
邮政编码：100007
网　　址：http://www.wenwu.com
经　　销：新华书店
印　　刷：宝蕾元仁浩（天津）印刷有限公司
开　　本：787mm×1092mm　1/16
印　　张：16.25
版　　次：2023 年 12 月第 1 版
印　　次：2023 年 12 月第 1 次印刷
书　　号：ISBN 978-7-5010-8223-0
定　　价：298.00 元

海南省博物馆编委会

序

　　传统实体博物馆因观念、技术、场地、展陈能力限制，以及出于对文物保护的考虑，所展示的文物信息量往往不足，大量藏品没有展出机会，而且在时间、空间、展示形式上也受到诸多局限，制约了博物馆社会教育和文化传播的功能。数字博物馆为传统实体博物馆带来了革命：将实体的文物以数字化的形式展示给观众，借助多媒体、虚拟现实等方式在实体博物馆内搭建数字展厅，以实现传统展览不具备的展示功能；依托互联网，搭建网上虚拟博物馆，实现藏品在线展示。目前，国内许多博物馆均在努力开拓数字化管理、展示的平台，数字化建设为文物保护提供了新的契机。

　　海南省博物馆内的珍贵文物历经千百年久经风霜，尤其是"华光礁I号"沉船及其出水文物，虽在特殊环境中恒温保存，但因时间久远出水时已脆弱不堪，很容易受到自然因素而逐渐损害，文物的数字化保护工作尤为紧迫。为了传承保护"海上丝绸之路"文化遗产精神，我们采用三维激光扫描技术、多视图像摄影建模技术、3D建模技术等，三维动画、人机交互等形式，对"华光礁I号"南宋沉船出水文物进行数字化的永久记录和保存，让沉睡800多年的南宋古沉船原貌永久的保存记录下来，待本体保护及复原后与观众见面，再现昔日风采；同时根据船板三维数据成果，可以为船体的实体修复和构造还原提供重要参考，为文物保护修复工作开辟了新的途径。文物保护的初心在于能使更多的人见证到历史文物并能保存延续下来，了解文物背后的历史、文化、故事，一代代继承优秀的传统文化，文物保护中应用数字化技术可以解决这个问题。

海南省博物馆　馆长

2023 年 10 月

目　录

第一章　出水文物保护概论

海洋对人类文明的发展进步有着巨大的影响和重要的地位，人类社会的历史进程一直进行着历史及业余潜水者的试探性活动。海洋文化遗产具有文化遗产所普遍具有的历史、艺术、教育和科研价值，而相较于陆上文化遗产，海洋水下文化遗产所处环境受到的人为干预较少，沉船等海洋文化遗址保存相对完好，能够给历史学家和考古学家等提供大量宝贵的原始信息，对于研究、阐释和再现古代人类社会活动历史、贸易往来、科技传播等具有重要意义。近年来，我国对海洋文化遗产的关注程度和保护力度与日俱增，水下考古技术突飞猛进，国家开展了大量围绕海洋文化遗址、遗迹的调查和发掘工作，一些重要的沉船遗址和海洋文化遗迹相继列入保护范围。水下文化遗产保护是我国文化遗产保护工作的重要内容，世界各沿海国家已经抓紧开发利用海洋资源和空间，水下文化遗产的保护与利用也日益引起各国政府的广泛关注。

第一节　文物的保护修复

一、"文物"的概念

文物是人类历史发展过程中遗留下来的遗物、遗迹，各类文物从不同的侧面反映了各个历史时期人类的社会活动、社会关系、意识形态以及利用自然、改造自然和当时生态环境的状况，是人类宝贵的历史文化遗产[1]。中国的"文物"一词，最早在《左传·桓公二年》当中就有记载："夫德，俭而有度，登降有数，文物以纪之，声明以发之；以临百官，百官于是乎戒惧而不敢易纪律。"当然，当时的文物系指当时的礼乐典章制度和祭器、礼器。唐代，骆宾王有诗云："文物俄迁谢，英灵有盛衰"，杜牧有诗云："六朝文物草连空，天淡云闲今古同"，这里出现的"文物"是指前代的遗物，其含义已与当今所谓文物类似。北宋以青铜器、石刻为主要研究对象的金石学兴起，当时把这些器物统称为"古器物"或"古物"。20世纪50年代，文物收藏家叶恭绰先生鉴于《尚书·旅獒》中有"玩人丧德，玩物丧志"之说，建议将"古玩"改为"文物"。1982年，全国人民代表大会常务委员会公布了《中华人民共和国文物保护法》，方把"文物"一词及其包括的内容用法律形式固定下来。中国社会科学院语言研究所编写的《现代汉语词典》对于"文物"的定义是："历史遗留下来的在文化发展史上有价值的东西，比如建筑、碑刻、工具、武器、生活器皿和各种古代的艺术品等。"《中国大百科全书》对"文物"的定义为[2]：从古代到当代可移动和不可移动的一切历史文化遗存。它具有两大基本特征：一是必须是人类创造的，或者与人类活动有关的；二是必须已经成为历史的过去，不可能再重新创造的。1982年颁布的《中华人民共和国文物保护法》和2002年、2017年修正的《中华人民共和国文物保护法》都对"文物"的范畴作了指向更加明确的界定，确指人类创造的、历史遗留的、不可再生的、物质形态的文化遗产。具体列举了以下几类：

（一）具有历史、艺术、科学价值的古文化遗址、古墓葬、古建筑、石窟寺和石刻、壁画；

（二）与重大历史事件、革命运动或者著名人物有关的以及具有重要纪念意义、教育意义或者史料价值的近代现代重要史迹、实物、代表性建筑；

（三）历史上各时代珍贵的艺术品、工艺美术品；

（四）历史上各时代重要的文献资料以及具有历史、艺术、科学价值的手稿和图书资料等；

（五）反映历史上各时代、各民族社会制度、社会生产、社会生活的代表性实物。

具有科学价值的古脊椎动物化石和古人类化石同文物一样受国家保护，同时历史文化名城、街区也列入文物保护范畴。

文物学中，文物的概念是指人类在社会活动中遗留下来的具有历史、艺术、科学价值的遗物和遗迹[3]。文物是指具体的物质遗存，它的基本特征是：第一，必须是由人类创造的，或者是与人类活动有关的；第二，必须是已经成为历史的过去，不可能再重新创造的。不过目前，各个国家对文物的称谓并不一致，其所指含义和范围也不尽相同，所以在国际上迄今尚未形成一个对文物共同确认的统一定义。《国际古迹保护与修复宪章》（又称《威尼斯宪章》）[4]当中就有这样的记录："人民越来越认识到人类各种价值的统一性，从而把古代的纪念物看作共同的遗产。大家承认，为子孙后代而妥善地保护它们是我们共同的责任。"《威尼斯宪章》把"文物"相关概念进行了扩大：文物它不仅仅只是包含了单一的建筑物，还包含了其中能寻找到的一些特别的文明，一种较为有意义的发展或者是一个历史往事所能见证的城市或者是乡村的环境变化。

"文物"的价值是客观的，是文物自身所固有的价值。文物主要有历史价值、艺术价值和科学价值；文物对社会发展的促进作用主要有教育、借鉴和为科学研究提供资料的作用，并具有其他材料所无法相提并论的价值。

二、文物保护工作的历程发展

文物保护技术[5]（Preservation Techniques of Cultural Relics）是一门综合性的专业知识，包括文物制作、保护以及与防治有关的科学技术、材料性能、操作工艺和各种勘察、检测等。文物在保存过程中，经受着两种因素的破坏，一为人为的破坏，如古建筑、石窟寺、古墓葬被战火焚毁、被拆除或维修不当失去原貌，铜铁器、书画、竹木漆器、陶瓷等因保护、搬运不当被损坏；二为风、雨、雷、电、火、地震、光线、虫害、霉菌等自然因素对文物造成的破坏。

文物保护的目的就是为了更加真实和全面地延续历史的相关信息，保存文物全部的历史价值。文物保护的主要任务就是对于自然的或是人为造成的损坏进行修缮，阻止新的破坏产生。

中国文物保护方面的技艺历史悠久。在唐代（618～907）就有用木楔拨正歪闪古建筑梁架的记载，另据黄休复的《益州名画录》载，成都曾迁移三堵墙的壁画，经过200多年仍完好如初。字画保护的揭裱技术，到唐代已相当成熟。"漆粘石头，鳔粘木"更是流传很久的修复石质文物和木质文物的传统技艺。随着科学技术的进步，高分子材料、物理检测技术也逐渐引进到文物保护工作中来。欧洲一些国家在18世纪左右，曾使用以牛奶、石灰水混合的可赛因修复壁画的传统技艺，一直流传到现在。

文物保护遵照预防为主、维修为辅的方针。不可移动文物的防潮、防漏、防火、防雷、防震等主要依靠工程技术来解决，而防虫害、鸟害等则主要采用工程技术与化学处理相结合的办法。大气中的粉尘、二氧化硫和含硫化合物等对文物的污染超过国家规定标准时，应解除污染源，在国家标准许可范围内的，应绿化环境、减轻污染，同时要严格控制新添污染源。

历史上遗留至今的文物，都以一定的形态存在于某个地方。这里所谓的存在形态，是指文物的体量的动与静，直观的存在与隐蔽的存在，存在于收藏处所与存散于社会等。根据存在形态分类法的上述含义，在对文物进行归类时，可以把文物划分为不可移动文物和可移动文物。可移动文物的防护，应首先注意博物馆库房和陈列展厅中的防潮、防震、防霉等防护措施，然后再对不同质地的各类文物分别进行防护，如铜铁器的防锈、砖石质地文物的防风化、丝绸纸张的防霉、防蠹、防老化等。可移动文物的修复，可采取传统技艺与近现代技术相结合的方法：如铜器有害锈，可用机械去除或用电解还原法去除；竹木漆器的脱水，可用自然干燥法，或用醇醚联浸、冰冻升华、高分子材料渗透聚合法；残毁的书画多采用传统的揭裱方法修复；近代书刊可用丝网加固；古代丝网绢帛可用熏蒸法杀菌；脆弱纺织品可用丝网加固或传统的装裱方法加固；陶瓷器断裂可用虫胶或环氧树脂等高分子材料粘接。

文物修复中采用的新材料、新工艺必须保证不损害文物的历史价值，包括文物的造型、材质、色泽、强度等，同时还要有可逆性。古建筑构件维修时所用的新材料还应遵守只能加强不能代替的原则。用于对文物残伤痕迹的探测、质地结构化学成分的分析和年代的测定的检测技术主要有：探伤常用 X 光、超声波等；质地结构的分析常用电子显微镜、金相显微镜观测；文物的化学成分常用光谱、质谱分析；模糊不清、显示反差甚小的墨迹绘画等，可采取红外照相的方法；木材等含碳物质可用碳十四测定年代；陶瓷砖瓦等可用热释光测定年代等等。

文物不仅是各个国家珍贵的历史文化遗产，而且也是全人类的共同财富。20 世纪中叶以后，现代文明促进了世界各国工业化、城市化的迅速发展和科学技术的突飞猛进。伴随而来的是各种人为的、自然的破坏或损坏文物的因素急剧增长，从而使文物保护成为国际社会面临的一个普遍关注的共同问题[6]。

1935 年北平市政府编辑出版了《旧都文物略》，同年成立了专门负责研究、修整古代建筑的"北平文物整理委员会"，这里"文物"的概念已包括了不可移动的文物。20世纪以后，考古学作为一门严谨的科学，在理论上、方法上有了很大发展，田野考古发掘技术有了显著提高，使人们认识到对地下埋藏的文物进行非科学性发掘的破坏性和危害性。从而促使各个国家在制定文物保护法规的时候，都严格禁止对地下文物的非科学性发掘。1956 年联合国教科文组织通过了《关于考古发掘的国际原则的建议》，从而加强了对地下文物的保护。同时，现代考古学对田野工作的科学要求，决定了在进行考古工作的全过程中，都必须始终坚持文物保护和研究的统一。保护是研究的前提，对保护的任何疏忽和失误，都会造成文物信息的丢失。

联合国教科文组织于 1964 年 6 月发起了历时 6 个月的保护文物古迹的国际运动，要求各成员国扩充和改进保护文物的技术和法制措施，同时要求各成员国要在此期间广泛宣传，使文物的价值观念家喻户晓。1972年1月联合国教科文组织第十七届会议通过了《保护世界文化和自然遗产公约》，提出了整个国际社会有责任通过提供集体性援助来参与保护具有突出普遍价值的文化和自然遗产。1978年11月28日在巴黎的第二十届会议上又通过了《关于保护可移动文化财产的建议》。在此以前，为防止文物走私及因此而诱发的各种造成文物破坏的行为，1970年联合国教科文组织还通过了《关于禁止和防止非法进出口文化财产和非法转让其所有权的方法的公约》。这些国际公约的制定，促进了文物保护国际化的进程。

对文物保护与修复原则这一问题的思考与争论，虽然分歧还不少，但也达成了一些一致的看法[7]。20世纪的60～90年代，一些保护历史文物的相关组织制定了一系列的宪章与相关文件，如国际社会中以宪章、公约形式出现的《雅典宪章》《威尼斯宪章》《世界遗产公约》《佛罗伦萨宪章》《保护历史城镇和地区的国际宪章》《保护自然、文化遗产公约》《巴拉宪章》《奈良真实性文件》《关于历史地区的保护及其当代作用的建议》等。

《威尼斯宪章》是国际文物保护的第一个宪章，它与《奈良真实性文件》对于文物的保护原则和相关方法进行了叙述和概括。文物保护的原则主要包括：一是真实性，要对历史所遗存下来的原物进行保存，修复时也要还原历史的真实性，对于历史遗址要保护其本身的完整性，运用得当的方式进行清理、开放，杜绝重建；二是不能以假乱真，文物修补时要注意整体的和谐，又要使之能区分；三是保护文物在不同时期所产生的叠加物，它们都残留着历史的痕迹，也都保留了一定的历史信息；四是与周边环境进行一起保护，对于古迹的保护应包括对它周边的环境保护，除非不得已的情况，否则不得随意迁移。

2005年10月，国际古迹遗址理事会（ICOMOS）第15届大会在陕西西安召开，会上所拟定的《西安宣言》为与国际文物保护相关的历史建筑、历史遗址以及历史地区周围的环境保护定下了相关准则，为21世纪国际新发展趋势下的文物保护事业奠定了理论基础。

三、文物保护修复原则

巴特沃斯－海纳曼藏品保护和博物馆学系列丛书（Butterworth-Heinemann Series in Conservation and Museology）将"保护"定义为：保护是对可移动与不可移动有价值人

工制品保存和处理的整体学科，保护和修复有着显著区别。保护有两方面含义，首先，监控环境以便将遗物和材料的腐朽程度降到最低；其次，通过处理阻止腐朽，对可能产生进一步朽变的部位处理以确保其稳定状态。当保护处理显得不足时，可采取修复措施，使文物恢复原状，不留明显修复痕，达到可展出的状态。另外还陈述了几条重要的原则，如所有的处理过程都应完全予以记录，应当避免更改原有的结构和装饰等。

中国的文物保护修复依据《中华人民共和国文物保护法》《中华人民共和国文物保护法实施细则》《中国文物古迹保护准则》等要求，在做好前期研究和试验的基础上，针对出水文物不同的损坏原因采取不同的保护处理方法，达到保护的目的。《中国文物古迹保护准则》（以下简称《准则》，2000年）提及的保持原真性原则、最小干预原则、可再处理与可识别原则等虽然目标是不可移动文物，但同样适合可移动文物。以下摘要部分重要的可共享的文物修复原则。

（一）不改变文物原状（《准则》第9条）

是文物古迹保护的要义。它意味着真实、完整地保护文物古迹在历史过程中形成的价值及其体现这种价值的状态，有效地保护文物古迹的历史、文化环境，并通过保护延续相关的文化传统。

文物的原状主要有以下几种状态：

1. 实施保护之前的状态。

2. 历史上经过修缮、改建、重建后留存的有价值的状态，以及能够体现重要历史因素的残毁状态。

3. 局部坍塌、掩埋、变形、错置、支撑，但仍保留原构件和原有结构形制，经过修整后恢复的状态。

4. 文物古迹价值中所包含的原有环境状态。

不改变文物原状的原则可以包括保存现状和恢复原状两方面内容。

（二）真实性（《准则》第10条）

是指文物古迹本身的材料、工艺、设计及其环境和它所反映的历史、文化、社会等相关信息的真实性。对文物古迹的保护就是保护这些信息及其来源的真实性。与文物古迹相关的文化传统的延续同样也是对真实性的保护。

真实性包括了外形和设计、材料和材质、用途和功能、传统、技术和管理体系、环境和位置、语言和其他形式的非物质遗产、精神和感觉以及其他内外因素。真实性还体现在对已不存在的文物古迹不应重建；文物古迹经过修补、修复的部分应当可识别；所有修复工程和过程都应有详细的档案记录和永久的年代标志。

（三）完整性（《准则》第 11 条）

文物古迹的保护是对其价值、价值载体及其环境等体现文物古迹价值的各个要素的完整保护。文物古迹在历史演化过程中形成的包括各个时代特征、具有价值的物质遗存都应得到尊重。

保护文物古迹的完整性的原则是指对所有体现文物古迹价值的要素进行保护。这些价值不仅体现在空间的维度上，如遗址或建筑遗存、空间格局、街巷、自然或景观环境、附属文物及非物质文化遗产等的价值，也体现在时间的维度上，如文物古迹在存在的整个历史过程中产生和被赋予的价值。

（四）最低限度干预（《准则》第 12 条）

应当把干预限制在保证文物古迹安全的程度上。为减少对文物古迹的干预，应对文物古迹采取预防性保护。

采用的保护措施，应以延续现状、缓解损伤为主要目标。这种干预应当限制在保证文物古迹安全的限度上，必须避免过度干预造成对文物古迹价值和历史、文化信息的改变。作为历史、文化遗存，文物古迹需要不断的保养、保护。任何保护措施都应为以后的保养、保护留有余地。凡是近期没有重大危险的部分，除日常保养以外不应进行更多的干预。必须干预时，附加的手段应只用在最必要部分。

（五）使用恰当的保护技术（《准则》第 14 条）

同可再处理与可逆性原则。

应当使用经检验有利于文物古迹长期保存的成熟技术，文物古迹原有的技术和材料应当保护。对原有科学的、利于文物古迹长期保护的传统工艺应当传承。所有新材料和工艺都必须经过前期试验，证明切实有效，对文物古迹长期保存无害、无碍，方可使用。所有保护措施不得妨碍再次对文物古迹进行保护，在可能的情况下应当是可逆的。

恰当的保护技术指对文物古迹无害，同时能有效解决文物古迹面临的问题，消除潜在威胁，改善文物古迹保存条件的技术。对文物古迹的保护包括技术性维修和管理两个方面。文物古迹作为历史遗存，是采用相应时代的、符合当时需要的技术建造和修缮的。当这些技术仍然存在，甚至成为文物古迹价值的重要载体时，这些技术应当得到保护和传承。

科技的发展不断为文物古迹的保护提供新的可能性。由于文物古迹的不可再生性，新技术必须经过前期试验，包括一定周期的现场试验，证明其对文物古迹无害，确实能够解决所需解决的问题，才能使用。增补和加固的部分应当可以识别，并记入档案。运用于文物古迹的保护技术措施应不妨碍以后进一步的保护，应尽可能采用具有可逆性的保护措施，以便有更好的技术措施时，可以撤销以前的技术措施而不对文物古迹本体及其价值造成损失。

文物保护修复的最终目的，一是延续历史文明，二是合理利用。合理利用是保持文物在当代社会生活中的活力，促进保护文物及其价值的重要方法。合理利用是以不损害文物价值为前提，在文物能够承载的范围内，不改变文物特征，突出文物公益性的利用。

四、文物保护修复的思考

意大利文物保护修复理论家布兰迪认为，修复首先是对修复对象价值的认识和判断，并使其得以传承的方法[8]。而要掌握这一方法，则需要充分认识传统与现代结合的必要性，这是毋庸置疑的；同时，文物价值的整理、认识也要与文物保护工作实践相衔接。

2015年5月，历时8年的国家石质文物保护"一号工程"——大足石刻千手观音造像抢救性保护工程顺利通过验收[9]。作为现代石质文物保护修复的经典案例，修复过程中也参照了部分西方理念，可以说，这是中西方文物修复理念相互融合的典范，一度受到社会和行业人员的关注，各家也给出了各种观点和看法。文物首先要有价值，才能被传承，不同行业的人看待同一件事物有不同的见解，同一件文物，历史学家、考古学家、社会学家、哲学家等都从自身专业角度做出不同的结论。对于我们来说，历史遗传下来的文物，可以给我们传递当时文化、风俗习惯、科技状况等，从而了解历史发展及进程。因此，文物保护及修复至关重要，这是各方一致的结论，但在实际过程中，文物修复方法、工艺、使用材料会因不同风俗、地域差异等有不同的看法和理念。

布兰迪认为，"所谓修复，是对艺术作品的物质性存在和其美学、历史两方面性质的认识，并考虑将其向未来传承的方法论。"[10] 所以说，文物保护的目的在于"传承"，而"传承"什么，则需要我们在修复操作前对文物价值进行整理和判断；试图保存文物的所有价值是不可能的，一旦干预，就意味着某些信息的丢失；而不干预，则会加速文物所有信息的丢失；因此，价值的评估、干预的可能性是文物保护修复必须面对的首要问题。詹长法指出，文物保护技术是解决文物保护修复问题的关键，要让文物"活"起来，文物本体的"健康"是前提；同时，给文物"祛病延年"也是对文物各种价值再认识的过程；文物修复工作除需考虑文物价值的体现问题，修复质量的稳定性、与环境的适应性更是关乎文物安全的关键问题。

"修旧如旧"是文物保护修复中必须要提及的关键词，它让文保人员"又敬又怕"。梁思成先生最早在古建筑中提出"修旧如旧"的修缮原则，是当时文物保护很先进的理念，放在今天也不过时，但行业对"修旧如旧"的本意却有不同的释义。有人认为"修旧如旧"的重点在于修复后文物的外观效果，要带有原来文物的历史沧桑感，有历史留下来的自然界和流传的痕迹，这才是真正的文物"如旧"，因此文物修复后要进行"做旧"处理。有人认为"如旧"是文物制作工艺、型饰、材料要保留古时特征，而为了延迟老化的保护涂料、彩绘（当时制作时就有的）等无须进行"做旧"处理，是画蛇添足之举，反而会破坏文物的稳定性。

其实对于文物保护修复人员来说，让文物健康、稳定的保存下来以待后人继续研究、传承才是文物保护与修复的重点。

第二节　出水文物的保护

海底沉船遗骸往往包裹有大量该时代的陶瓷器、铁器、钱币等文化遗物，常被称为"时光胶囊"，对于研究古代航海技术、海上交通史、海洋贸易状态等具有重要的意义。而"时光胶囊"中最引人注目的，就是被称为"人类文明指数"的陶器和代表中国古代工艺水平的瓷器[11]。

众所周知，海水可以看作是一个巨大而稳固的富含电解质的水体，它是一种由溶剂（水）和复杂的化学混合物（其中99.9%为盐类）、微粒物质以及气泡构成的独特的溶液。任何一种物质在接触海水的过程中，都会发生不同程度的溶解，甚至于金属表面的金属离子也被交换出来，卷入到化学腐蚀、电化学腐蚀甚至生物腐蚀反应中去。

这种来自于海水本身的损害，主要是源于海水中化学的、物理的和生物的交互作用。而埋藏于其间几百年、甚至几千年的各类文物，其损害程度便可想而知。正因如此，自世界水下考古工作伊始，其发掘出水文物的脱盐、脱水及防腐问题便成为海洋考古文物保护工作中一个不可回避和首要解决的问题。

一、考古发掘前的准备

Colin Pearson 在《巴特沃斯海洋文物保护》(*Butterworth's Conservation of Marine Objects*)[12] 的序言中写道："没有保护的挖掘是一种破坏行为。"这里应该明确指出，这不仅适用于从水下发掘的文物，也适用于从陆地挖掘的文物。然而，陆地考古学中一般认为只要清除表面的碎片，加上标签并储存起来，文物就是安全稳定的。事实上，从海洋环境、淡水或湿地环境或陆地环境中发掘的文物，其退化过程和化学分解，甚至在干燥和储存之后仍在继续。金属和有机物尤甚，不同之处在于其劣化分解速度。

一般来说，陆地和淡水或湿地发掘的文物退化速度比从海洋中发掘的要慢一些，尽管从海洋中出水的物体最初看起来可能更好。但无论是在陆地上还是在水下发掘的文物，劣化变质都是不可避免的。文物如何妥善保存是在计划和实施考古发掘行为的时候首先要考虑的问题，妥善保存考古发掘或者打捞出水的文物材料是考古发掘者或打捞者的责任。文物保护过程需要花费大量时间、精力和金钱，一般来说，文物保护的成本要高于文物发掘的成本。如果不进行文物保护工作，大多数文物最后会毁掉，重要的历史信息也会随之消失，这不仅仅是发掘者的损失，也是未来重新审视这批材料的历史或考古研究者的损失。水下（海、湖等）发掘出的文物一般而言保存较好，但是材质却变得十分脆弱，总体来说，缺氧的海洋条件下的文物保存状况比有氧环境保存要好，文物出水后若没有及时进行处理很快就会毁掉，最终失去研究和展示价值。文物保存时间的长短是和文物的体积和密度有关的。比如有机质文物将会卷曲损毁，几小时就被破坏掉；铁器文物在没经过保护处理的状态下会支撑几天或者几个月的时间；骨器、玻璃器、陶瓷器和类似文物保存的时间会长一些，但它们在不经保护处理的状态下也会慢慢损毁，在一些极端情况下，会变成一堆碎片。因而，在海洋遗址考古中文物的现场保护是非常重要的[13]。

文物保护必须作为考古工作中的一项内容，对于潮湿环境中的遗址尤其如此，例如沼泽、河边和海洋遗址。在以上遗址中，含有盐类的海洋遗址的文物保护挑战最大，此外，海洋遗址中的盐分加速了很多种金属文物的腐蚀过程，如果不把文物中的盐分脱除出来，经过一段时间之后文物会失去其研究价值和展示陈列价值。文物考古工作者在发掘一个考古项目之前都应该提前做好以下工作：

（1）推断这个考古项目可能会遇到哪些文物，要将这个考古项目做成一个既有调查又有研究测试的全方位课题。

（2）了解不同种类的文物可能会发生的腐蚀、降解、堕化的过程。

（3）要有文物保护工作人员来负责文物的发掘和收集过程中的现场保护处理工作。

（4）在文物发掘的地方附近做好可能会开展的文物保护工作的相关安排，这也就是说文物保护实验室和现有的文物保护机构提前做好准备，确保该实验室有较好的设备条件，并有在海洋文物保护领域有工作经验的文物保护工作者参与，海洋考古发现的所有文物都必须直接在有经验的文物保护人员的现场保护下。

（5）一项考古项目不仅仅止于田野或水下工作，实验室也是考古工程的延伸场所。实验室中能提取出来的信息不比田野或水下工作中获取的少，田野或水下工作和文物保护实验室工作中产生的信息和档案应该综合起来作为基础材料，以供将来研究。

二、文物出水后的保护

文物出水前处于一个相对稳定的保存环境，出水后，各种因素发生改变尤其是温湿度发生强烈变化，会导致对环境因素敏感的文物劣化速度加快，因此要综合考虑妥善保存保护方法[14]。

1. 现场保护

从海水环境中发掘的文物往往保存得很好，但性质非常脆弱。一般来说，从厌氧海洋环境出水的文物保存状态好于来自好氧海洋环境。但出水后未及时妥善保存的文物，容易迅速变质。有机材料即皮革、木材、纺织品、绳子、植物残骸等，如果不经保护处理而任其干燥，在数小时内就会破碎变成一堆灰尘和碎片；铁器可以持续几天到几个月但最终也会被腐蚀掉；骨头、玻璃、陶器和类似的材料，如果不加以保存，也会慢慢地分解成一堆毫无价值的碎片。由于这些原因，在考虑挖掘海洋考古遗址时，保护必须是最重要的事项[15]。金属文物对温湿度非常敏感，出水的金属文物都应立即被放在含有抑制剂的自来水中，以防止进一步的腐蚀，为了能长时间的存储，可以加入1%的重铬酸钾与氢氧化钠制成的pH值为9～9.5的溶液，也可使用例如5%的碳酸钠或2%的氢氧化钠等抑制剂，但是其效果并不适合长期保存[16]。如上所述，所有黏附的硬壳或者腐蚀层直到进行保护处理之前都应该完整保留着，因为它们在一定程度上是一种保护层，保护里面的文物本体发生进一步的腐蚀。

2. 保护状况评估

文物保护前一般要评估其文物价值，包括历史价值、艺术价值、科学价值以及社会价值和文化价值。社会价值包含了记忆、情感、教育等内容，文化价值包含了文化多样性、文化传统的延续及非物质文化遗产要素等相关内容。价值评估应置于首位，保护程序的每一步骤都实行专家评审制度。另外，在对文物进行保护处理之前，要对文物尤其是对表面有碳酸盐化合物包裹的文物的保存情况和具体状况进行分析[17]。只有了解了具体信息，才能确定文物的保护处理方式。

3. 前期处理

X射线检测法是检测有硬壳包裹文物和探测文物内部结构不可缺少的方法[18]，它在从钙质层中将文物取出的工作中也有重要的指导作用。化学方法的处理过程是非常费时、低效的，而且有可能破坏文物本体，而空气锤和空气凿是最通用、非常有效的方法[19]。而对粘连在一起的金属文物或者脆弱质地的文物而言，则要使用小型气动工具。大型空气凿是用来处理大型文物的，空气凿很容易在实验室里面组装，而且使用效果令人满意、效率高。喷砂机在清除处理大炮等金属文物的腐蚀产物时十分有用，但不要直接在文物表面使用。

当然，应该强调的是文物保护过程并不是唯一的，两个文物保护员所做的文物保护处理可能会完全不一样。但目的还是对文物进行保护，使之研究价值得以保留。文物保护的过程可能会有不同的选择，做的时候也会有一些偏差，但都可以得到一个完美的文物保护结果。

文物保护修复结束后，保存环境至关重要，根据文物的材质放置在不同条件下恒温恒湿环境中，以长久保存。

三、水下考古意义

水下考古工作基本上是在20世纪40年代后才开始的，现在的考古技术继续进行了发展，使得可以发掘更深、条件更苛刻的沉船，例如CSS *Alabama* 号和USS *Monitor* 号。然而，水下考古与陆地考古一样，需要掌握一些通行的技术和标准。Goggin 在1964

年将水下考古描绘为"收集和解释考古学家从水下获取的人类遗存和文化遗物的行为"[20]。这个解释在相关术语更为精确的时候是符合事实的。水下考古遗址的分类包括：被水浸没的废弃物遗址，被水淹没的居住区或者港口，神殿或者宗教遗址、沉船遗址。古沉船遗址一直是比较特殊的类型，被称为"时光胶囊"："一种突然性的灾难导致的一种类型，事实上是偶发性的时光胶囊，因而包含大量文物类型：从远古时期到现在——可以被定位、发掘、鉴定和保存。"遗址中包含的数据远远超过其中的文物能提供的信息，只有把沉船看作是一个文化遗产的组分，把遗存放入沉船这个大背景之下，才能揭示其中蕴含的社会历史等信息。古时候的船只从起航开始就可以被看作是一个特定时代和生活背景下的缩影，船上的船员、官员、乘客通常代表社会的不同阶层和物质资料，他们在船上的居住分布都可以被复原。一条沉船遗址包含了当时的航海技术、商业、船员（或游客）的特殊物品、武器、武装政策、金钱系统、领航、造船技术、船员生活等社会构成与应用等信息。当时的海上贸易、采矿、航运等信息可以通过各种遗物进行解读，器物的印章或签名可以提供额外的信息资源，这一大批信息可以反映当时社会的发展。如果发掘工作进行得好，可以从中解读出更为详尽的信息。Borhegyi认为[21]，如果我们继续沿用20世纪的旧技术，是不可原谅的。遗址的保护方案草率或者简略是不行的，这样会让我们损失很多信息。考古发掘工作会破坏掉整个遗址，我们必须从考古发掘的笔记、图纸、影像资料中提取信息，详尽的记录十分必要。即使是不受控制的发掘过程中，有些资料也是十分宝贵的，因为它可以提供文物与沉船、国家或时代的联系。

对于寻宝者而言，著名遗址的文物最为重要，其他相关信息都无关紧要。一般都认为经过若干年的海水运动和泥沙冲洗之后，大多数的船体构件和船货都被毁掉了。在某些遗址中，的确如此，但是这种态度显然导致了对考古信息收集的疏忽。认真的记录（包括田野记录和实验室记录）都可以为人类学或者历史学研究提供十分重要的信息。在这种情况下，文物保护可以提供大量的这艘沉船的有利信息。

参考文献

[1] 颜燕萍：《文物保护的理念与对策研究》，复旦大学硕士学位论文，2012年，第5~7页。

[2] 谢辰生：《文物》，载《中国大百科全书（文物博物馆）》，中国大百科全书出版社，1993年。

[3] 李耀申：《谈谈"文物"与"文化遗产"概念的使用问题》，《中国文物报》2014年5月7日第

3版。

［4］《威尼斯宪章》是由联合国教科文组织倡导成立的"国际文化财产保护与修复中心"（"国际古迹遗址理事会"的前身）于1964年5月31日召开的第二届历史古迹建筑师及技师国际会议上通过的文件。

［5］文物保护技术，百度百科。

［6］《世界各国文物保护的历史发展概况》，《瞭望新闻周刊》1994年第3期，第17～18页。

［7］蒋函容：《试论可持续发展与环境伦理观》，《黑龙江社会科学》2005年第2期，第48页。

［8］詹长法、田时纲译：《切萨莱·布兰迪文物修复理论》，罗马：意大利非洲与东方研究院，2006年。

［9］詹长法、徐琪歆：《现代文物修复的思考——以千手观音造像保护修复为例》，《遗产与保护研究》2016年第1卷第4期，第54～62页。

［10］詹长法、田时纲译：《切萨莱·布兰迪文物修复理论》，罗马：意大利非洲与东方研究院，2006年。

［11］吴春明：《环中国海沉船》，江西高校出版社，2003年。

［12］C. Pearson. 1987. Series Editor's Preface. In *Conservation of Marine Archaeological Objects*. Butterworths, London.

［13］小江庆雄著，王军译：《水下考古学入门》，文物出版社，1996年。

［14］Donny L. Hamilton. 1999. *Methods of Conserving Archaeological Material from Underwater Sites*. Texas A & M University Press. Hamilton, D. L. 1975. *Conservation of Metal Objects from Underwater Sites: A Study in Methods*. Texas Antiquities Committee Publication No. 1, Austin, Texas.

［15］马燕如：《我国水下考古发掘陶瓷器的脱盐保护初探》，《博物馆研究》2007年第1期。J. Olive, C. Pearson. 1975. The conservation of ceramics from marine archaeological sources. *Studies in Conservation*. Volume 20，Issue Supplement-1, pp. 63–68.

［16］李军杰、姚青芳：《出水文物的理化特征与保护研究》，《绥中三道岗元代沉船》，科学出版社，2001年，第165～166页。马清林、张治国主编：《博物馆铁质文物保护技术手册》，文物出版社，2011年，第2页。

［17］Bevelander, G., P. Benzer. 1948.Calcification in marine molluscs. *Biol. Bull.* 94：176–183. Edward L. Compere, Jr. and John M. Bates. 1973. Determination of calcite：aragonite ratios in mollusc shells by infrared spectra. *Limnology and Oceanography*. Vol. 18 (2), pp.326–331.

［18］Neil A. North. 1976. Formation of coral concretions on marine iron. *International Journal of Nautical*

Archaeology. Volume 5 (3), pp. 253–258. Lutts, A., J. Grasdjean, Asd C. Gregoire. 1960. X–Ray diffraction patterns from the prisms of mollusc shells. *Arch, Int. Physiol.* Biochem. 68: 829–831.

[19] M.P. Casaletto, G.M. Ingo, C. Riccucci, T. de Caro, G. Bultrini, I. Fragalà, M. Leoni. 2008. Chemical cleaning of encrustations on archaeological ceramic artefacts found in different Italian sites. *Applied Physics A.* Volume 92 (1), pp.35–42.

[20] Goggin, J. M. 1964. Underwater archeology: its nature and limitations. In *Indian and Spanish Selected Writings*, pp.299–309. University of Miami Press, Florida.

[21] de Borhegyi, S. F. 1964. The challenge, nature and limitations of underwater archaeology. In *Diving into the Past: Theories, Techniques and Applications of Underwater Archaeology*, edited by J. D. Holmquist and A. H. Wheeler.Minnesota Historical Society, St. Paul.

第二章 "华光礁Ⅰ号"沉船出水文物

20世纪80年代后期，在著名考古学家、时任中国历史博物馆馆长俞伟超等先生的提倡和推动下，中国的水下考古事业展开了最初的探索。20多年来在人员配备、技术和设备上从无到有并取得重要进展。至今，先后进行过考古发掘的重要水下考古项目有辽宁绥中三道岗元代沉船，福建平潭"碗礁Ⅰ号"清代沉船、"大练岛Ⅰ号"元代沉船，广东汕头"南澳Ⅰ号"明代沉船、阳江"南海Ⅰ号"南宋沉船等，均在学术界和社会上产生很大的反响。特别是"华光礁Ⅰ号"沉船遗址的发掘，是中国首次大规模远海水下考古发掘，为研究中国南宋时期海外贸易和制瓷业的发展提供了珍贵的实物资料，具有重大学术意义。

"华光礁Ⅰ号"沉船为一艘建造于南宋时期的海外贸易商船，为研究中国南宋时期的造船技术、航海技术和瓷器、铁器等手工业制造提供了重要的实物，进一步填补了"海上丝绸之路"中国段空白，是古代中国海外贸易繁荣景象的实证，有重要的历史、科学研究价值。

宋代时全国的经济重心大体上已从北方黄河流域地区转移到长江以南的广大地区，生产瓷器、丝绸等对外贸易商品的传统基地也开始从西北转移到东南沿海地区。由于东南地区毗邻南海海域，众多港口明显具有出海航运的区域地理优势，这对通过海路输出数量巨大、沉重易碎的陶瓷器更为便利，也使宋代陶瓷器外销的势头得到了进一步发展[1]。宋朝中央封建政权为了进一步发展社会经济，开拓财源和扩大税收，便沿用东南和岭南沿海地带所具有的地理区位优势，承袭以往的海上交通运输的传统，加大了对外贸易往来，以征收船舶税利，扩大国家的财政收入。到此时，"海上丝绸之路"已发展到相当繁荣的历史阶段，进入中国古代历史上手工业生产迅速发展的一个新时期。陶瓷器的大量出口推动了当时经济的发展，也促使宋代官、哥、汝、钧、定五大名窑的崛起，极大地促进了全国瓷业生产的兴隆繁盛。随着宋朝财政收入的不断增加，政府更是大力鼓励海上出口贸易，再加上此时指南针和罗盘等航海工具的广泛使用，有力地推动了宋代造船业和航海业的发展[2]。正是为了适应陶瓷器对外输出贸易的需要，少受战乱波及的东南沿海地区各地瓷业生产得到了空前的发展，涌现出数以百计的民间窑场。分布在福建的有泉州、南安、同安、安溪、德化等民窑，分布在广东的有广州、潮州、南海、惠州等窑址，分布在广西的有藤县、北流、桂林柳城等窑场。此外，还有浙江龙泉窑和江西景德镇窑等较著名的民窑。其中，福建闽南地区的民窑产业异军突起，更是宋代陶瓷贸易兴旺发达的一个突出表现。随着瓷器贸易规模日趋扩大和繁荣，普通日用陶瓷就成为当时贸易输出的主要商品，使得民间窑场的产品在陶瓷贸易中占据了很重要的地位。因为销售海外的对象一般是以日常生活用品为主的普通民用市场，所需要的产量规模十分庞大，只有众多民窑可以提供足够数量的瓷器产品，以此适应和满足海上"陶瓷之路"上不断增加的陶瓷商品需求，来保证海上丝绸之路贸易往来的正常进行和发展。

专家推断"华光礁 I 号"沉船及出水文物年代为南宋中期，是从中国沿海港口出发，途经南海，目的地应为东南亚[3]。普通百姓在汉唐时是被严禁出境出海的，明清时代对海外华人则视同叛国弃子。然而宋时海外贸易的空前繁荣给官民带来巨大利益，促使国人的海洋观念发生了巨大变化，宋代官方对出海经商者的观念也大为不同，不仅允许而且官方出面鼓励，宋代在中国历代封建王朝中是海外贸易最开放的朝代。"华光礁 I 号"沉船共打捞出水陶瓷器 1 万多件，是作为贸易瓷进行销售的，这些来自福建的瓷器制作工艺较高，为研究宋时中国陶瓷史、海外贸易史以及海上丝绸之路与东西方经济、文化交流提供了重要的考古实物依据和参考资料；和陶瓷器一起打捞出水的百余件铁器也是研究南宋时期铁器制作工艺的珍贵实物；这批出水文物见证了南宋时期我国同周边国家的文化交流和经济往来，是十分珍贵的历史信息和难得的实物资料。

20 世纪 80 年代，在距泉州港南约 900 千米的广东省阳江市海陵岛附近南海海域发现一艘木质沉船，打捞出 200 多件瓷器文物[4]。经国内考古专家初步鉴定，瓷器是中国南方江西、浙江、福建等地宋代民窑生产的，认为这应是一艘经营海外商贸的宋代船舶，当与海上丝绸之路海外贸易有关。因此这艘古代沉船就被正式命名为"南海 I 号"。打捞出水的陶瓷器大部分是中国宋代南方民窑的产品，器形主要有罐、壶、碗、瓶、盘、军持、杯、盒、碟等，其中也有一些具有异域风格的瓷器如执壶，或许说明当时的民窑可以根据外国商人的需求，进行"来样加工"烧制所需要的外销产品，专门生产适合西亚地区阿拉伯人日常生活所用的瓷器产品。据有关文物考古专家认为，"南海 I 号"沉船的出发地也当是福建泉州港，这艘满载着中国南方地区民窑陶瓷器的南宋商船，其目的地当是西亚地区，可能在离开泉州始发港后不久，航行在南海航线上途经阳江海域时，不幸沉没在约20米深的海底。"南海 I 号"由于在近海沉没，所以船体保存得很好，到目前为止考古发掘大约20万件船货。

"华光礁 I 号"沉船和"南海 I 号"沉船都是南宋时期的沉船遗址[5]，它们可能都从同一个始发地——泉州港出发，沿海上丝绸之路南海航道往西行，去海外进行商品贸易，可能由于各自所遇到不同的原因，都不幸相继沉没在西沙群岛华光礁礁盘上和广东阳江附近海域，正好处在南海航道南北的地理位置上，这不仅是一个偶然的自然原因，而且还有一定的历史原因。"华光礁 I 号"沉船装载的主要是泉州地区南宋时期民窑生产的粗瓷货品，仅有少量江西景德镇窑的精瓷制品，它西行的目的地应当是适应普通百姓市场需要的东南亚、南亚地区。而"南海 I 号"沉船装载运输的约20万件陶瓷器商品，大多数为南宋时期江西景德镇窑和浙江龙泉窑生产的精瓷，仅少量是福建德化窑的粗瓷产品。"南海 I 号"商船往西驶向的地方当是西亚阿拉伯地区，因这批瓷器精制品正是该地区宫廷王公贵族和伊斯兰教上层人士十分喜好的珍品。两艘商船西行的目的地可能有所不同，但它们装载的都是中国南方众多民窑所生产的外销瓷，穿越在海上丝绸之路南海航道上，去海外进行陶瓷贸易，这从一个历史侧面，充分地反映了南宋时期海上陶瓷贸易的兴旺景象。

第一节　沉船的水下发掘

一、位置

南海诸岛位于中国海南岛东面和南面海域，由数百个由珊瑚礁构成的岛、礁、滩、沙洲和暗沙组成[6]。依位置不同分为4个岛群，分别为西沙群岛、东沙群岛、中沙群岛、南沙群岛。东沙群岛由东沙岛和附近几个珊瑚暗礁、暗滩组成；西沙群岛由30多个沙岛、礁岛、沙洲和礁滩组成，以沙岛为主；中沙群岛由20多个暗沙和暗滩组成，一般距海面10～20米，大多尚未露出水面；南沙群岛由200多座沙岛、礁岛、沙洲、礁滩等组成。

南海诸岛处在太平洋和印度洋之间的咽喉要道上，是东西方海上往来的门户，对于欧洲、亚洲、非洲和大洋洲的经济文化交流起着重要作用，也是中国、日本、朝鲜、韩国同东南亚各国交往的十字路口。南海诸岛作为我国最南端的领土，对于巩固我国南部边疆、维护我国海洋权益都具有重大意义。

西沙群岛有宣德环礁、永乐环礁、华光礁、玉琢礁、北礁等8个环礁和22个岛屿，岛屿面积10余平方千米，海域面积50余万平方千米。其最主要的岛屿是由珊瑚骨骼堆积成的封闭、半封闭的环礁，这种结构对于航海既有益处又潜伏危机。由于有环状突起的珊瑚石屏蔽，礁盘内的水域受外海风浪的影响较小，是天然的避风场所。但是环礁的外缘水浅，涨潮时隐没，退潮时露出水面，极易造成船只搁浅或触礁沉没。

西沙群岛地处海南岛东南100余海里、水深900～1000米的大陆斜坡台地上，这里是中国大陆出海远航的必经之地，既是南洋往返船只可利用的地理标识，也是南海丝绸之路海道上最危险的水域，在其水下有很多沉船遗迹。

华光礁位于西沙群岛中部靠南，地理坐标为北纬16°19'～16°22'、东经111°57'～112°06'。"华光礁"之名意为中华之光，原称觅出礁，渔民称之为"大筐"。露出水面的礁石围成东西16海里、南北5海里和水深20米的潟湖，低潮时礁环可出露海面，潟湖内珊瑚成丛，艳丽多姿，组成一个美丽的世界。环礁背面有一狭窄出水道，南侧有两条开阔水道，可供大型船只进出。华光礁环礁内湖面较大，湖内分布有大小不一的点礁带，对避风船只威胁巨大；外礁盘水较浅，在强大的季风和台风时期，航行船只极易触礁[7]。

"华光礁 I 号"沉船遗址位于华光礁礁盘内的西北边缘，距礁盘外缘最近处约50米。此处礁盘的珊瑚丛低潮时完全露出水面，高潮时隐没于水下。遗址表面为生长良好的珊瑚及大颗粒的钙质生物沙，下层由交织成片的柱状珊瑚骨骼构成。华光礁北边的水道极为狭窄，稍大一些的船只几无通行可能，可排除船只通过北侧水道进入礁盘的可能性。南边两处水道的水较浅，水道长而蜿蜒曲折。在没有机械动力，仅靠人力与风帆行驶的古代，南行船只在盛行东北风的南海冬季要想顶风通过南侧狭长曲折的水道进入华光礁避风，绝对是困难之举。

二、沉船的发掘

"华光礁 I 号"南宋沉船处于古代"海上丝绸之路"的要冲，同时也是中国在远洋海域发现的第一艘古代沉船，其重要意义不言而喻[8]。其最早于1996年被海南省琼海市潭门渔民在西沙群岛华光礁环礁内缘潜水捕鱼时发现，此后曾多次遭到非法盗掘。

1998年12月至1999年1月，中国历史博物馆（今中国国家博物馆）和海南省文体厅联合对沉船进行抢救性试掘，共出水陶瓷器、铜镜残片等遗物850多件，并出版有《西沙水下考古（1998～1999）》考古报告，初步确认该沉船为中国南宋时期海外贸易的商船。2007年3月至5月，中国国家博物馆和海南省文体厅组成西沙考古工作队开始正式对"华光礁 I 号"沉船遗址进行考古发掘，主要完成沉船遗址的全面揭露，围绕遗址中心布设50个2米×2米的正方向探方，逐层、按探方清理船内遗物，总发掘面积约370平方米，并完成了船体全面测绘。2008年11月至12月，西沙考古工作队进行第二阶段发掘，对船体构件进行编号、测绘，并分解提取运回海南省博物馆进行脱盐、脱水等保护处理工作。

第二节　沉船出水文物

"华光礁 I 号"沉船发掘出水文物逾万件，以陶瓷器为主，另有铁器、木质船板以及少量铜镜残片[9]。

一、出水沉船

历经海浪近千年的浸泡与冲荡，"华光礁 I 号"沉船船体构件与船艏、船艉已不存在，仅存船底部摊散在海底，可辨认的主要有龙骨、龙骨翼板、抱梁肋骨、舱壁板（痕迹）、船板等（图2-1、2-2）。

"华光礁 I 号"残存船体总长17、宽7.54米，舱深3～4米，考古发现的隔舱有11个，船排水量初步估计大于60吨，覆盖面积约118米。最长的船板（378号）长14.4、宽0.36、厚0.045米。龙骨残长16.7米，分成3段，最北段（艏龙骨）残长2.86、宽0.25、厚0.075米，主龙骨残长10.53、宽0.44、厚0.24米，最南段（艉龙骨）残长2.65、宽0.32、厚0.21米。龙骨两侧除南端西侧约1米长的部位外，均覆盖有一层宽约13、厚约2厘米的薄板。

其中龙骨东侧船体破坏较严重，残长16.1、残宽1.9米，残存4层船板，除龙骨旁的侧板保存稍好外，其余均腐蚀严重，最底层基本已看不出板的完整形状。龙骨西侧船体保存相对较好，除西边发现两排有第六层板外，其他均为五层板，残长16.62、残宽5.24米，第一至第四层板较厚，第五层板稍薄，厚2～5厘米，腐蚀严重，部分仅剩边缘部位；第六层板较上面五层板薄，厚2～4厘米，腐蚀严重。大部分船板表面呈浅

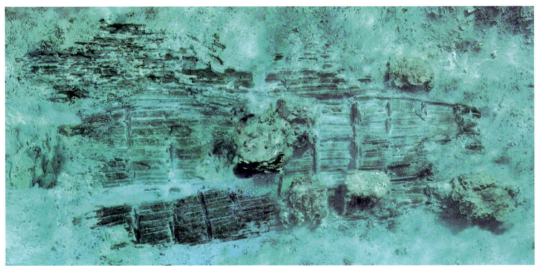

图2-1 "华光礁Ⅰ号"古沉船船体与沉积物
（图片由国家文物局考古研究中心李滨先生提供）

褐色，部分炭化较严重的呈黑色，还可见许多裂纹和一些海底生物腐蚀的痕迹。沉积物底下的船板，由于遭受重压并被金属物质侵蚀，呈粉碎状态，无法成块提取。

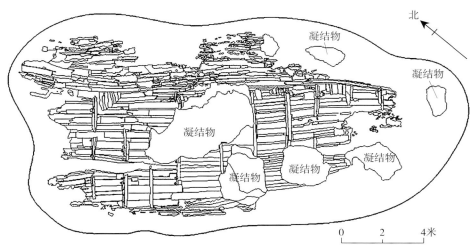

图2-2　"华光礁Ⅰ号"古沉船平面图

　　"华光礁Ⅰ号"船体构件经过脱盐处理后，已经基本脱除木材中的可溶盐以及大部分硫铁化合物。但船板木材选自不同树种，腐蚀情况也不尽相同，需根据实际情况进行填充加固、脱水定型等后续处理。2012年10月28日项目组[10]对"华光礁Ⅰ号"沉船船体构件进行了取样，并对样品进行了分析检测和脱硫保护性实验。将分析检测结果与2009年方案制定时的检测结果进行了对比分析，以进一步评估前期船体脱盐处理阶段的效果。经过3年的可溶盐脱除处理后，"华光礁Ⅰ号"木材中各种可溶盐或微溶性离子都呈明显的下降趋势，SO_4^{2-}从最初的47.33μg/g降到了13.70μg/g，且已检测不到K^+、Ca^{2+}、Na^+、Mg^{2+}等无机盐离子，大量的可溶性球状颗粒消失。在可溶盐脱除过程中，船体构件上细菌菌群主要为具有嗜甲基、嗜氢作用的β-变形菌门，还发现了归属于褐腐菌的真菌，硼酸-硼砂液防腐剂可以杀灭浸泡液中部分的微生物，对"华光礁Ⅰ号"船体构件具有一定的杀菌作用。

　　自2014年1月10日起，采用EDTAHO溶液（10mmol/l EDTA二钠盐溶液+10mmol/l H_2O_2溶液）脱除难溶盐，至2015年3月，从脱盐池水溶液内Fe含量变化可以看出，在每个脱盐周期内，随时间的延长，木材中的铁元素源源不断地脱除到溶液中去。船体构件中的大部分难溶盐已被脱除，难溶盐脱除工作已基本结束。通过木材基体内的铁和硫含量分析检测发现，典型木材样块经脱硫24个月后铁含量显著降低，脱除率达98.9%，说明木材中的铁基本脱除；硫含量显著降低，脱除率达55.55%，残余的应为有机物中的硫，说明木材中的硫铁化合物基本脱除。后采用10mmol/l EDTA二钠盐溶液继续进行难溶盐脱除，8个月后，硫含量显著降低，脱除率达84.08%，说明木材中的硫铁化合物已经脱除。另外，在难溶盐脱除过程中，船体构件中的可溶盐也基本脱除。

二、出水陶瓷器

"华光礁 I 号"沉船出水陶瓷器以青釉、青白釉居多，还有一些酱釉陶瓷器[11]。器形主要有碗、盘、碟、瓶、壶、粉盒、罐、钵、军持等（图2-3）。器物的装饰手法主要为刻划、模印等，主要纹饰有缠枝花、折枝花等花纹，还有部分吉祥文字（如"吉""大吉"等）。此外，在一些器物底部、足内还发现有墨书题记。这批陶瓷器的产地主要为福建和江西景德镇的民窑，年代为南宋中晚期，距今已有800余年。

出水青釉瓷器的釉色主要为青黄釉、青灰釉和青绿釉，器形包括了碗、大碗、盘、瓶、罐、碟等，以碗类居多。青黄釉胎色为灰或灰白，釉色青黄；青灰釉胎色灰白，内外均施青灰釉。

图2-3 "华光礁 I 号"沉船出水的陶瓷器

青釉类碗的器形为敞口、口沿外撇、斜弧腹、矮圈足；施釉至圈足，足底面露胎，部分碗心有字；据推测有包括南宋龙泉窑（如青黄釉瓷器）、南安罗东窑、松溪回场窑等窑场的产品。盘与碗的情况相似，分别为福建南安罗东窑、松溪回场窑的产品。

出水瓷器中，青白釉瓷器数量最多。大致可分为三类：一类为灰白胎，胎体稍厚，施灰白釉，装饰纹样有刻划、印花，与福建泉州地区宋代德化窑、南安窑产品相似；一类为白胎，胎体薄，施青白釉，有刻划、篦划纹装饰，是典型的宋代景德镇湖田窑的器物；另外一类为白或灰白胎，釉色灰白或白里泛青，器物口沿内外常见流釉或厚釉，多素面，装饰纹样多为刻划的卷草、花卉、篦点等，部分出筋，此类器物多为福建闽清义窑产品，有碗、盘、瓶、执壶、粉盒、葫芦瓶等。出水的酱釉器有碗、小口罐、军持、小口瓶等。碗为敞口、口沿稍内束、斜腹、矮圈足；内外施黑釉，足部无釉露胎，有的釉面有少量褐色毫斑。小口罐为矮直沿、敞口、溜肩、鼓腹、内凹底，底面留有线割痕；施酱黑釉，外底无釉露胎。军持为敛口、宽折沿下垂、短直颈、鼓腹、柄足内凹、束口短直流。小口瓶为敞口、束颈、圆肩、斜直腹、平底内凹；灰胎，外施酱褐釉，底面无釉露胎。均为福建晋江磁灶窑的产品。

采用离子色谱、电导率仪、色差剂及三维视频等设备，通过溶出率的科学测算，发现上述瓷器在经过近两年的清水静置、恒温水浴及超声波脱盐之后，瓷器基体的可溶性盐已经有效溶出，已达脱盐终点。脱盐前后瓷器在色差及形貌上并无较大差异，表明脱盐对瓷釉并无较大的损害。修复效果评估前后对比表明，修复部位无明显裂缝，修补部位在色差及形貌上并无明显差异。此外，所有瓷器均已置于理想的温湿度环境中保存，达到了方案设计的预期目的。

三、出水铁器

"华光礁Ⅰ号"沉船船体上还覆盖有大块铁质沉积物，由于沉船在远海，大块沉积物无法提取，因此打捞出水的铁器主要是铁器单体和小块沉积物，经统计共100多件（图2-4）。器形相近，长约11～21、宽2.2～4.0、厚0.3～1.4厘米，中空，水下考古队员称其为"U"形铁条，其具体用途尚不可知。这些铁器出水时均有不同程度的锈蚀、疏松、脆裂现象，表面覆盖物以白色钙质层和红褐色铁锈层为主，有部分铁条多条凝结在一起。海南地处热带，天气炎热，空气湿度大，紫外线照射强烈，经常下雨，地理位置四周环海，空气中含有大量海洋盐分，给文物保护增加了难度和不确定因素。这些铁器因富含氯离子，如不进行保护，其锈蚀程度会进一步加剧。

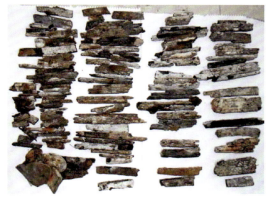

图2-4　"华光礁Ⅰ号"沉船出水部分铁器

对"华光礁Ⅰ号"沉船出水铁器开展了档案登录和脱盐保护处理[12]。由于铁器尺寸较小，将铁器分为4组，分别放置于整理箱中脱盐，分别编号为T1、T2、T3和T4。脱盐使用2%NaOH水溶液，采用最初较为频繁换药、后期延长换药时间的方式。每次换药前采集水样，采用氯离子测定仪对水样中的氯离子含量进行分析检测。由氯离子含量测试结果可以看出，经过四个半月的浸泡脱盐后，脱盐溶液中的氯离子浓度稳定在50ppm以下，基本比较稳定。2014年，完成108件铁器的保护修复工作，具体工艺包括清洗除锈、脱盐、缓蚀封护，并将铁器在密封袋内保存。

第三节　沉船考古试析

"海上丝绸之路"自汉代开通以来，一直是沟通东西方文化及经济交流的重要纽带，是我国对外文化交流和贸易极为重要的商船通道、历史航道和文化渠道；而海南岛不仅是联结"海上丝绸之路"远洋航船的极为重要的中转站，更是海上丝绸之路这条连接亚欧贸易与和平之路的最前沿。南海是"海上丝绸之路"的必经之地，自古以来便是中国先民开展渔业生产和对外交流的神圣海域，是中国沟通世界的重要海上通道；这里有众多的沉船遗物，形成了丰富多彩的水下文化遗产，这些沉没于水下的遗物成为"海上丝绸之路"线状分布的遗珍，是我国宝贵的历史文化遗产，是古代中国海外贸易史的重要见证。"华光礁Ⅰ号"沉船遗址的水下考古发掘，是中国第一次大规模的远海水下考古，其重要意义不言而喻。

一、年代推断

"华光礁Ⅰ号"沉船发掘出水文物逾万件，主要以陶瓷器为主，另有铁器以及少量铜镜残片；陶瓷器以青白釉、青釉居多，还有一些酱釉器。沉船及其遗址没有详细的文字纪年资料，目前只能根据船货如陶瓷器来作为断代依据。"华光礁Ⅰ号"沉船出水的青釉器，有些可以确定是宋代浙江龙泉窑的产品，这批瓷器有碗、盘等，与南宋早中期龙泉窑东区遗址出土的部分标本相同，因此推断"华光礁Ⅰ号"出水的龙泉窑瓷器也

图2-5   有楷书"壬午载潘三郎造"字样的碗

来自此期[13]。另外，沉船出水了一件闽清义窑青釉碗，其内壁刻有楷书"壬午载潘三郎造"字样[14]（图2-5）。南宋时期的"壬午"年有两个，分别为宋高宗绍兴三十二年（1162）和宋宁宗嘉定十五年（1222）。据此推断"壬午"为高宗时的"壬午"年，从而推断该船应是南宋中期，从中国沿海某港启航，途经南海，驶向东南亚地区的贸易商船。

二、航行路线

"华光礁Ⅰ号"出水的瓷器大多来自福建和江西的各个窑场，这些窑场的年代均属南宋时期。福建泉州港是南宋时期最大的贸易港，由此可知沉船的始发地极有可能是泉州港。宋时泉州与国外70余个国家和地区有海上贸易往来，海上交通顺畅，东到日本，南至东南亚诸国，西达阿拉伯乃至东非等地。1087年，泉州市舶司设立，嗣后又设来远驿，泉州进入与广州并驾齐驱的历史时期。南宋末年到元代，泉州后来居上，超过广州，成为东南巨镇和"梯航万国"的都会，当时的泉州海外交通、贸易空前繁盛，泉州港被誉称为"世界最大贸易港"之一而驰名中外，与埃及亚历山大港齐名[15]。南宋时期从泉州港出洋的"海商之舰，大小不等，大者五千料，可载五六百人，中等二千料至一千料，亦可载二三百人"[16]。

南宋时期，泉州造海船用长近五丈的木料作为舵，以之"持万斛之蕃舶"，其造船规模之大可见一斑[17]。南宋惠安人谢履在《泉南歌》中道："州南有海浩无穷，每岁

造舟通异域。"郑和下西洋时也特地来到泉州，除了因当时泉州对外贸易繁盛外，另一个吸引因素就是泉州的造船术。赵汝适《诸蕃志》、赵彦卫《云麓漫钞》、汪大渊《岛夷志略》、周致中《异域记》等古文献都对宋元时期泉州港的繁盛情景进行了详细的记载。

这艘从泉州港驶离的商船的目的地是哪儿？从"华光礁Ⅰ号"沉船出水的这批陶瓷器来看，大部分极其普通，并非精品，有些甚至扭曲变形，因此分析该船的目的地应当是经济落后的东南亚地区。中世纪时期东南亚诸国开化时间较晚，不仅缺乏纺织品，手工业产品更为稀缺。《诸蕃志》中有关流眉国、苏吉丹、渤泥国生活用具的记载："饮食以葵叶为碗，不施匙筋，掬而食之……饮食不用器皿，缄树叶以从事，食以则弃之……无器皿，以竹编贝多叶为器，食毕则弃之。"而当时中国的陶瓷器等生活器具的制造技术日趋成熟，陶瓷器、铁器等日常生活用品逐渐为他们所接受并喜爱，也使生活水平得到逐步改善。也有一些在我国并不使用如军持、执壶等典型外销风格的瓷器，显然是中国式的订单生产，专供东南亚一带居民使用，目前在东南亚等国的考古中也发现了大量此类器物，因此可以确定该船是在前往东南亚等地途中沉没的[18]。

三、沉没原因猜想

"华光礁Ⅰ号"沉船被发现时船体结构基本存在，残存11个水密隔舱，排水量大约60～100吨。水下考古队员进行发掘时，"华光礁Ⅰ号"上层甲板已经缺失，随船器物存放地非常整齐集中，没有发现人类的骸骨存留。假设船只是在华光礁内被台风吹翻沉没的，在风浪作用下随船遗物会分散在很广的范围内，不会如此集中，因而可以猜想，船只可能是在华光礁盘外已经出现险情，为了避免更大的损害，船上人员努力将已经毁坏的船只行驶到礁盘内躲避，但由于受损严重，船只最终还是沉没，随船人员爬上礁石才幸免于难[19]。南海台风频繁，暗礁林立，船只的沉没原因当前仍旧是个未解之谜。

四、船板树种的鉴定

中国造船历史悠久，早在新石器时代古代先人就已熟练使用了舟和筏并走向了海洋。据考证，筏，舟船发明以前出现的第一种水上运输工具，就是新石器时期我国东南部的百越人发明的[20]。2002年，在浙江杭州萧山跨湖桥遗址发现了一艘距今8000余年、由整段马尾松加工而成的独木舟，是我国目前发现最早的独木舟，也是世界发现最早的舟船之一。古时用于建船的材料有很多种，其中大部分为就地取材，古人通常根据木材的特点和性能在船体的不同位置使用，我国古代造船材料大多为杉、松、楠、樟、榆、槐、柏、杨、楸、稠木、铁力木、乌婪木、檀木等[21]。古代造船工匠们早在秦汉时期就发明了中线舵和橹，并熟悉运用格木、杉木等造船木材[22]。明朝造船技艺娴熟，宋应星在《天工开物》"舟车第九漕舫"篇中说："凡木色桅用端直杉木，……梁与枋樯用楠木、槠木、樟木、榆木、槐木。栈板不拘何木。舵杆用榆木、榔木、槠木。关门棒用稠木、榔木。橹用杉木、桧木、楸木。"充分说明古代先民早已对造船用材的属性了若指掌[23]。

对"华光礁Ⅰ号"船体不同部位（主要包含第一层至第六层外板、龙骨、立柱等位置）进行取样，选取的31个样本由中国林业科学院木材工业研究所进行了树种鉴定（表2-1）。经鉴定，发现该南宋沉船船材种属多样，有松科、柏科、樟科、杉科、大戟科等，其中81%为松科，船板外壳第一至第六层为软松木，龙骨、立柱以硬松木为主。造船材料主要来自于我国华中、华南地区，当时工匠已能根据木材的不同特性在船体的不同部位使用。

表2-1 "华光礁Ⅰ号"沉船出水木船构件树种鉴定

科	属	构件编号	构件类型
松科（Pinaceae）	松属（*Pinus* Linn.）	XHⅠ：96	第一层板
		XHⅠ：134	
		XHⅠ：154	
		XHⅠ：269	
柏科（Cupressaceae）	柏木属（*Cupressus* Linn.）	XHⅠ：159	
樟科（Lauraceae）	樟属（*Cinnamomum* Trew）	XHⅠ：162	
松科（Pinaceae）	松属（*Pinus* Linn.）	XHⅠ：55	第二层板
		XHⅠ：102	
		XHⅠ：272	
		XHⅠ：25	
杉科（Taxodiaceae）	杉木属（*Cunninghamia* R.Br）	XHⅠ：63	
松科（Pinaceae）	松属（*Pinus* Linn.）	XHⅠ：319	第三层板
		XHⅠ：341	
		XHⅠ：347	
松科（Pinaceae）	松属（*Pinus* Linn.）	XHⅠ：378	第四层板
		XHⅠ：383	
		XHⅠ：388	

续表 2-1

科	属	构件编号	构件类型
松科（Pinaceae）	松属（*Pinus* Linn.）	XHI：391	第五层板
		XHI：488	
松科（Pinaceae）	松属（*Pinus* Linn.）	XHI：466	第六层板
		XHI：467	
松科（Pinaceae）	松属（*Pinus* Linn.）	XHI：106	龙骨
		XHI：499	
		XHI：511	
		XHI：326	
樟科（Lauraceae）	润楠属（*Machilus* Nees）	XHI：374	
	樟属（*Cinnamomum* Trew）	XHI：502	
大戟科（Euphorbiaceae）	核果木属（*Drypetes Vahl*）	XHI：采41	不详
松科（Pinaceae）	松属（*Pinus* Linn.）	XHI：422	立柱
		XHI：423	
		XHI：425	

　　中国植物志记载[24]：松科，本科约230种，分属于3亚科10属，多产于北半球，我国有10属113种29变种（其中引种栽培24种2变种），遍布全国，几乎均系高大乔木，绝大多数都是森林树种及用材树种，在东北、华北、西北、西南及华南地区高山地带组成广大森林，亦为森林更新、造林的重要树种。江浙沿海一带有俗语："千年针松一根柱，十年檫树好打船"，意为树木成材期不一，各有所用；又有"千年海底松，万年燥搁枫"，意为松木不怕潮湿，枫木不嫌干燥，松木含松脂油不忌水，故常用于造船之用。

　　图2-6和图2-7是编号XHI：511和XHI：391木材样本的横切面、径切面和弦切面

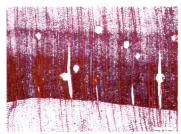

图2-6　编号XHI：511样本的横切面、径切面和弦切面的显微照片

显微照片，其早晚材渐变。511样本为硬木松，其轴向管胞径壁具缘纹孔1列及2列；单列及纺锤形射线，具射线管胞，其内壁齿状加厚；交叉场纹孔窗格状，具轴向及径向树脂道。而391样本为软木松，显微结构大体相同，但其管胞径壁具缘纹孔1列，射线管胞内壁平滑。从图中可以看出硬木松与软木松的区别[25]。

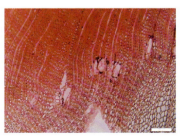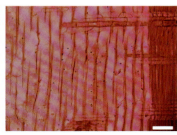

图2-7 编号XHI：391样本的横切面、径切面和弦切面的显微照片

1974年泉州湾后渚港挖出一艘三桅海船，船体残长24.2、宽9.15米，载重量200吨以上，据研究是南宋末年航行于东南亚及波斯湾一带的远洋货船。经鉴定龙骨为松木。廖倩等对明代龙江船厂遗址出土的木材样本树种鉴定中也发现了松木样本[26]。"南海Ⅰ号"的考古发掘中，在船身上发现了一些碎木块，经鉴定为马尾松木。松木遍布华中、华南各地，造船中主要用于船梁、肋骨、甲板、船身、桅杆、船壳、桨等[27]。

在我国传统的三大海船所采用的木材中，宋代福建海船的船材主要是杉、松、樟三类，广船主要用铁梨木。由此可知，"华光礁Ⅰ号"沉船可能为福建海船。

五、船型

"华光礁Ⅰ号"沉船的甲板很整齐，船舷下削如刀，船的横断面呈"V"形，尖底船下有松木制成的首尾相连的主龙骨和尾龙骨；连接在主龙骨一端的艏柱是用来支撑船身的，所用材料为樟木，残长2.86米，这样船只很坚固且吃水深，有很强的抗御大风大浪的能力；在主龙骨与尾龙骨、主龙骨与艏柱的榫合处挖有"保寿孔"，"保寿孔"上部打的7个小圆孔中放置7枚铜钱，下部还挖有1个大圆孔用来放置铜镜，这种装饰是福建泉州制造远洋帆船的独有传统，有个吉利的名字叫"七星伴月"，为的是祈求船只平安渡过被泉州人称作七星洋的西沙群岛海域[28]，这种装饰至今还被保留着，并以此作为判定该船为福船的依据之一。另外在船板缝隙之间发现了由麻丝、桐油灰等捣成的白色舱合物，这一般是制作福船独具的特征，进一步证实"华光礁Ⅰ号"沉船属于福船[29]。

福船是福建沿海远洋木帆船的统称，是中国古代著名的"四大古船"之一，其特点是头部尖，尾部宽，两头上翘，下侧如刃，吃水又深，适合海上航行，可以作为运输船或者战舰。在郑和七次远征西洋的船队中，福船是重要的船型之一，其中四十四丈长的郑和宝船有可能就是尖底福船。有文献记载："南方木性，与水相宜，故海舟以福建船为上，广东、西船次之，温、明、船又次之。"[30]"舟之身长十八丈，次面宽四丈二尺许，高四丈五尺余。……可储货品三至四万担之多。"[31]

《宣和奉使高丽经图》中对福船的描写："客舟长十余丈，深三丈，阔二丈五尺，可载二千斛粟，其制皆以全木巨枋挽叠而成。上平如衡下侧如刃，贵其可以破浪而行也。其中分为三处，前一仓不安橵板，唯于底安灶与水柜，正当两墙之间也。……船首两颊柱，中有车辆，上绾绳索，其大如椽，长五百尺，下垂碇石，石两旁夹以两木钩。……遇行则卷其轮而收之，后有正柂，大小三等，随水浅深更易。当桥之后，从上插下二掉，谓之三副柂，唯入洋则用之。"[32]宋代福建的工匠已经掌握了当时全国第一流的造船技术。出使高丽，按常规应向近处的山东征调船只，宋政府反而舍近求远，委福建、两浙监司招募，"旧例，每因朝廷遣使，先期委福建、两浙监司雇募客舟，复令明州装饰，略为神舟，具体而微。"由此可以看出福建造船技术在当时处于全国领先的地位[33]。

福船在20世纪70年代后有两次重要发现，即泉州宋朝古船和韩国新安古船，"华光礁Ⅰ号"南宋沉船再次证明福船曾远航至东南亚进行远洋海外贸易，是中国宋元时期开展海外贸易的主要船型。

六、水密隔舱技术

"华光礁Ⅰ号"古船是典型的水密隔舱海船。所谓的水密隔舱就是用隔舱板把船舱分割成多个相连的密闭舱室，在航行过程中若遭遇海难，一两个舱室破损不会导致海水进入其他舱室而影响整个船只的安全，保证船只保持有浮力而不会沉没，船舶的海上安全性大大提高。"华光礁Ⅰ号"的两舷上各有10排对称的榫孔，榫孔以横木条贯穿，还残留着隔板，这种结构就是隔舱，隔舱板与船板榫接牢固，这样船体非常坚固；另外，这种分隔的船舱，可以分类存放船货且使空间高效利用，降低运输成本。

水密隔舱技术何时开始使用目前还有争议，中国古代文献记载，东晋时期水密隔舱技术已经开始使用。据《艺文类聚》引《义熙起居注》（成书于405～418年）载："卢循新造八槽舰九枚，起四层，高十余丈。"江苏扬州和如皋出土的唐代初期、中期内河木船是出土文物中首次发现的带有水密隔舱结构的船只。对世界航海做出重大贡献的水密隔舱海上帆船，是人类航海史上重要的历史文化遗产。中国是世界上首先发明并使用了水密隔舱技术的国家。18世纪末期，水密隔舱技术才开始受到西方国家关注。李约瑟说："我们知道，在19世纪早期，欧洲造船业采用这种水密舱是充分意识到中国这种先行的实践的。"马可·波罗说："若干最大船舶有大舱十三所，以厚板隔之，其用在防海险，如船身触礁或触饿鲸而海水透入之事，其事常见……至是水由破处浸入，流入船舶。水手发现船身破处，立将浸水舱中之货物徙于邻舱，盖诸舱之壁嵌甚坚，水不能透。然后修理破处，复将徙出货物运回舱中。"

　　自20世纪70年代起，不断有水密隔舱古船被发掘出来，如泉州湾后诸港发掘出土的宋代古船（图2-8），韩国新安道德岛海域出水的元代古船，都属于水密隔舱船。"华光礁Ⅰ号"沉船的出水为中国水密隔舱船传统技术又增添一个新的例证，为了解水密隔舱船体结构及其制造技术提供了实物依据，对于挖掘水密隔舱船制造技术伟大发明的价值及评估中国古代造船技术对于世界航海发展的贡献具有重要意义。

图2-8　有水密隔舱的泉州后诸港宋代沉船

七、意义

　　"华光礁Ⅰ号"建造于南宋时期，为一艘贸易商船，是古代中国与周边国家友好往来的见证，也是第一次在中国远海发现的古代船体。它为研究中国南宋时期的造船航海技术，瓷器、铁器等手工艺制造提供了重要的实物；进一步填补了海上"丝绸之路"中国段的材料，展示了古代中国对外贸易的繁荣景象，因此具有重要的历史价值。"华光礁Ⅰ号"是水密隔舱海船。水密隔舱海船制造技术是中国对世界航海发展史产生深远影响的一项伟大发明。指南针作为中国古代"四大发明"之一，举世闻名；指南针为世界远洋航海史做出的伟大贡献，尽人皆知。在中国古代还有一项可以和指南针贡献相媲美的重大发明，就是水密隔舱造船技术。"华光礁Ⅰ号"还是我国第一次发现的有6层船板的古船，而以往发现的一般只有2层。

宋代是中国古代海外贸易得到较大发展的时期，陶瓷和丝绸以及少量的金属器是当时出口的大宗货品。南宋时广州、潮州及福建同安、泉州等地发展了以外销瓷为主的制瓷业。"华光礁Ⅰ号"沉船共出水陶瓷器近万件，绝大部分是福建的外销瓷，这些瓷器釉色精美、烧制工艺较高，代表了这一时期陶瓷器的高超工艺，具有较高的研究价值，这些瓷器为研究中国陶瓷史、海外贸易史以及海上丝绸之路与东西方经济、文化交流提供了重要的考古实物依据和参考资料。同样，沉船上打捞的一百多件铁器是研究南宋时期铁器制作技术的珍贵实物，为"华光礁Ⅰ号"南宋古沉船的综合研究提供了十分珍贵的历史信息和难得的实物资料。这些出水文物的发现，见证了我国南宋时期同周边国家的友好往来以及促进世界文明发展的历史。

目前在南海区域发现的外国沉船并不是很多，大多为中国古沉船，说明最早在南海进行经济贸易活动开发的是中国；"海上丝绸之路"最早可追溯于汉代，由于内陆运输瓷器等货物容易破碎且成本很高，而海运可以解决这些问题，东南沿海借助季风助航降低了运输成本，南海成为"海上丝绸之路"通向东南亚及西非等国的一个便畅通道。到宋代，海上贸易十分繁荣，陶瓷器、丝绸、茶叶及少量金属器具是当时出口的主要货品，贸易对象并不限东南亚诸国；当时的中国瓷器非常有名且工艺成熟、价格低廉，福建、浙江等地相继开展了接收定制的外销瓷订单，海上贸易空前繁忙；在经济贸易的同时，文化交流也得到了发展，落后的东南亚国家开始接受并传播来自东方的文明礼仪和饮食习惯。"华光礁Ⅰ号"出水遗物再次证实了中国先民早就在"海上丝绸之路"上经营。

第四节　沉船出水陶瓷器

"华光礁Ⅰ号"沉船出水文物中陶瓷器共1万件，占绝大多数，据统计，7049件基本完整的陶瓷器急需去除表面沉积物和脱盐处理；2468件残破的陶瓷器需要进行去除表面沉积物、脱盐、粘接补全等工作（表2-2）。

表2-2　"华光礁Ⅰ号"沉船出水陶瓷器文物清单

名称		完残情况（件）			备注
		基本完整	残破	残片	
陶瓷器	青釉、青白釉碗	3047	1637		其中7049件基本完整的陶瓷器急需去除表面沉积物和脱盐处理。2468件残破的陶瓷器需要进行去除表面沉积物、脱盐、粘接补全等工作
	青釉、青白釉浅腹碗	215	210	1916	
	青釉、青白釉深腹碗	165			
	青釉、青白釉小碗	243	56		
	青白釉盘	20	3		
	青白釉器盖	188	44		
	青白釉执壶	46	35	205	
	青白釉印花小瓶	7	18		
	青白釉葫芦瓶	2	6		
	粉盒	210			
	大粉盒　盒盖	20	13		
	大粉盒　盒身	101	25		
	小粉盒　盒盖	871	65		
	小粉盒　盒身	1317	25		
	青釉小口罐	140	24		
	青釉大盘	287	196	168	
	长颈瓶	2			
	酱釉小口瓶		53		
	酱釉小口罐　大	78	40		
	酱釉小口罐　小	86	9		
	四系罐　大		4		
	四系罐　小	4	5		
合计		7049	2468	2289	

　　根据出水文物不同形制可粗略分为以下大类：碗、罐、执壶、瓶、粉盒、钵、盏、盘、碟、军持等，各大类又按照器物的形状可分不同细类，见表2-3：

表2-3 "华光礁 I 号"沉船出水陶瓷器的类型（据第一次可移动文物普查数据）

器形	名称	器形	名称
碗	青釉刻划花大碗	执壶	青白釉弦纹执壶
	青釉刻划花"吉"字大碗		青白釉刻划花执壶
	青釉刻划花"大吉"字大碗		青白釉瓜棱执壶
	青釉碗	粉盒	青白釉菊瓣纹印花大粉盒
	青釉刻划花碗		青白釉菊瓣纹印花小粉盒
	青白釉碗	瓶	青白釉菊瓣纹瓶
	青白釉刻划花碗		青白釉莲瓣纹葫芦瓶
	青白釉葵口碗		酱釉小口瓶
	青白釉小碗		酱釉长颈瓶
	青白釉葵口出筋小碗	盘、碟	
罐	青釉褐彩小口罐	盏	
	酱釉小口罐	钵	
	酱釉四系罐	军持	

一、碗

"华光礁 I 号"沉船出水陶瓷器文物中碗有大碗、小碗之分。大碗可再细分为两类。一类是福建南安罗东窑的产品，其基本特征为：灰白胎，釉色青黄或青灰，少数釉色灰白的为生烧品；敞口，口沿稍撇或稍折，浅斜腹，矮圈足；一般在内腹上刻划篦点、卷草、花卉纹，外腹刻宽篦纹，有的碗心还压印楷体"大吉""吉"字（图2-9），个别在圈足内见有墨书（如"陈十"）。另一类是福建宋代松溪回场窑产品，其基本特征为：胎色灰或灰白，釉色青黄或青绿等；敞口或口沿微折，有的为花口，斜弧腹，矮圈足；施釉至圈足，足底面露胎；多数在腹壁内外（一部分仅在内腹壁）刻划篦纹、卷草或花卉纹等，其中一件在碗心印有"张"字；同样的标本见于福建松溪回场窑[34]。小碗数量最多，大多数为青白釉；胎色灰白，胎质较为粗糙，器底刮痕明显，足底露胎，局部有流釉现象；有些施釉不均匀，有"泪痕"现象，有多处砂眼和小气泡；内壁、腹部有弦纹、若干组篦划草叶纹等纹饰。下为"华光礁 I 号"沉船出水部分陶瓷器碗（图2-9至图2-12）。

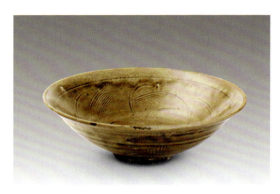

图2-9　"吉"字大碗

图2-10　刻划花纹碗

图2-11　青白釉碗

二、粉盒

　　"华光礁Ⅰ号"沉船出水陶瓷器中，粉盒数量很多，足有上千件。粉盒内外施青白色釉，釉色白中泛青，透着一种质朴天然的美感。装饰的图案丰富多彩，有折枝牡丹、莲花、六星花卉、七星花卉、团花、菊瓣、莲蓬、针叶纹和釉面冰裂纹等（图2-13、

图2-12 青白釉小瓷碗

2-14）。其中，折枝花是截取树木花朵的一支或数支来构成一种单独的纹样，这一花型流行于宋代至清代，多装饰在盒、碗等器物上，它在盒盖中充分体现出一种均衡、活泼的形式，不受周围纹饰的影响，适用性较强，成为一个主体纹饰。以上器物似为福建境内德化青白瓷窑烧于南宋年间的产品。粉盒是古代妇女存放脂粉的化妆盒（有时也用作香盒和油盒），是古代妇女闺房中不可或缺的日常用品，一般置于较大的妆奁内。

图2-13 粉盒

图2-14　粉盒上的不同花纹

三、执壶

执壶又称"注子""注壶"，最早为隋代出现的酒具[35]。唐前期器呈盘口、短颈、鼓腹、圆筒形或六角形短直流、曲柄，壶体较矮，鼓腹，假圈足；唐中晚期大量流行，基本取代了鸡首壶、凤首壶等，这时期执壶式样繁多，有短流、长流、曲柄、直柄等数种；五代至北宋器身渐高，通体多压4~6条瓜棱，流渐趋细长微曲，曲柄高于壶口，平底变为圈足，并多有注碗相配；元代器多为玉壶春瓶式，弯流与壶颈之间以"S"形饰件相连；明、清之后，造型增多，多用作茶具。唐宋时，越窑、长沙窑、耀州窑、景德镇窑、繁昌窑、磁灶窑等均大量烧造；元明清时期，以景德镇烧制的青花执壶为多，龙泉窑也生产部分青釉执壶。

执壶壶身主体采取了瓶的形状，如果把盖、柄（把手）、流（壶嘴）都省去，它便是一只美丽的花瓶。此瓶口小、颈长、肩削、腹重、足底短小而蜷缩、圈足，宛然一只玉壶春式的花瓶，瓶的重心在下半部，造型沉稳。其他附件则是为了使这个美丽的瓶状器物具有壶的作用而加上去的。

壶嘴的设计对于线的运用非常流利，在造型上是使一条向上斜挑起来的弧线，从壶身的一端向空间延伸开去，略呈抛物线形状。壶嘴的顶端和壶身保持较大的距离，构成大约30°的锐角，同时顶端微细，增加了自然飘洒的感觉，避免了突兀钝重的缺点，壶身另一面的把手像一条彩结一样，滑腻而婉转地附在壶身上。有的执壶还在把手的两端塑造成如意形图案，表示它不是和壶身生硬接上去的，而是从实用出发，又顾及审美要求的一种配合，同时还对称地调整了壶嘴和壶身的关系，使它左右均衡，不偏不倚，重心适宜。

执壶附件的次要部分是壶盖以及连在壶嘴和壶颈之间的云形托子，还有壶身下面的底足。底足把壶身托住，使它的主要部分更加明显；起着连接作用的云形托子，安排灵巧而适当，它和把手对称起来，补充了壶嘴上部和壶身之间的空隙，使向上斜挑出去的壶嘴稳定下来，改变了壶嘴孤单细弱的情况，同时还增加了装饰的美感，而且因为壶嘴细长，有了这个饰件还可以在烧造时防止壶嘴变形，而这种立体图案，这种空间艺术是完全服从使用的需要，不是单纯为了追求装饰的美才这样做的。

"华光礁Ⅰ号"沉船出水执壶多为青白釉（图2-15至图2-17）。

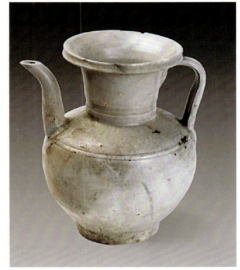

图2-15 青白釉瓜棱执壶

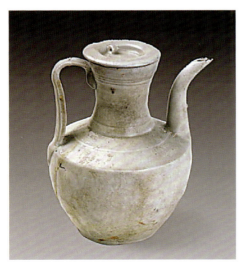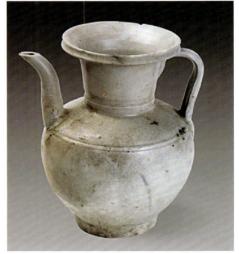

图2-16 青白釉弦纹执壶

图2-17　青白釉刻划花执壶

四、瓶

瓶是用于盛放液体的容器。早期的瓶多为尖底、圆腹、细颈，肩上有供穿绳用的耳或系，显然是用于垂直方向汲水的工具，典型器物如1971年甘肃陇西出土的新石器时期马家窑文化的旋纹彩陶尖底瓶。后来瓶逐渐演变为高身、深腹、平底。历朝历代瓶的造型丰富多样，如隋唐时的双龙饮或双腹并联的传瓶，五代时江浙一带颇为流行作为明器的多角瓶，取其谐音"多谷"，寓意吉祥。两宋时出现的玉壶春瓶和梅瓶本来是酒具，因其造型潇洒俊秀，自元以降逐步演变成纯装饰瓷。

"华光礁Ⅰ号"沉船出水瓷瓶，器形各异，有青白釉菊瓣纹小瓶、青白釉莲瓣纹葫芦瓶等（图2-18至图2-21）。

图2-18　青白釉菊瓣纹瓶

图2-19 青白釉莲瓣纹葫芦瓶

图2-20 酱釉小口瓶　　　　　　　　　图2-21 酱釉长颈瓶

五、罐

"华光礁Ⅰ号"沉船出水的酱釉器物，胎质较粗，多为缸胎，如小口罐，矮直沿、敞口、溜肩、鼓腹、内凹底，底面留有线割痕，施酱黑釉，外底无釉露胎；多为福建磁灶窑的产品（图2-22、2-23）。

六、其他器物

"华光礁Ⅰ号"沉船出水陶瓷器中有一件黑釉描金盏（图2-24），为遇林亭窑产品，是"华光礁Ⅰ号"沉船出水文物中的孤品，非常珍贵，现藏于中国国家博物馆。另有军持（图2-25），敛口、宽折沿下垂、短直颈、鼓腹、饼足内凹、束口短直流。

图2-22　小口罐

图2-23　酱釉四系罐

图2-24　黑釉描金盏　　　　　　　图2-25　黑釉军持

　　另外，"华光礁Ⅰ号"沉船出水陶瓷器中，宋代景德镇窑的产品虽为数不多，但件件为精品，可见有盏、钵、碟、小盘、碗、瓶等（图2-26至图2-31）。景德镇窑位于江西省景德镇市，景德镇原名昌南镇，因北宋景德年间烧制的精美瓷器而闻名。景德镇窑自唐代起即烧制青瓷，北宋时以烧制青白瓷为主，其釉色白略带青。这种白中泛青、青中见白的色釉，为景德镇窑新创，其色调给人以清新爽快之感。青白瓷以光素者居多，亦间有刻花者，靖康之变后，随宋室南迁，北方定窑的许多制瓷工匠也随之南下，他们带来了定窑瓷器制作技术，在景德镇仿制定窑瓷器，所产瓷器，胎体釉色纯白如粉，有粉定之称，受其影响，景德镇窑所烧青白瓷，装饰逐渐为印花所替代。青白釉瓷器的釉质透明如水，胎体质薄轻巧，青白的瓷釉罩在刻花、印花的器皿上，纹样的凹下处积釉稍厚而较青，胎薄的花纹在迎光下若隐若现，故又有影青、映青、隐青、罩青之称。景德镇窑青白瓷曾作为贡瓷，供御府使用，其品种有碗、盒、盘、注子、瓶等；造型上常做成瓜棱、花瓣等形状，纹饰有牡丹、梅花、芙蓉、莲花、鸳鸯、鱼、鸭及儿童形象等，其装饰方法为刻花、划花、印花和贴花等。

图2-26　青白瓷盏

图2-27　青白瓷碟

图2-28　青白瓷钵

图2-29　青白瓷小盘

图2-30　青白瓷小碗

图2-31　青白瓷瓶

第五节 小结

经济与贸易是一切社会文明发育的基础，海洋经济活动同样也是环中国海古代文明发展的根本动力。唐宋时期，陆上丝绸之路萎缩，王朝统治者倡导"江海求利，以资国用"，积极发展海上交通，经营海外贸易。东南瓷器、丝绸、茶叶、金属物品等船货的生产与海外输出，海上世界蓄货异物的登陆东南并流向内地，构成一个巨大的海洋经贸圈，反映了以我国东南沿海为中心的环中国海海洋社会经济体系的结构和内在运作。"华光礁Ⅰ号"沉船货物堆放有序，按类归置，属于船货，正是外销经济的明证。

中国陶瓷丰富多彩的内涵在人类文化史上占据重要位置，精湛的陶瓷技术工艺也持续领先于世界，并长期为远近诸蕃所仰慕。自唐宋时期起，陶瓷倍受海外市场的青睐，因而大大地刺激了陶瓷的生产和出口。依托浙、闽、粤、赣等深广的陆上腹地生产，从环中国海到更广阔的印度洋、大西洋沿岸地带的销售与流通，体现了以东南沿海为中心的海洋社会经济体系对内、外的强力辐射。"华光礁Ⅰ号"古代沉船丰硕的发掘成果证明了中国古代海上贸易发生的年代久远，中西方文化交流、贸易往来源远流长，以及南海诸岛自古以来就是中国的神圣领土，海南岛及南海诸岛在海上丝绸之路的避风港、补给站、中继站的重要地位。

参考文献

［1］ 欧阳钟辉、马瑾玉：《泉州港口发展模式的探究》，《泉州师范学院学报（自然科学）》2010年第28卷第6期，第33～50页。吴自牧：《梦粱录》（卷十二），浙江人民出版社，1980年。沈玉水：《从泉州湾宋船看宋代泉州造船技术》，《武汉水运工程学院学报》1984年第23卷第1期，第73～78页。〔南宋〕王象之：《舆地纪胜》（卷十三），中华书局，1992年。

［2］ 中国国家博物馆水下考古研究中心、海南省文物保护管理办公室：《西沙水下考古1998～1999》，科学出版社，2006年，第237、251～266页。浙江省博物馆：《扬帆南海——华光礁Ⅰ号沉船出水文物特展》，香港中国文化出版社，2014年，第13页。

［3］ 孙键：《南海沉船与宋代瓷器外销》，《中国文化遗产》2007年第4期，第32～45页。

［4］ 孙键：《解密华光礁一号沉船》，《华夏地理》2007年第10期，第158～169页。

［5］ 赵佳斌：《海上丝绸之路上的中国古代外销瓷——中国水下考古的工作与发现》，《中国古陶瓷

研究》（第十四辑），紫禁城出版社，2008年，第3页。

［6］ 曾昭璇：《南海环礁的若干地貌特征》，《海洋通报》1984年第3期，第40～45页。广东省地名委员会：《南海诸岛地名资料汇编》，广东省地图出版社，1987年，第170页。

［7］ 俞嘉馨：《南海归帆——由西沙华光礁 I 号沉船说开去》，《中国文化遗产》2013年第4期，第68～75页。

［8］ 中国国家博物馆水下考古研究中心、海南省文物保护管理办公室：《西沙水下考古1998～1999》，科学出版社，2006年，第29页。

［9］ 包春磊：《南海"华光礁 I 号"沉船水下考古试析》，《南海学刊》2015年第1卷第3期，第55～59页。孙健：《揭秘华光礁一号沉船》，《华夏地理》2007年第10期，第158～169页。

［10］ 中国文化遗产研究院、海南省博物馆：《"华光礁 I 号"出水陶瓷、铁器保护修复及木船构件保护工程（ I 期）结项报告》（内部资料），2016年。

［11］ 中国国家博物馆水下考古研究中心、海南省文物保护管理办公室：《西沙水下考古1998～1999》，科学出版社，2006年，第237、251～266页。

［12］ 中国文化遗产研究院、海南省博物馆：《"华光礁 I 号"出水陶瓷、铁器保护修复及木船构件保护工程（ I 期）结项报告》（内部资料），2016年。

［13］ 孙健：《南海沉船与宋代瓷器外销》，《中国文化遗产》2007年第4期，第32～45页。

［14］ 赵佳斌：《海上丝绸之路上的中国古代外销瓷——中国水下考古的工作与发现》，《中国古陶瓷研究》（第十四辑），紫禁城出版社，2008年，第3页。

［15］ 欧阳钟辉、马瑾玉：《泉州港口发展模式的探究》，《泉州师范学院学报（自然科学）》2010年第28卷第6期，第33～50页。

［16］ 吴自牧：《梦粱录》（卷十二），浙江人民出版社，1980年。

［17］〔南宋〕王象之：《舆地纪胜》（卷十三），中华书局，1992年。

［18］ 孙键：《解密华光礁一号沉船》，《华夏地理》2007年第10期，第158～169页。

［19］ 孙健：《南海沉船与宋代瓷器外销》，《中国文化遗产》2007年第4期，第32～45页。

［20］ 张静芬：《中国古代的造船与航海》，商务印书馆，1997年，第3页。

［21］ 顿贺：《中国古船木构技术的演进》，《人海相依：中国人的海洋世界》，上海古籍出版社，2014年。

［22］ 廖倩、潘彪、王丰：《明代南京船厂造船用材的鉴定与比较分析》，《林产工业》2016年第43卷第8期，第23～27页。

［23］ 许生根：《英藏〈天盛律令〉残卷西夏制船条款考》，《宁夏社会科学》2016年第2期，第212～214页。李雪艳：《天人秩序法则的重建——宋应星生态伦理思想研究》，《淮海工学院学

报（社会科学版）》2011年第9卷第4期，第5～7页。李硕：《设计学视阈下的中国古代船舶形式研究》，武汉理工大学博士学位论文，2015年。施剑：《明代浙江海防建置研究——以沿海卫所为中心》，浙江大学硕士学位论文，2011年。

［24］ 中国科学院中国植物志编辑委员会：《中国植物志》，科学出版社，2004年。

［25］ 卢燕玲：《一件清代髹漆贴金木雕观音菩萨坐像的保护研究和修复》，《文物保护与考古科学》2016年第28卷第1期，第38～46页。王小芳：《深色名贵硬木家具用材研究》，广西大学硕士学位论文，2008年。刘梦昕：《基于植被特征的晋江灵源山生态修复与景观改造》，福建农林大学硕士学位论文，2017年。

［26］ 廖倩、潘彪、王丰：《明代南京船厂造船用材的鉴定与比较分析》，《林产工业》2016年第43卷第8期，第23～27页。

［27］ 吴达期、徐永吉：《江苏武进县出土汉代木船的木材鉴定》，《考古》1982年第4期，第421～423页。许晓燕：《造物"选"材·"适"之为良——中国传统器物"木"之工艺相适性探究》，武汉理工大学硕士学位论文，2007年。徐永吉、吴达期、李永敬：《平度隋船的木材鉴定》，《电子显微学报》1983年第2期，第40～43页。吕九芳：《明清古旧家具及其修复与保护的探究》，南京林业大学博士学位论文，2006年。王冠倬、王嘉：《中国古船扬帆四海》，人民教育出版社，1996年，第20～26页。成俊卿、杨家驹、刘鹏：《中国木材志》，中国林业出版社，1992年，第56页。

［28］ 泉州湾宋代海船发掘报告编写组：《泉州湾宋代海船发掘简报》，《文物》1975年第10期，第1～8页。俞嘉馨：《南海归帆——由西沙华光礁Ⅰ号沉船说开去》，《中国文化遗产》2013年第4期，第68～75页。

［29］ 刘文波：《宋代福建海商崛起之地理因素》，《中国历史地理论丛》2006年第21卷第1期，第28～33页。

［30］ 吕颐浩：《忠穆集——"二论舟楫之利"》，上海商务印书馆影印本，1935年。

［31］ 〔清〕蔡永蒹：《西山杂志·王尧造舟》，清嘉庆年间手抄本。

［32］ 〔宋〕徐兢：《宣和奉使高丽图经》卷三四"客舟"，上海商务印书馆，1937年。

［33］ 潘吉星：《李约瑟文集》，辽宁科学技术出版社，1986年，第258～259页。杨槱：《中国造船发展简史》，《中国造船工程学会1962年年会论文集》（第二分册），国防工业出版社，1964年，第10～13页。邵安定：《文物保护档案》，《中国文物科学研究》2009年第4期，第50～53页。

［34］ 栗建安：《中国水下考古"六大发现"——海上丝绸之路上的中国古代外销瓷》，《国际博物馆（中文版）》2008年第4期，第106~113页。

［35］ 陈斐华：《小镇淘得龙纹执壶》，《安徽日报》2015年7月3日第9版。

第三章　数字化技术在文物保护中的应用

　　我国历史悠久，上下五千年传统文化流传，拥有丰富的文物资源。随着时间的推移，在自然因素和人为因素的双重作用下，文物势必会出现一定程度的损坏，这些损坏往往是不可逆的，文物信息一旦丢失将永远无法恢复，其中所蕴含的社会、文化和科学价值将不复存在，后人也将无法使用这些具有重要意义的文物信息，所以加强文物保护是文物工作者的首要任务，实现文物信息的永续利用意义重大。

　　互联网时代，随着科学技术的发展，科技可以让各种事物数字化，数字化技术被运用于各个领域，传统文化的传播更是离不开技术的支撑。先进的数字化技术让文化的传播更为直观便捷，尤其是 VR 技术与 AR 技术的发展，使受众与传统文化之间的交互式体验升级，以数字技术为核心的信息技术、互联网已经成为人们日常生活中不可或缺的组成部分，数字技术为博物馆的藏品管理、展陈设计、互动传播等多个方面带来了无限的拓展空间。传统实体博物馆因观念、技术、场地、展陈能力限制，以及出于对文物保护的考虑，所展示的文物信息量往往不足，大量藏品没有展出机会，而且在时间、空间、展示形式上也受到诸多局限，制约了博物馆社会教育和文化传播的功能。为此，数字博物馆应运而生。数字博物馆为传统实体博物馆带来了革命：将实体的文物以数字化的形式展示给观众，借助多媒体、虚拟现实等方式在实体博物馆内搭建数字展厅，以实现传统展览不具备的展示功能；依托互联网，搭建网上虚拟博物馆，实现藏品在线展示。目前，国内许多博物馆均在努力开拓数字化管理、展示的平台。在博物馆数字化发展的趋势下，加强文物保护工作、发挥文物历史价值显得尤为重要。如何"让文物活起来"，在坚持科学有效保护的前提下，积极推进文物利用，充分发挥文物价值，博物馆的数字化建设为此提供了新的契机。

第一节　数字化技术的发展

数字技术（Digital Technology），是一项与电子计算机相伴相生的科学技术，它是指借助一定的设备将各种信息，包括图、文、声、像等，转化为电子计算机能识别的二进制数字"0"和"1"后进行运算、加工、存储、传送、传播、还原的技术。由于在运算、存储等环节中要借助计算机对信息进行编码、压缩、解码等，因此也称为数码技术、计算机数字技术等。而数字技术的主要应用在于电子技术。电子技术是根据电子学的原理，运用电子元器件设计和制造某种特定功能的电路以解决实际问题的科学，是19世纪初到20世纪初开始发展起来的新兴技术，20世纪发展最迅速，应用最广泛，成为近代科学技术发展的一个重要标志。电子技术的出现和应用，使人类进入了高新技术时代。电子技术诞生的历史虽短，但深入的领域却是最广最深，而且成为人类探索宇宙宏光世界和微观世界的物质技术和基础。

一、数字化技术的发展

为了科学计算的需要，许许多多单一用途并不断深化复杂的模拟计算机被研制出来。1623年Wilhelm Schickard率先研制出了欧洲第一台计算设备，这是一个能进行六位以内数加减法，能通过铃声输出答案的"计算钟"，使用转动齿轮来进行操作。1642年法国数学家Pascal在WILLIAM Oughtred计算尺的基础上，将计算尺加以改进，能进行八位计算。Charles Babbage是构想和设计一台完全可编程计算机的第一人，但由于技术条件和经费限制，这台计算机终未能问世。约到19世纪晚期，许多后来被证明对计算机科学有着重大意义的技术相继出现，包括打孔卡片以及真空管。Hermann Hollerith设计了一台制表用的机器，就实现了应用打孔卡片的大规模自动数据处理。但这些计算机，都是基于机械运行方式，还没有进入计算机的灵活逻辑运算领域。当人类开始用电来表达信息、储存数据等的时候，数字时代便降临了。

从1963年美国学者伊凡·萨瑟兰（Ivan Sutherland）首次能够在计算机屏幕上画线开始，计算机就具备了画图功能。20世纪90年代中期，他首先在美国哥伦比亚大学开设相关教学课程，此后数字设计在美国及世界各地建筑院校逐步普及，并随着建筑、景观和规划学科划分到不同的领域中，由此衍生出"数字建筑""数字景观""数字城市"等术语。随着计算机技术的普及和拓扑学（Topology）的发展，数字化对于规划设计的介入也不再停留于以 Autocad、photoshop、3ds Max 为代表的、以计算机图形学为基础的电脑绘图阶段，而是向三维激光扫描、计算机辅助分析、虚拟现实、参数化设计等方向深入发展。运用数字技术可以在设计的前期阶段依靠计算机的运算能力和图形能力，科学分析和评价空间环境，改变“预先设计”的传统模式，进行“自下而上”的设计。

三维激光扫描、参数化建模、算法生成设计等数字技术的运用已深入学科行业的各个环节。尤其是以三维扫描为代表的逆向工程技术可以将建筑物、地形等扫描为点云，构建三维点云模型，在设计的前期环节对基址的信息进行采集、分析、模拟、重现，这种新的智能手段增强了对物质世界更深入的理解，使设计师在设计之初能充分理解场地，以一种亲密的尺度去探究场地的“内在性格”，从而更精准、高效地完成规划设计。

三维激光扫描系统是一种集成了多种高新技术的三维坐标测量仪器，采用非接触式高速激光测量方式，快速准确地获取待测物体的三维信息。三维激光扫描技术的研究和应用开始于1998年，以瑞士生产的徕卡 CYRAX2400 为代表。其基本原理是对目标发射激光，得到一个被测点与扫描仪的距离量测值，然后对记录下来的扫描仪垂直和水平两个方向的步进角度值进行计算，得出被测点上的 X、Y、Z 的相对三维坐标。这一技术以非接触性、快速性、高密度性和全数字化为特征，由此得到的三维空间数据，还可作为其他系统的基础资料处理与使用。

三维激光扫描系统根据扫描的空间位置可划分为四类：机载（星载）三维激光扫描系统，地面三维激光扫描系统，手持型三维激光扫描系统和特殊场合应用型三维激光扫描系统。将地面三维激光扫描技术应用于文物测绘工作中，可以真实的留取文物现状信息，重建高保真可量测的三维模型，数字化永久存档，为将来实施具体的保护工作提供必要的基础数据以及进行相应的数据加工，还可以进行计算机虚拟修复，并记录不同修复阶段重要的文物修复信息数据，评价修复效果，并进行文物的虚拟展示等，提高文物保护工作的质量和效率，更广泛地传播中国文化，提升文物遗迹的价值。

二、文物的三维数字化技术

文物三维数字化技术包括三维激光扫描技术（3D Laser Scanning Technology）、近景摄影测量技术、3D 打印技术及数字模拟修复技术等，这些技术的应用对于加强文物保护、研究及利用，充分发挥文物的价值具有重要意义[1]。

1. 三维激光扫描技术

三维激光扫描技术又称高清晰测量（High Definition Surveying，HDS），它是利用激光测距的原理，通过记录被测物体表面大量密集点的三维坐标信息和反射率信息，将各种大实体或实景的三维数据完整地采集到电脑中，进而快速复建出被测目标的三维模型及点、线、面、体等各种图鉴数据。扫描过程中对物体全方位连续扫描，就能得到被测物体密集的三维散点数据，即为点云数据。点云数据经过计算机建模得到被扫描物体的三维模型，进而可以对模型进行操作得到被扫描物体的几何信息。依据承载平台的不同可划分为：机载型激光扫描系统、地面型激光扫描系统、手持型激光扫描系统。

2. 近景摄影测量技术

近景摄影测量是借助于人眼的双眼视差，通过拍摄物体不同位置的照片，利用后方交会–前方交会法求区内外方位元素，并解析计算出像点在实际位置的地面坐标，进而解析出被测物体的三维模型。

3. 3D打印技术

3D打印技术包括FDM熔融层积成型技术和SLA立体平版打印技术，在文物复制中主要应用的是SLA立体平版打印技术。在文物复制过程中，首先使用三维数字化技术对文物进行三维数字扫描，使用工业级的SLA高精度3D打印机将文物的三维信息输出以达到文物复制的目的。3D打印机可以精确到0.001微米，从而能够精确复制出与文物一模一样的复制品，将文物的几何信息表现出来。

三、文物三维数字化技术的优势

文物三维数字化技术之所以在文物保护领域广泛使用，与其技术优势有很大关系，总结起来有以下优势[2]。

1. 精度高

更好地利用文物的历史价值，最重要的一条就是要将文物的信息保留下来，只有保留下文物的信息才能永久使用文物，但是实体文物湮灭的过程在现有的技术条件下是不可能停止的，也是不可逆的。使用三维激光扫描技术获得的点云数据的单点精度能够达到毫米级，有的甚至可以达到亚毫米级，可以将文物的信息以数字化的形式永久保存，永续利用。

2. 零接触

使用三维激光扫描技术和近景摄影测量技术可以将现有的文物三维几何信息以数

字化的形式保存下来，色彩信息可以采用摄影的方式保存下来。无论是近景摄影测量技术还是三维激光扫描技术，均不与被测物体接触，这样就可以最大程度减少对文物的破坏，保证被测文物的安全。

3. 自动化程度高

三维激光扫描技术可以连续对设定区域内的物体进行扫描，期间不需要人为干预。文物信息采集完成后，以 GIS 平台的形式存储，在储存时可以以质地、形状及年代等条件去进行归类，管理人员利用 GIS 平台所具备的数据管理、展示功能，实现文物信息的自动检索、管理及展示。

4. 对环境要求低

三维数字化技术抗干扰能力强，可以在非常恶劣的环境下进行相关工作。

5. 工作效率高

利用三维扫描技术可以快速且准确地获取文物三维数据，与传统手工测绘技术相比，其测绘效率可以提高 5 倍以上，这是传统技术所无法做到的。

另外，三维数字化技术扫描范围广，最大扫描范围可达 5000 米以上。

四、文物三维数字化技术的应用

1. 三维信息的采集与储存

文物信息是进行文物保护、展示及收藏的关键。近景摄影测量技术可以通过计算机程序将采集到的数据自动生成文物模型。通过数字化的形式采集文物信息，将现有的文物三维几何信息以数字化的形式保存下来，色彩信息可以采用摄影的方式保存下来，从而实现文物信息的自动检索、管理及展示等，文物工作者可以快速检索到文物三维信息，减少了工作量，提高了文物保护质量。

2. 文物复制

三维数字化技术在文物复制中的应用，主要是利用文物三维几何信息使用 3D 打印技术制作文物复制品。3D 打印复制品具有复制精度高、还原性强的特点，而且实现了文物的高精度复制，特别是实现了大型不可移动文物外出展览的要求。同时 3D 打印高精度复制品可以供游客参观使用，在一定程度上减少了实体文物在参观过程中的损坏，使实体文物得到一定程度的保护。

3. 文物形变监测

出水饱水大型木质文物，由于温湿度发生变化而失水，从而导致文物本身发生体积等方面的变化，但对于大型木质文物如沉船，在保护过程中就会发生肉眼无法发现的变化，而且随着时间推移尤为明显，利用人工无法进行精密且长时间的监测。而三维信息采集技术具有精度高的特点，可以利用这一特点，先后采集不同时期的文物三维信息，然后对比各个不同时期的文物三维信息数据，对文物前后变化做出对比，可以得出文物的变化特点。

4. 文物病害调查

有些山体上的文物受条件所限无法近距离进行岩体病害调查，远距离三维激光扫描仪可以远距离高精度采集文物点云数据，生成模型，进行病害调查。

5. 文物剖图的制作

利用三维数字化技术可以在计算机中生成文物模型，利用文物模型可以生成文物的正射影像图、数字拓片、任意角度的文物剖图等图件，这些图件是使用传统技术手段无法得到的。

6. 文物虚拟修复

在考古发掘中会出土大量残损的文物，这些文物的修复工作繁重，即使有丰富经验的文物修复师也不可能一次性将文物拼接修复完成，需要多次重复的试验，这样就加重了出土文物的磨损，对于大型文物的修复拼接，人工更是无法完成。使用三维数字化技术将文物碎片进行扫描获取模型后，在计算机中进行虚拟拼接修复，这样既减少了对文物的磨损，又可以实现大型文物反复移动拼接，可大大提高工作效率[3]。

随着信息化时代的发展，数字化的普及，将会有更多的数字产品问世，使人们的生活便捷化、丰富化、人性化。数字化进程不仅是一个技术的革命，还是对大工业劳作方式社会的一种颠覆。这些新产品的问世，新技术的开发，将改变着人们的生产方式、生活方式和思维方式。

第二节　数字化技术在文物保护中的应用

我国历史文化源远流长，拥有丰富的历史文化遗产，在自然因素和人为因素的双重作用下，文物信息面临逐渐消亡的危机，而文物蕴含着巨大的社会、文化和科学价值，故文物保护成为文物管理研究单位的首要任务。在文物保护工作中遇到很多使用传统手段无法解决的难题，为解决这些难题，文物三维数字化技术应运而生，成为文物保护的有力手段。文物三维数字化技术可以和传统文物保护技术相结合完成文物修复、保护和研究工作。

一、在石质文物中的应用

我国石质文物总量很大，多数处于深山、崖壁等环境比较恶劣的地区。其形态多样、构造复杂，有石雕、石刻及石窟寺等大型艺术品，也有石刀、石斧等小型器。据第三次全国文物普查数据显示，我国拥有石窟寺及石雕、石刻类文物共24422处。其中，像龙门石窟、敦煌石刻、乐山大佛等都是古代艺术精品[4]。近些年，随着社会经济的飞速发展，石质文物所处的环境发生了急剧的变化，其保护工作面临着严峻的挑战。

石质文物多数处于室外环境中，其成分都为无机质矿物，长期受到自然界各种不利环境因素（如风吹雨淋、人类侵害、有害气体及细菌、微生物或某些低等植物）的破坏，现在损坏情况已极为严重，尤其是风化问题。为了能使这些珍贵的历史文化遗产永续流传下去，开展石质文物的保护工作已刻不容缓。但在制定保护措施之前，获取完整的石质文物现状资料并且以此建立相应的保存档案是很重要的，尤其是准确与真实的图像数据资料最为重要，而这些都需采用测绘的方式来获取。我国石质文物保护工作开展较晚，在20世纪60年代初才投入较大的力量。20世纪80年代，三维激光扫描技术的出现为如何获取海量空间三维坐标数据的难题提供了方向。到了20世纪90年代，随着三维激光扫描技术理论研究的不断进步与成熟，使得石质文物的三维信息留存工作也出现了翻天覆地的变化[5]。

1999年美国斯坦福大学、华盛顿大学与意大利政府合作开展"数字化米开朗基罗计划"，对著名艺术家米开朗基罗的"大卫"等大型雕塑作品进行数字化记录，为大规模石质文物的数据获取、三维模型的建立和绘制等方面积累了一定的研究经验。Michael Jansen等在2006年用三维激光扫描仪结合数码相机采集了被摧毁的阿富汗巴米扬巨佛像的三维数据信息，应用以前采集的文物照片构建了巨佛的三维精细模型，实现了佛像的虚拟重构[6]。英国自然历史博物馆成功利用三维激光扫描技术实现馆藏文物的三维数字建模，并将其传输到计算机虚拟现实系统中，建立了网上数字虚拟博物馆。

我国利用三维激光扫描技术先后开展了许多具有重要意义的石质文物三维信息留存工程。2006年对云冈石窟进行的三维激光测绘，全面准确地记录了石窟的现状信息，为石窟的保护和修复提供基础数据[7]。西安四维航测遥感中心在2006年成功应用三维激光扫描技术建立了秦始皇兵马俑2号坑的三维数字模型[8]。北京建设数字科技有限责任公司利用三维激光扫描技术采集了乐山大佛的高精度表面数据，并利用数据处理软件建立了精确的乐山大佛三维立体模型，即"数字乐山大佛"。2011年，国家文物局启动了重庆大足石刻的抢救性保护工程，利用三维激光扫描技术采集了大足石刻的现状信息，最大限度地还原了大足石刻的历史风貌。

彭勇以唐大慈恩寺遗址公园的石质佛像为例，详细介绍了利用三维激光扫描技术获取石质文物的三维点云数据到点云数据的预处理再到应用NURBS曲面重构技术进行石质文物模型三维重构的整个流程[9]。对现有石质文物测绘技术进行了概括和总结，介绍了各种测绘技术的特点。在全面剖析和总结了基于三维激光点云数据的三维模型重构的技术理论和应用现状的基础上，设计了利用地面三维激光扫描仪获取石质文物三维点云数据的外业扫描实施方案。分析了小波滤波算法在点云数据消噪方面的应用效果，并对整个文物点云数据进行了滤波。探讨了利用Cyclone软件进行石质文物点云数据的预处理以及利用Geomagic软件进行石质文物三维模型重构的建模方法，对石质文物三维模型重构的关键理论和造型方法进行了应用分析。并利用重构的三维模型进行纹理贴图，获取了石质文物的真实感三维数字化模型。最后，结合石质文物保护实际情况，分析总结了文物保护人员和考古研究人员对石质文物三维模型的需求，初步探讨了利用现有点云数据和三维模型建立石质文物的空间数据库，实现石质文物保护的数字化和现代化。

井哲帆等在介绍三维激光扫描相关技术的基础之上，着重介绍了利用Trimble CX 3D扫描仪对位于甘肃甘谷大像山的一尊唐代大佛进行数字化扫描并建立三维模型的详细过程[10]。

二、在石窟寺文物中的应用

石窟寺把造像雕塑、壁画、建筑等多方面综合在一起，是研究古文化历史、宗教信仰、中外社会文明和文化差异等的重要依据。要研究其造像形态和建筑结构，必不可少的基本工作之一就是精准地测量。但面临的最大问题就是石窟寺规模大，并且形式多样，测量工作难度大，传统测绘方法很难达到精准效果。为了实现测绘测量，研究人员经常使用三维激光扫描技术，可以快速生成精确的洞穴结构模型。

丁贵介绍了地面三维激光扫描技术的原理与技术流程，以敦煌莫高窟涅槃窟为例，阐述了点云数据的处理以及对文物的高保真数字三维模型的构建方法，旨在利用地面三维激光扫描技术，探索新技术在文物测绘领域中的应用[11]。

　　文物测绘是文物保护工作的基础和前提。周俊召将地面三维激光扫描技术应用于石窟石刻文物保护测绘的工作，不仅使得文物测绘工作效率大为提高，而且能够便利地生成形式多样且受到文物保护界广泛欢迎的多样化全数字化的测绘产品[12]。王昌翰等以重庆大足石刻千手观音和卧佛为例探讨了三维激光扫描技术在造型非常复杂的文物三维重建中的关键技术和难点，并研发文物三维仿真浏览平台，集成海量数据，实现对所建文物三维模型的各种测量、分析和漫游等功能[13]。吴育华等介绍了三维激光扫描技术的主要特点，从岩土文物保护需求出发，结合实际文物保护工程，以大足石刻宝顶山千手观音、云冈石窟为例，重点介绍了三维激光扫描技术在文物信息留存、虚拟修复、监测等方面的应用，最后指出三维扫描技术在岩土文物保护中的应用与发展须与保护需求紧密结合，而硬软件的改进完善及相关技术的集成应用亦是重要研究方向[14]。"5·12汶川特大地震"对安岳石窟所属的孔雀洞经目塔产生了较大的影响和破坏，张荣等对其进行了详尽的震后考察和灾害评估，并提出震后抢救性修缮方案[15]。由于破坏的突然性及抢救工作的迫切性要求，从勘察到设计仅有1个多月的时间，故勘察设计方在工作之初便决定引入三维激光扫描技术，并在评估及设计过程中使用计算机模拟复原技术，力求准确翔实的得出经目塔震后的评估结论，准确找到震落构件的原有位置。三维激光扫描技术及计算机模拟复原技术在石质文物勘察设计中的引入，为今后石质文物的科技保护进行了切实有效的探索，并取得突破性进展。

　　由于受到自然灾害、经济建设、旅游开发等因素的影响，许多珍贵稀有文物遗址已处于濒危境地，如何有效保护、研究与开发这些文物资源已经显得非常的迫切与重要。敦煌石窟是我国和世界闻名的珍贵历史文化遗产之一，由于地处沙漠之中，常年受风沙侵袭，敦煌壁画已经遭受到了严重的破坏；同时，由于地理条件的限制，也阻碍了敦煌石窟艺术的广泛传播。浙江大学鲁东明等以敦煌莫高窟文物为研究对象，完成了莫高窟第17、45、85、205、419窟中壁画与彩塑的数字化摄影与保存，并开发了包括莫高窟外景在内的石窟虚拟展示与旅游参观系统；并以第205窟的南墙壁画为重点，完成了壁画图像色彩的数字化复原与历史演变过程模拟[16]。同时，还开发了支持石窟现场调查、病害标记、材料分析、环境监测与壁画修复等全过程的计算机辅助石窟保护修复辅助系统，能临摹、创作敦煌风格图案的智能图案辅助设计系统。浙江大学与敦煌研究院将计算机技术与传统文物保护工作结合起来，对文物实施数字化保存、重现和修复；并利用虚拟现实、图像处理与人工智能等技术实现了敦煌石窟虚拟展示、脱落壁画复原与演变模拟等，极大地提高和改善了文物保护研究的效率与效果。

第 96 窟是敦煌莫高窟最高的一座洞窟，其外附岩而建的"九层楼"是莫高窟的标志性建筑。它是一个九层的遮檐，也叫"北大像"，正处在崖窟的中段，与崖顶等高，巍峨壮观。其木构为土红色，檐牙高啄，外观轮廓错落有致，檐角系铃，随风作响。其间有弥勒佛坐像，高 35.6 米，由石胎泥塑彩绘而成，是中国国内仅次于乐山大佛和荣县大佛的第三大坐佛。由于受到强降雨影响，导致九层楼崖体与建筑之间发生渗漏，加之局部古建筑结构因年久失修而发生位移、松动和腐朽，所以对其进行 50 年一次的修缮工作。袁国平利用 FARO Focus 3D 扫描仪对古代雕塑和楼阁的空间信息的扫描获取技术以及利用 SCENE、3D MAX 等软件建立精细 3D 模型的过程，体现了三维扫描技术在文物保护方面的显著特点，利用有效的手段可提高对文物的精准认知[17]。快速获取可量测的高精度的模型数据、完整全面的目标形态是开展其他文物保护工作的有力保障。

唐十八陵作为中华民族悠久历史中辉煌灿烂且博大精深的遗存物，正处于被自然和人为破坏双重因素所困扰的现状中。张辉等以唐陵整体化的保护为前提，针对唐陵雕塑保护中存在的实际问题，应用三维扫描技术对唐陵雕塑进行数字信息化，探究其外在形制和内在功能，为保护及修复唐陵雕塑提供翔实的科学依据，以此来最终达到认识唐陵、保护唐陵、传承文化之目的[18]。徐洪峰以白佛山石窟佛像保护为背景，以三维激光扫描技术为技术支撑，以白佛山佛像群为研究对象，研究佛像不规则集合体的三维数据获取和三维模型重建方法[19]。通过地面三维激光扫描仪和手持激光扫描仪对佛像群的扫描，采集海量高精度三维坐标，得到各佛像的点云数据；并通过逆向工程软件 Geomagic Studio 12 对采集到的实体的点云，进行多站数据拼接处理和三维建模和实体重构，实现三维几何建模、缩减数据、三维模型修补。并对生成佛像的三维数字模型进行纹理贴图处理，得到佛像群逼真的三维模型，对佛像的三维模型进行定向得到立剖面图和剖面线，把立面图和剖面线导入 AutoCAD 中从而得到 AutoCAD 格式的立面图和剖面线，为佛像的长久保存、修缮恢复和建立数字博物馆提供基础数据和准确的第一手资料，也为文物保护单位和决策部门提供佛像保护的可行性方案，具有重要的现实意义。

壁画保护最重要的原则之一是原址保护。但当建筑物在环境或结构上的危险威胁到壁画安全时，不得以将壁画揭取并收藏于博物馆保存和展览，从而形成馆藏壁画。原址保存的壁画经揭取、迁移至博物馆后，必须进行修复以达到研究和展陈的要求。由于壁画经过揭取、迁移、修复，经历了多次人为干预，受不同时期所用保护修复材料和工艺水平的局限，很可能导致馆藏壁画出现新的病变。此时，必须对馆藏壁画再次进行修复，以恢复其稳定性，并使之能够陈列展出。铁付德等在对梁帝皇后汉墓损伤机理和壁画的保护研究项目中，就将三维激光扫描技术应用于壁画病害的分析，并对壁画的整体状态以及局部剥落、变形损伤、变形、开裂的定量测绘进行纪实和剖析[20]。

采用现代信息技术对壁画实施数字化测量和记录，既可最大限度地弥补壁画因不可抗拒衰变所造成的信息消亡，又可利用现代信息技术所特有的虚拟现实、图像处理、人工智能等方法实现对壁画的虚拟展示、复原性模拟修复。徐永明等以内蒙古大昭寺经堂壁画"花变主题佛"为例，利用三维激光立体扫描来获取馆藏壁画的数字正射影像图，阐述了基于现代信息技术的馆藏壁画复原性模拟修复的原理及工作过程[21]。

安岳县圆觉洞石刻区10号龛是安岳石窟最精美的龛窟之一。杨盛等介绍了三维扫描技术在圆觉洞10号龛的应用流程，主要包括三维数据采集、纹理信息采集，通过数据处理加工，获得照片般逼真纹理的仿真三维石窟模型。该模型可以用于圆觉洞10号龛保护性窟檐的设计等工作[22]。

三、在古代建筑中的应用

古建筑文物集文化性、历史性、艺术性价值于一体，是古代劳动人民智慧的结晶，是几千年文化发展的积淀。随着社会经济的高速发展，人类对祖先留给自己的古文物建筑遗产的保护越来越重视[23]。古建筑测绘作为古文物建筑遗产保护的基础性工作具有深远的意义。中国古代建筑的形态和结构纷繁复杂，传统测量方法固有的局限性导致无法准确、详细地表达古建筑的真实面貌，以三维激光扫描技术为代表的现代测绘技术恰恰弥补了传统测绘方法的不足。为此，借助中国和意大利政府的合作协议，故宫博物院首先由意大利方面引入三维激光扫描技术用于故宫古建筑的扫描测绘。其后，北京建筑工程学院及清华大学先后购买了相关的扫描系统用于古建筑的测绘和研究。

三维扫描技术在文物建筑测绘方面的普及应用必将加速文物建筑的保护，促进关于中国传统建筑的理论研究[24]。由于三维扫描技术是近几年才逐步发展和应用起来的一项新技术，各个方面都不够成熟。目前国内的有关技术、设备几乎全部来自于美国、法国等西方国家，出于技术保密和商业利益，很难看到相关的核心技术资料，各厂家所提供的技术指标也是五花八门、各有一套，没有统一的标准。使使用人员难以把握设备的优劣，给新技术和新设备的推广应用带来了障碍。同时由于对新设备的各项指标和性能缺乏足够的认识，导致新技术和新设备在古建筑测绘领域应用中存在着许多误区。出于上述原因，白成军从古建筑测绘的特点和需求出发，借助于美国TRIMBLE

GX 三维激光扫描仪及其配套处理软件，在实践和实验的基础上，分析并总结了三维扫描仪在古建筑测绘应用中的相关问题，指出并澄清了在古建筑测绘应用过程中存在的认识不足和使用误区。

山西省五台山佛光寺东大殿始建于唐大中十一年（857年），是我国保存至今的最早的唐代地面建筑遗存之一，为了更加全面地考察古建筑的病害情况，清华大学与山西省古建筑保护研究所合作对东大殿进行了三维激光扫描，建立了"佛光寺详勘数据库"，客观上将东大殿的测绘精度提高到了毫米水平，从而对东大殿各部位的建筑构件尺寸、构造关系尺寸有了更全面、更准确的了解[25]。

木构架建筑及构筑物由于年代久远，受到各种环境因素的影响，会出现腐蚀、虫蛀、开裂、掉皮等多种病害情况，同时受到季节性温度、湿度变化影响，承重结构体必然会出现周期性的形变。因此，对木构架文物进行周期性形变监测，能为文物常态性维护提供科学、详尽的数据资料，使木构架文物的保护从抢险性质工作转向日常的维护，是科学保护文化遗产的必由之路。张静运用三维激光扫描技术，以木质承重梁柱为研究对象，阐述其变形监测的方法和具体技术路线，分季度对该文物进行点云数据采集，再通过对点云数据的加工处理、坐标配准和数据对比分析，探讨了三维激光扫描技术在木构架文物变形监测中的应用。通过不同时相点云数据的对比分析实验，揭示木质承重梁柱整体变形规律，取得了较好的效果[26]。

李雪对三维激光扫描数据在古建筑数字化保护方面的应用进行了研究[27]。张立伟等论述了三维激光扫描技术的特点和优势，研究了点云数据的采集、去噪、拼接以及立面图的制作，尝试了古建筑建模的方法；通过项目实例，总结出外业"控制与碎步相结合"+内业"先单体，后整合"的整体解决方案。结果表明，利用三维点云数据制作的立面图可以直观的体现古建筑的结构形态[28]。

彭文博等以四川省闽良市某古建舍利塔为研究对象，使用 FARO SCENE、Geomagic 2013、Photoshop CS3 和 3ds Max 2012 等数据获取和处理软件生成逼真的舍利塔三维模型，为三维激光扫描技术在古建筑物保护和维修方面的应用提供了参考和借鉴[29]。李敏介绍了三维激光扫描技术的工作原理，详细介绍了建立北京市政府6号楼三维模型的应用步骤，通过与传统测量手段获取的数据相比较，充分肯定了该技术在古建筑测绘类项目中应用的可行性及优势，认为三维激光扫描测绘技术在古建筑测量领域具有巨大的技术优势和应用价值[30]。

从2004年5月开始，故宫博物院"古建筑数字化测量技术研究项目组"应用三维激光扫描技术先后对太和殿、太和门、神武门、慈宁宫和寿康宫院落等重要古代建筑进行了完整的三维数据采集，并在大量实践基础上深入研究了处理三维数据的核心理论与方法。王莫总结了使用三维激光扫描仪获取测量数据——点云，并将点云加工成三维模型、二维线条图和正射影像图，进而应用于古建筑整体变形监测、大木结构安全性分析、建筑构件尺寸测量和外观现状记录的方法与流程[31]。周立等采用先进的三维激光扫描技术对洛阳安国寺大雄殿进行测绘，体现了三维激光扫描技术在古建筑测绘和修缮中的优势，为古建筑保护规划和修复提供第一手资料[32]。

利用三维激光扫描技术能够获得真实、准确、详尽的可视化成果，对于文物建筑建档保护工作迈向数字化、信息化具有重要意义，已成为文物建档保护的前沿技术手段。刘宏光等结合北京市真觉寺实际案例归纳了文物建筑扫描的外业注意事项，阐述了内业处理时点云拼接、点云质量检查以及数据管理和存储的方法，探讨了扫描点云总体拼接精度的评价方法，并对扫描数据成果的应用进行了挖掘延伸[33]。

孙福良等通过对传统徽州文化重要的物化载体——徽州三雕进行数字化采集、修复、建立三维数字模型，研究传统艺术物化载体的记录与保护方法，并希望以此为出发点，引起相关部门与学者的关注，逐渐建立完整、系统的徽州三雕数字化模型库，完成对这一传统艺术宝库的数字化保护；同时其研究对于这一模型库建立的目的和应用前景进行了讨论，并希望这一研究对其他物化的艺术承载形式保护提供广泛的借鉴与参考[34]。

四、在可移动文物中的应用

可移动文物数字化保护主要是通过利用数字化技术，对可移动文物的基本信息以及特殊信息进行全方位采集、存储以及保护，借此使可移动文物能够以实体文物和数字文物两种方式进行保存，从而为可移动文物本体保护工作提供科学依据，同时为可移动文物的利用提供多样化途径，有效提高文物保护、利用以及管理工作的效率以及质量。可移动文物的数字化就是将文物保存管理现状信息转变成为能够度量的数字以及信息数据，并通过这些数字以及信息数据建立一个数字化模型，将之转变成为二进制代码输入到计算机之中进行统一处理，借此实现可移动文物的数字化存储。随着当前我国网络技术、数字技术的飞速发展，数字化技术也为我国文物保护工作带来了新的发展机遇。可移动文物数字化保护主要就是对可移动文物相关数据信息进行全方面采集和存储，同时通过虚拟展示、网络传播以及视频播放等多种方法为文物保护工作提供服务；同时为可移动文物本体保护工作提供科学依据，这是现阶段我国博物馆文物预防性保护的新课题以及未来发展趋势。

　　水下文物出水后面临的最大问题就是所处环境的骤变对其形态的影响，尤其是对木质沉船，出水后木材的快速脱水导致船体的迅速龟裂，另外海水中各种可溶性盐离子在船体毛细孔中的反复渗透，使得船体变形加剧，因此，针对木质沉船碎片变化演变过程的监测，为木质沉船形态研究提供翔实、科学的记录，成为木质沉船保护研究中不可或缺的一部分[35]。出水木质碎片体量小、材质易碎易破、自身形状不规则及出水后所处环境的骤变对其形态影响的方向、层级不易确定等问题，通过使用便携式三维扫描仪器，可对木质碎块不同时相的点云数据进行采集、精细三维建模、三维基准点确立、模型比较分析，从而实现三维激光扫描技术在出水船体木质文物形态监测中的应用。以此提取不同时相木质碎块在相同位置的点、线，可以对其整体变形、精巧细致文物的形态监测提供精度可靠的技术依据[36]。

　　文物的三维数字化建设和管理是博物馆数字展厅建设乃至数字博物馆建设的基础和核心，也是博物馆发展建设过程中的必然选择。内蒙古博物院先后对600余件套珍贵文物进行了激光三维数据采集和建模工作，目的就是利用现代科学技术手段使这些独一无二的历史文化瑰宝的信息得以永久地保存，充分发挥这些信息在文物保护、研究、展示、教育、传播等方面的价值[37]。

　　博物馆馆藏彩绘陶器保存状况各不相同，而制作工艺、病害程度等因素也影响到彩绘陶器的保护修复效率。以往采用的手工绘图、测量的记录方式，可能会对本来已经起翘、酥粉的彩绘层造成损坏。马艳通过三维激光扫描技术对需保护修复的彩绘陶质文物进行精密测量，并在精确数据的基础上进行测量分析，为提高彩绘陶质文物的保护工作提供了新的途径[38]。

五、在3D打印中的应用

　　3D Systems 公司早在1986年就生产了第一款3D打印设备。目前美国 3D Systems 和 Stratasys 两家公司的产品占据了绝大多数市场份额，并且在此技术领域具有很强的人才研发团队。3D 打印机的最早发明者和拥有者是 Z Corporation 公司，此公司的 3D 打印技术在此领域具有方向标作用。3D 打印技术一直是美国和欧洲处于领先地位，其他国家也在不断加强 3D 打印技术的研发及应用。澳大利亚在 2013 年制定了金属 3D 打印技术路线，南非正在扶持基于激光能量利用的大型 3D 打印机器的开发，日本着力推动

3D 打印技术的推广应用。3D 打印技术如今在生物医学、家电、航空航天、汽车摩托车等领域得到了一定应用，发展前景广泛[39]。

我国的 3D 打印技术，最初的研究在 1994 年。1995 年北京隆源公司研发了 AFS 系列的粉末烧结激光快速打印机。北京殷华、湖北滨湖机电以及陕西恒通智能机器等公司实现了一定程度产业化发展。自 20 世纪 90 年代以来，国内多所高校开展了 3D 打印技术的自主研发。虽然国内 3D 打印技术研发水平与国外相比还有较大差距，但是近年来，国内关于 3D 打印的科研团队的增加，科研水平的不断提高，为我国 3D 打印的发展做出了杰出的贡献[40]。

在古代壁画、建筑等保护领域，采用了三维扫描技术与 3D 打印技术联用的方法，用来对文物的修复和复制等，典型代表是龟兹石窟的佛像和壁画复制。2006 年，清华大学文化遗产保护研究所借助 Bit Wyse3DGuru 三维激光扫描仪对山西陵川县西溪二仙庙部分建筑及五台山佛光寺东大殿进行了三维扫描，建立所测古建筑的三维模型；2011 年，内蒙古博物院完成了吐尔基山辽墓出土的 265 件单体文物 3D 数据信息的采集、建模及数据库的建立；2013 年，南京博物院斥巨资购买了三维扫描仪和 3D 打印机。对于残缺的文物，先进行三维扫描，建模后用 3D 打印机将缺失的部分"打印"出来，直接补上，打印出的部分材质为一般树脂；山西博物馆于 2013 年利用 3D 打印技术仿制了国宝级文物鹿形金怪兽。3D 打印技术可根据需要调整仿品的比例，这在传统复制上是根本不可能实现的。由此可看出，3D 打印应用于文物复制领域，是由最初的建立三维扫描数据库向着打印复制出实物的方向发展[41]。

1989 年成立的 Stratasys 公司收购了 Object 公司和 MakerBot 公司，获得桌面级产品技术，成为 3D 打印巨头。不仅美国发展 3D 打印技术，德国、瑞士、加拿大、英国等国家陆续开始加入 3D 打印的研究中，涉及范围更加广泛。中国 3D 打印技术起源于高校研究。清华大学、北京航空航天大学、西北工业大学、西安交通大学、华中科技大学、中国科学院、大连理工大学等分别对生物材料快速成型、激光成型技术、激光立体成型技术、粉末材料快速成型技术与设备、复杂电路、传感器的 3D 打印进行研究。西安交通大学第一附属医院全球首创利用医用级的聚醚醚酮材料配合 3D 打印技术进行颅骨修补手术。长沙麓谷华曙高科公司更是拥有自主产权的 3D 打印机，打破了美国在 3D 打印技术上的垄断[42]。

通过利用高端三维扫描仪和高处理数据计算机软件将造型复杂的文物直接打印出来，3D 打印技术不仅可被运用于文物复制，而且能以其与传统修复手法相比之下的无损、快速、精确等特点，在文物修复中发挥作用[43]。

3D打印技术，是一种以数字模型文件为基础，利用3D打印机和特殊可黏合材料，通过3D打印机逐层打印的方式来构造物体模型的技术。3D打印技术能够在不直接接触文物的条件下，配合三维扫描技术，将物体复杂的形状直接打印出来，这项数字技术对形状特殊、复杂的珍贵文物保护和复制有着重要意义。在文物保护上，3D打印技术以其"个性化定制"和"采集数据信息无须实际接触文物"等特点，已经可以被运用到文物修复和复制中，成为文物保护意识下最大降低修复与复制中文物二次损坏的良好措施和手段之一[44]。

2008年汶川地震，四川广汉三星堆博物馆的两件陶器从展台摔落并受损，这给文物保护工作者敲响了警钟，在自然灾害面前，文物不堪一击。为了保留这些珍贵文物的原始数据，余健以广汉三星堆博物馆青铜面具为例，使用三维扫描技术对其保存原始数据，并利用3D打印对残缺耳部进行了补配修复，这样避免了传统修复工艺直接在需修复的青铜面具上进行开模和塑形所带来的二次伤害，是对原文物很好的一种保护[45]。

由于3D打印带有非接触式扫描的特点，对文物修复工作者而言，是一种在复制和修复过程中为保护材质脆弱、价值珍贵的陶瓷类文物时可引进的新手段。杨蕴在介绍3D打印技术复制陶器的主要过程之后，通过实例细致地了解每一个具体步骤，分析液化打印、粉末打印等不同打印技术的优缺点，如何在不同需求下进行选择；在得到3D打印复制件后，通过复制件表面上色、纹饰加工处理等步骤完成整个复制品[46]。

阿拉德（Allard）等人介绍了如何利用手持式三维激光扫描仪和三维打印设备实现考古过程中发掘出土的古人遗骸的仿制及其在博物馆中的展示[47]。阿尔巴斯（Arbace）等人针对地震中受损破坏的彼得拉尼科圣母玛利亚（Pietranico Madonna）雕塑的修复问题，首先利用Meshlab软件完成文物碎片的虚拟修复，在此基础上利用Zcorp 650三维快速成型设备完成雕塑内部支撑数据的打印，最终实现文物的实体修复[48]。陕西省历史博物馆李文怡等人利用三维打印技术完成了隋代残缺白瓷高足杯的修复，取得了良好的效果；实际修复过程中工作人员首先利用三维激光扫描仪完成了残缺文物的三维重建，然后利用Rapidform、Geomagic Studio等软件生成缺失区域的三维模型数据，最后利用Object三维快速成型设备完成缺失区域实体模型的制造[49]。西北大学和北京师范大学利用三维打印技术开展了秦始皇兵马俑文物的打印和修复。四川广汉三星堆博物馆利用三维打印技术开展了三星堆出土文物的仿制。南京博物院文物保护所利用三维打印技术开展了文物缺失数据的打印。目前，文物的仿制和文物缺失数据的打印已成为三维打印技术应用的热点。

文物仿制是文物保护的基础工作，传统方法大多以翻模制作技术为主。由于三维扫描和三维打印技术无须翻模，减少了翻模过程中翻模材料对于文物表面的损坏和腐蚀，能够更好地保护文物。与此同时，三维打印技术还能进一步提高文物仿制的速度和精度，能够真实再现文物的几何形状和细节特征。文物修复过程中碎片拼接大多仍以手工拼接为主，由于文物碎片数量大、碎片之间的拼接关系难以确定，且部分文物碎片的体积大、重量大，拼接尝试过程中不易移动，给文物的修复带来了困难。利用三维打印技术进行文物拼接能够有效克服上述问题，一方面可降低文物碎片拼接过程中由于不断进行拼接尝试对文物本身造成的二次伤害，另一方面能降低文物拼接过程中的工作强度，提高文物拼接修复的准确性。残缺文物的修复是文物保护中的一类重要问题[50]。文物保护工作者往往需要依据文物自身结构（如对称性、邻接区域的几何形状）或者经验在头脑中生成缺失区域的几何形状，然后通过雕刻、打磨、黏结等步骤完成文物的补配修复。修复过程主观性强、修复技术难度大、复原周期长，对文物修复人员的技术要求高。另外，由于补块与文物边缘吻合度较差，修复过程中还需要文物保护工作者对补块不断进行雕刻和打磨。三维打印技术具有打印精度高、速度快的优势，能够一定程度弥补传统手工补配方法的不足。残缺文物修复的关键是如何准确计算待修复区域的三维几何模型。

史宁昌等分别以瓦当文物的仿制、残缺青铜瓿的修复等典型应用为例，对利用三维扫描和3D打印技术开展文物保护的实际应用作了初步探讨，然后对三维打印技术在文物保护应用中的不足和注意事项进行了分析[51]。

何原荣等针对古文物的完整有效保存，文物研究、修复，以及其可能造成的毁损，提出采用三维激光扫描技术对文物进行数字化重建。构建文物真实三维模型，并通过3D打印技术制作文物的高精度实体复原模型。以宋代古船实体模型重建为例，对所提出的方法进行验证，研究结果表明：三维激光扫描技术和3D打印技术可以提高文物历史信息的保存和修复效率，避免接触式测量文物造成的表面损坏，提高研究人员对文物分析研究的参与度，但是，对于表面纹理比较复杂的文物，这项技术依然存在精度上的缺陷[52]。

舒欢探讨了三维扫描为基础的三维重建和3D打印技术在兵马俑修复的应用。首先对兵马俑各碎片进行三维扫描，接着对碎片的点云数据进行三维重建获取数字三维模型，然后使用3D打印制造多套复制品，根据复制品探索正确的拼接方法，应用该方法对兵马俑原件进行拼接，最后对兵马俑缺失的地方进行扫描、打印、拼接，获得修复好的兵马俑[53]。

第三节　小结

随着信息化时代的发展，数字化技术在文物保护领域中的运用成为未来的发展趋势。目前，正在基于三维激光扫描技术和点云模型探索理性的设计实践，完成了从场景再现化、可视化到区域尺度模拟化的实践，并日趋成熟。点云模型拓展了设计的维度，基于三维激光扫描技术和点云模型的数字化设计将引领规划设计的未来向精准化、科学化、高效化、定量化和功能化方向发展。

三维扫描等数字化技术为文物的保护和展示开辟了新的途径，在文物数字化领域有着不可或缺的地位，是应用虚拟现实等技术构筑数字化博物馆的前提。利用三维扫描技术进行文物数字化，可以获取高质量的数字化模型，但由于文物种类繁多，规模尺寸不一，表面形状复杂，所以不存在一种可以适用于所有文物数字化工作的扫描系统，必须根据具体的应用，选择具有合适扫描精度和扫描范围的三维扫描系统。但是，文物属于不可再生资源，在进行数字化保护过程中要对数字化的流程和方法进行进一步探索。

参考文献

［1］　梅文胜：《基于地面三维激光扫描的精细地形测绘》，《测绘通报》2010年第1期，第50页。

［2］　黄厚圣：《地面三维激光扫描技术在文物保护中的应用研究》，长安大学硕士学位论文，2014年。

［3］　孙航卫：《全系列三维激光扫描技术在文物及考古测绘中的应用》，《文物鉴定与鉴赏》2018年第1期，第108～109页。

［4］　刘世锦：《中国文化遗产事业发展报告》，社会科学文献出版社，2010年，第278页。

［5］　中国文化遗产研究院：《中国文物保护与修复技术》，科学出版社，2009年。

［6］　Michael J，Georgios T，Andreas W，et al. 2007. Laser scan measurement of the niche and virtual 3D representation of the small Buddha in Bamiyan. Perception，*Proceedings of the 35th International Conference on Computer Applications and Quantitative Methods in Archaeology*（CAA），Berlin，pp.

83-90.

［7］ 云冈石窟研究院：《云冈石窟测绘方法的新尝试——三维激光扫描技术在石窟测绘中的应用》，《文物》2011年第1期，第81～87页。

［8］ 霍笑游、孟中元、杨琦：《虚拟现实——秦兵马俑遗址与文物的数字化保护与展示》，《东南文化》2009年第4期，第98～102页。

［9］ 彭勇：《三维激光扫描技术在石质文物保护中的应用研究》，长安大学硕士学位论文，2015年。

［10］ 井哲帆、汪万福、王坤、赵林毅、张明贤：《三维激光扫描技术在文物保护中的应用——以甘谷大像山大佛三维建模为例》，《石窟寺研究》（第7辑），科学出版社，2017年，第407～416页。

［11］ 丁贵：《地面三维激光扫描技术在文物测绘中的应用》，《矿山测量》2015年第3期，第9～11转第6页。

［12］ 周俊召、郑书民、胡松、周建波：《地面三维激光扫描在石窟石刻文物保护测绘中的应用》，《测绘通报》2008年第12期，第68～69页。

［13］ 王昌翰、向泽君、刘洁：《三维激光扫描技术在文物三维重建中的应用研究》，《城市勘测》2010年第6期，第67～70页。

［14］ 吴育华、王金华、侯妙乐、张玉敏：《三维激光扫描技术在岩土文物保护中的应用》，《文物保护与考古科学》2011年第23卷第4期，第104～110页。

［15］ 张荣、李贞娥、徐世超：《安岳石窟经目塔5.12汶川大地震后抢救性修缮——兼论三维激光扫描、计算机模拟技术在文物保护中的运用》，《文物保护与考古科学》2010年第22卷第2期，第40～47页。

［16］ 鲁东明、潘云鹤、陈任：《敦煌石窟虚拟重现与壁画修复模拟》，《测绘学报》2002年第1期，第12～16页。

［17］ 袁国平：《三维激光扫描技术在文物保护中的应用》，《矿山测量》2018年第5期，第93～97页。

［18］ 张辉、王冬梅：《基于三维扫描技术的唐陵雕塑数字化保护研究》，《艺术与设计（理论）》2016年第4卷第2期，第91～93页。

［19］ 徐洪峰：《三维激光扫描技术在佛像保护中的应用》，中国石油大学（华东），2014年。

［20］ 铁付德、孙淑云、王九一：《已揭取壁画的损坏及保护修复》，《中原文物》2004年第1期，第81～86页。

［21］ 徐永明、赵静：《基于现代信息技术的壁画模拟修复——以内蒙古大昭寺"花变主题佛"壁画为例》，《中国藏学》2015年第2期，第175～177页转第2页。

［22］ 杨盛、吴育华、Felix Horn、付成金：《三维激光扫描技术在安岳圆觉洞10号龛保护中的应用》，

《中国文物科学研究》2012年第2期，第74～77页。

［23］罗哲文：《中国古代建筑》，上海古籍出版社，2001年，第8页。

［24］白成军：《三维激光扫描技术在古建筑测绘中的应用及相关问题研究》，天津大学硕士学位论文，2007年。

［25］张荣、刘畅、臧春雨：《佛光寺东大殿实测数据解读》，《故宫博物院院刊》2007年第2期，第28～51、155～156页。

［26］张静：《基于三维激光扫描技术的木构架文物变形监测》，《北京测绘》2018年第32卷第7期，第768～772页。

［27］李雪：《基于三维扫描点云数据的古建筑数字化保护技术》，《美与时代（城市版）》2018年第1期，第34～35页。

［28］张立伟、刘鹏飞、李冠：《三维激光扫描技术在古建筑测绘中的应用研究》，《北京测绘》2017年第S2期，第68～72页。

［29］彭文博、杨武年、王鹏：《三维激光扫描技术在古建筑模型重建中的应用》，《地理空间信息》2016年第14卷第3期，第94～96页转第9页。

［30］李敏：《三维激光扫描技术在古建筑测绘中的应用》，《北京测绘》2014年第1期，第111～114页。

［31］王莫：《三维激光扫描技术在故宫古建筑测绘中的应用研究》，《故宫博物院院刊》2011年第6期，第143～156页转第163页。

［32］周立、李明、毛晨佳、吕晓洁：《三维激光扫描技术在古建筑修缮测绘中的应用》，《上海建设科技》2011年第4期，第47～50页。

［33］刘宏光、王鑫森、高超：《三维激光扫描技术在文物建筑建档保护工作中的应用探讨》，《测绘与空间地理信息》2017年第40卷第6期，第127～129页。

［34］孙福良、舒伟：《三维扫描技术在"徽州三雕"数字化保护中应用的研究——以徽州建筑木雕构件数字化模型采集为例》，《景德镇学院学报》2016年第31卷第3期，第72～75页。

［35］张月玲：《我国海洋出水文物保护技术现状分析》，《中国国家博物馆馆刊》2012年第6期，第133～139页。

［36］黄兵、胡云岗、侯妙乐：《基于三维激光扫描技术的出水文物形态监测》，《北京建筑大学学报》2017年第33卷第1期，第43～48页。

［37］塔拉、李少兵、李丽雅：《内蒙古博物院馆藏文物三维数据采集及成果应用初探》，《中国博物馆》2012年第1期，第32～35页。

［38］马艳：《三维激光扫描技术在彩绘陶器保护中的应用》，《中原文物》2014年第5期，第115～117页。

［39］Gregor Aleš. 2011. 3D printing methods of biological scaffolds used in tissue engineering. *Romanian Review Precision Mechanics*，*Optics and Mechatronics*，pp.143–148. 盛怡：《浅谈可移动文物的数字化保护》，《青春岁月》2019年第5期，第228～229页。谷立鹏：《三维数字化技术在文物保护中应用与作用》，《文物鉴定与鉴赏》2020年第2期，第74～76页。

［40］马珉、王玲、张琨：《3D打印能否改变制造业——访中国工程院院士卢秉恒》，《高科技与产业化》2013年第4期，第33页。

［41］伍咏晖、李爱平、张曙：《三维打印成形技术的新进展》，《机械制造》2005年第12期，第25页。李晓燕、张曙：《三维打印成形系统的开发》，《机械设计》2005年第11期，第41页。Ozawa，Tangible-3D：Hand shaking model，Conference on Human Factors in Computing Systems – Proceedings. *28th Annual CHI Conference on Human Factors in Computing Systems* – CHI'08 Extended Abstracts on Human Factors in Computing Systems，pp. 2303–2307. P.J.Besl，N.D.Mckay. 1992. A method for registration of 3-D shapes. IEEE Trans. PAMI（S0162～8828）. 14（2）: 239–256. V Sequeira，KNg，E Wolfart，J G. M Gonc alves，D Hogg. 1999. Automated reconstruction of 3D models from real environments. *ISPRS Journal of Photogrammetry & Remote Sensing* 54，pp. 1–22. Deugoue Gabriel. 2013. Approximation of the trajectory attractor of the 3D MHD system.*Communications on Pure and Applied Analysis*. Volume 12，pp. 2119–2144. Jean-Yves Bouguet，Method for recovering 3D surface shape based on grayscale structured lighting.Technical Report.

［42］汪文娟：《3D打印技术背景下社会化设计研究》，华东理工大学硕士学位论文，2014年。Suen Anthony. 2013. A blow-up criterion for the 3D compressible magneto hydrodynamics in terms of density. *Discrete and continuous dynamical system*，Volume：33，pp. 3791–3805. Katia Moskvitch，Printer produces personalised 3D chocolate. BBC News，5 July 2011. 王位：《三维快速成型打印技术成型材料及粘结剂研制》，华南理工大学硕士学位论文，2012年。王柏通：《3D打印喷头的温度分析及控制策略研究》，湖南师范大学硕士学位论文，2014年。

［43］刘杰、孙令真、李映：《3D打印技术在文物保护方面的应用》，《科技风》2019年第6期，第86～87页。张晓青：《3D打印技术应用于文物复制的可行性研究》，北京印刷学院硕士学位论文，2014年，第8～10页。

［44］徐冰：《3D打印何以再现千年文物》，《科技日报》2013年8月9日第5版。郭欢磊、王聪华：《3D打印技术在文物保护方面的应用》，《电脑知识与技术》2017年第13卷第29期，第

260～261、264页。

［45］余健：《3D技术在文物修复中的应用——以四川广汉三星堆博物馆三维扫描和3D打印为例》，《科技经济导刊》2017年第17期，第39～40页。

［46］杨蕴：《浅谈3D打印技术在陶瓷类文物修复和复制中的应用》，《文物保护与考古科学》2015年第27卷第2期，第110～113页。

［47］ Allard T T, Sitchon M, Sawatzky R, et al. 2005. Use of hand-held laser scanning and 3d printing for creation of a museum exhibit. The 6th international symposium on virtual reality. *Archaeology and Cultural Heritage*.

［48］Arbace L, Sonnino E, Callieri M, et al. 2013. Innovative uses of 3D digital technologies to assist the restoration of a fragmented terracotta statue. *Journal of Cultural Heritage*, 14（4）: 332-345.

［49］李文怡、张蜓、杨洁：《三维扫描及快速成型技术在文物修复中的应用》，《文博》2012年第6期，第78～81页。Mellado N, Reuter P, Schlick C. 2010. Semi-automatic geometry-driven reassembly of fractured archeological objects. VAST 2010: the 11th international symposium on virtual reality. *Archaeology and Cultural Heritage*.

［50］税午阳、周明全、高飞、曲亮：《一种结构对称的破碎青铜文物的数字修复方法》，《文物保护与考古科学》2015年第27卷第4期，第113～117页。

［51］史宁昌、曲亮、高飞、税午阳：《三维打印技术在文物修复保护中的应用》，《博物院》2017年第4期，第131～136页。

［52］何原荣、潘火平、陈鉴知、郑渊茂：《宋代古船的三维激光扫描技术重建与模型3D打印》，《华侨大学学报（自然科学版）》2017年第38卷第2期，第245～250页。

［53］舒欢：《三维重建和3D打印在兵马俑修复中的应用》，《电子科学技术》2017年第4期，第160～163页。

第四章 "华光礁 I 号" 沉船文物数字化保护构想

　　"华光礁 I 号"南宋古沉船，于1996年由海南琼海市市民在西沙群岛华光礁环礁内侧发现。它是中国目前在远海发现的第一艘古代船体，填补了我国水下考古工作上的一个空白。"华光礁 I 号"是我国第一次发现的有六层船体构件的古船，展现了我国古代造船工匠的精湛技艺，为我国水密隔舱船传统技术又增添一个新的例证，对评估中国古代造船技术以及对于世界航海发展的贡献具有重要意义。修复"华光礁 I 号"古沉船意义重大。"华光礁 I 号"古沉船遗址记载着古代中国与周边国家友好往来的历史，是中国人最早开创了"全球经济一体化"的先河，促进了世界文明的发展。"华光礁 I 号"船体包含的历史信息说明，海上丝绸之路是以中国为起点的文化传播之路。

　　海南省博物馆将"华光礁 I 号"沉船以特展的形式呈现，面向大众开放，让大家可以一睹南宋古沉船的风采。之后又在特展的基础上精心策划出"大海的方向——华光礁 I 号沉船特展"，展出1块沉船木板和290多件精美瓷器。该特展是海南省博物馆近年来推出的最有分量的一个展览，并荣获2013年"第十届全国博物馆十大陈列展览精品奖"。展览陈列中最多的是瓷器，因为陶瓷出色的物理化学特质，使得其历经800余年，仍然得以较为完整地留存于世。

第一节 沉船文物概要

　　"华光礁 I 号"沉船由中国水下考古队于2007年全面考古挖掘打捞，共打捞出511块船板和上万件瓷器等生活用品（图4-1、4-2）。"华光礁 I 号"南宋沉船遗址发掘项目，分为两个阶段进行。

第一阶段2007年3月至5月，主要完成沉船遗址船内承载物的发掘和船体全面测绘。对沉船出水文物进行了去霉、脱盐、脱水、加固、定型、封护等保护工作，之后还将进行复原工作。

第二阶段2008年11月至12月，完成船体发掘。对船体构件进行编号测绘，分解提取运回海南省博物馆进行脱盐、脱水保护处理，最终完成船体复原工作。

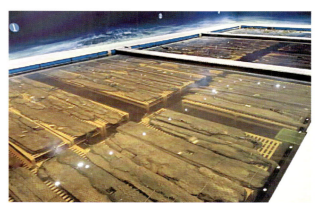

图4-1　"华光礁Ⅰ号"沉船出水船板

"华光礁Ⅰ号"沉船出水瓷器1万余件；铁器1百余件；船板511块，均编号（在保护过程中由于断裂，数量远远超过511块）。随着海南省博物馆二期于2015年12月建成和投入使用，"华光礁Ⅰ号"在省博二期工程建成展出，本项目的建设成果，不但为"华光礁Ⅰ号"古沉船的研究、管理、展示提供了基础支持，更为海南省博物馆二期的"华光礁Ⅰ号"展出方式和内容提供了新的思路。

图4-2　"华光礁Ⅰ号"沉船出水文物

第二节　数字化保护面临问题

一、文物保护问题

"华光礁Ⅰ号"南宋沉船船板由于年代久远，海水侵蚀，质地已很脆弱，脱水后很可能会脆弱断裂。承载着海上丝绸之路等宝贵文化的物证随时可能分崩离析，亟须采用非接触式、快速的数字化测绘方式，对文物进行完整的记录和永久的保存。

二、全局展示问题

"华光礁 I 号"沉船船板断裂成小块的船板几乎呈碎状，体积很小，清理出来的船板都是一堆堆的船板碎片，无法以船体的姿态完整地展现在世人面前，需要以三维建模、虚拟复原等方式对船体进行数字化修复，拼接成一个完整的船体来展示。

三、科学研究问题

船体打捞的作业过程、船体的设计构建和组装等，不仅体现了古人的杰出智慧，还对今后古船的发掘打捞具有借鉴意义。通过还原海底打捞出水的船体组装三维动画，加深对古船的价值解读，对古代造船史的历史研究和船体发掘打捞的科学技术研究，都具有重要价值。

四、技术难度问题

"华光礁 I 号"沉船由于船板脱水后容易断裂，必须在数据采集时采用饱水采集方法。同时，由于船板十分脆弱，无法悬空进行扫描作业，只能平放在介质上进行数据采集，在具体实施过程中，需要考虑如何保持船板的湿度，如何获取船板与介质接触一面的数据，以及如何还原纹理的真实色彩。需要采用三维激光扫描仪、手持激光扫描仪、多视图像摄影建模、高清纹理采集等多种技术手段相结合的方式，保证项目的实施。

第三节　数字化保护关键技术

一、三维激光扫描技术

三维激光扫描技术又被称为实景复制技术，是测绘领域继 GPS 技术之后的一次技术革命。它突破了传统的单点测量方法，具有高效率、高精度的独特优势。三维激光扫描技术能够提供扫描物体表面的三维点云数据，因此可以用于获取高精度高分辨率的数字模型。

二、多视图像摄影建模技术

多视图像摄影建模技术（Image-Based Modeling and Rendering，IBMR）即通过对"像对"图像进行数字化处理，获取所拍摄物体的立体模型。它是利用双目立体视觉的原理，对成"像对"的照片重叠部分进行计算，形成点云后构建曲面，生成模型。这项技术能够应用到文物保护、考古勘察、古建筑测量修复、3D打印等诸多方面（图4-3）。

图4-3 多视图像摄影建模技术

三、虚拟复原技术

文物的虚拟复原技术应用于文物的数字化保护修复，就是利用计算机图形学、图像处理、虚拟现实等信息领域最新发展技术，结合传统的文物保护与修复工作，借助数字化手段，让被打碎的文物重现原貌。通过文物数字化、虚拟复原、虚拟场景、真实再现等关键技术，利用计算机辅助修复，以此形成文化遗产的科学保护理念和程序。涵盖了三维文物以及文物碎片进行虚拟修复、二维古字画的修复、数字博物馆与文物数字化等多个方面。

第四节 数字化保护目标和技术建设

"华光礁Ⅰ号"沉船相对完整的船板约400块左右，这些船板保存较好且清晰可辨，对于船板的测绘目的主要用于：数字存档、为后续的船体模型虚拟拼接提供基础数据。

一、船板数据采集和三维建模

利用三维激光扫描、多视图像摄影建模、高精度纹理采集等技术手段，对400多块

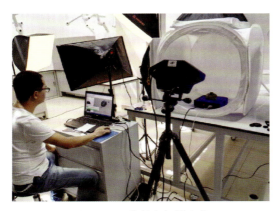

图4-4　三维激光扫描文物

图4-5　近景摄影采集船体正射影响

船板进行数字化测量绘图和3D建模，以数字化形式永久保存、保护"华光礁Ⅰ号"沉船，为后期的展示宣传、科学研究、系统管理提供基础资料。

首先采用高精度三维激光扫描仪对船板进行数据采集，获取其长度、宽度、高度、厚度等数据，依据考古规范要求、测绘外业标准对构件进行三维激光表面数据获取（图4-4）。

然后采用近景摄影测量法进行立体摄影，最终分别得到不同的高比例尺线画图和高精度等值线图（图4-5）。由于各种船体构件长期保存在海底，表面受到生物病害、海水侵蚀等影响，导致文物失去原有的特征，造成无法挽回的损失。为此，需要专业技术人员对构件上的文字、绘画进行细微摄影，记录下文物构件的细微细节，为以后的复原工作及研究保护工作提供重要信息。

对被测物体进行摄影或摄像是近景摄影测量中获取被测物二维影像的重要步骤，近景摄影测量中摄影方式主要有正直摄影方式和交相摄影方式。

二、多视图像摄影建模

基于图像的特征匹配原理，采集物体/场景相对特征重合的数字图像（围绕物体的环形拍摄）；内业通过图像的特征匹配原理，通过光流的跟踪算法/区域相关算法优化匹配的图像数据，生成点云模型；把空间中的点联合起来构造成曲面，通过软件自动匹配采集的照片纹理贴合到网格数据模型上，最终生成多种应用方向的二维、三维数字化成果。

点云拼接。点云是三维重建的基础，点云的精度直接决定了三维重建的精度，而点云拼接是最基础的工作之一。点云拼接是将上述扫描过程中得到的多构件的点云精确整合在同一个坐标系中，为了得到准确的模型，要考虑标靶和同名点的拼接误差，还要认真观察拼接后各部分的拟合程度，根据具体情况进行适当调整，以达到最好的拼接效果。精确的点云拼接有效保证了模型的精度。

三维建模。通过多测量传感器技术集成应用，利用先进的近景摄影和激光三维数字化测量、建模技术，对器物进行三维信息与纹理信息的精细采集、高精度配准与融合，从而快速获取文物器物精细、真实、准确、完整的三维数据，结合高精度高清自动纹理贴图，完成对文物的逼真三维模型建立，实现器物的三维逼真展示与分析，为器物的保存、研究与展示提供先进技术支撑，并最终完成文物数字档案、文物三维展示、文物保护复制、修复及衍生品开发等应用的全套解决方案，为文物保护单位和文物研究所今后的研究、展示、重建及辅助修复提供数据和技术支持。

通过数字三维激光点云可以制作出高清纹理贴图的数字真实模型，与传统建模方式不同，真实模型根据实际点云制作，具有非常高的精度，可以最大程度的还原船体模型，并保留最高精度的数据。点云模型和各类线画图能在一定程度上真实表达目标的空间形态特征，但它们的表达能力有限，要描述目标的细节特征，还需要构建精细的模型。对于文物的三维建模，需要客观真实表达其空间几何形态。

三、船体组装三维动画

根据"华光礁Ⅰ号"沉船发掘记录、照片和CAD图纸，采用三维动画、VR虚拟现实等形式，还原船板在发掘之前的实际位置，制作海底打捞时的现状船体组装三维动画，以生动、形象的手段，让人们对沉睡在海底的船体整体现状有一个直观、清晰的理解，加深对古船的价值解读。对400多块船板进行船体组装，得到船体在打捞前的现状原貌，并制作这些船板的组装三维动画。

船体拼接其空间三维建模、组装是一项相当烦琐的工作，不但需要对目标整体进行三维建模，还要对整个对象进行分块处理，对各个分块进行更精细的描述。对每一块构件模型进行认真检查，精细建模，然后把各子块逐步整合，最终构建完整的古船三维模型（图4-6、4-7）。

四、船体虚拟复原和建造动画

根据"沉船船体出水时的图纸、造船文献等资料，以现场的511块沉船船板为参照实物，以3D虚拟复原手段来再现华光礁新船的面貌。3D动画的形式可以展示出一个完整的、崭新的"华光礁Ⅰ号"沉船，让观众走进古船，亲身感受800多年前的南宋商船

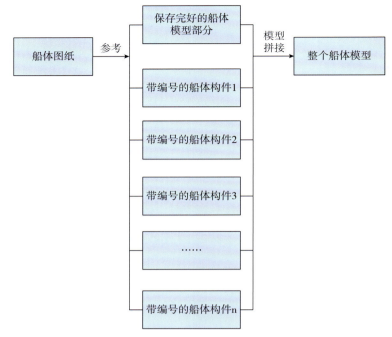

图4-6　船体三维建模技术路线

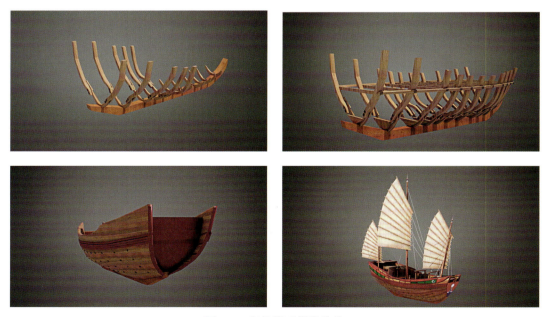

图4-7　船体模型拼接路线

往日的风采。对"华光礁Ⅰ号"南宋沉船的船体进行整体虚拟复原，得到其崭新的复原模型，并制作古船建造过程的三维动画。

五、出水文物三维建模和交互

采用手持式三维激光扫描、高精度纹理采集等技术手段，对沉船部分出水文物（瓷器、铁器等）进行数字化测量和建模，让这些珍贵的出水文物以数字化的形式被永久记录和保存。同时，利用三维交互展示技术，让这些出水文物呈现在世人面前，观众可以近距离的"把玩"和"触摸"这些文物，还可以用数字化虚拟修复的形式模拟瓷器、铁器等的复原过程，揭开"华光礁Ⅰ号"出水文物复原的神秘面纱。

"华光礁Ⅰ号"南宋沉船出水文物以瓷器、陶器、木器等器物为主。拟选择10件出水文物进行三维激光扫描、三维建筑和三维交互的制作。区别于考古工地大场景区域的三维扫描采集方式，将采用手持式三维激光扫描仪便携式的快速获取此类小型文物的局部精细三维坐标。

手持扫描仪是一种便携的激光测距系统，可以精确的测量实体长度、面积和体积量。帮助用户在数秒内高速获取可靠点云成果，方便对考古挖掘阶段出土的大量器皿、陶片等文物进行非接触面360°点云扫描，尤其适合小型、近距离文物的三维点云数据采集工作。实现文物的三维逼真展示与分析，为器物的保存、研究与展示提供先进技术支撑。

第五节　数字化保护的实施管理

一、实施分工

项目主要由专家组、项目总负责人和项目经理完成项目实施方案评审、项目整体进度监管及项目成果审核工作。数据工程负责人负责完成实施方案撰写、项目实施准备、项目实施督导、施工进度监管、项目成果审核工作。各小组组长负责具体项目施工环节的数据采集、成果制作、数据录入、作业进度、质量监管等相关工作。

质检组负责管理与检查项目所有成果质量。扫描组为地面三维激光点云数据采集及手持式激光扫描点云数据采集小组，其主要负责船体构件及出水器物的三维激光数据采集、质检、录入等工作。专业纹理拍摄人员主要负责船体构件及器物的纹理图片采集、质检、录入等工作。三维组为地面三维激光成果制作小组，主要负责博物馆建设范围内三维素模建模、三维贴图模型制作、三维动画及三维交互的质检、录入等工作。

项目所有参与人员必须服从统一安排，按时、按质、按量完成其职责范围内工作任务。

二、项目管理

1. 设备管理

各职能小组由小组长负责其软硬件设备的保养及维护工作，如有需要调用仪器设备，应向工程部负责人提出申请，由工程部负责人统一协调调用，如无法解决则由工程部负责人向项目总负责人申请协调解决。各小组长对其职能范围内所管辖的软硬件设备的安全性负责，如若出现仪器设备安全问题、软件丢失损坏等，应找出责任人并承担相应惩罚措施。

2. 人员管理

负责人负责具体项目实施过程中的人员分配工作并监督各职能小组工作情况。数据采集及成果制作期间，人员的调用及任免由小组长向项目负责人提出申请，由项目负责人权衡协调，如无法解决再上报至工程部负责人，协调解决。各小组组长对其小组人员的安全负全责，应对外业采集工作期间擅自离开工作岗位、消极怠工、违规操作人员提出批评教育，对屡教不改者应上报项目负责人处理，若无法解决应由项目负责及时上报至工程部负责人换配人员。

3. 项目进度管理

数据采集阶段各采集小组由组长负责完成每日项目实施进度表，对每天作业的内容情况以日志的形式向项目负责人作详细汇报，并及时反馈存在的问题。每周由项目负责人提交工作周报，总结本周工作内容及下阶段工作重点，并将所遇问题进行汇总分析。成果制作阶段由各组长每周向项目负责人提交工作周报，其中详细表述本周成果制作情况及下周工作安排，并对所遇问题汇总分析。各采集小组组员每日的具体工作由各小组长安排。

4. 数据管理

数据采集阶段：各采集小组采集的原始数据由各组长完成录入保存工作，其数据保存格式如下：

（1）三级目录文件夹，以船体构件或出水器物和所采用技术命名；

📁 船体构件点云数据　　📁 出水瓷器点云数据

（2）四级目录文件夹，以具体采集对象、成果和时间命名；

📁 龙骨_点云数据_2014××××　　📁 龙骨_三维模型_2014××××

成果制作阶段：各采集小组制作中间成果、最终成果后，由各组组长完成录入保存工作，其数据保存格式如下：

（1）三级级目录文件夹，以船体构件或出水器物和成果类型命名；

📁 般体构件三维模型　　📁 出水瓷器三维模型

（2）四级目录文件夹，其中包含：中间成果数据和最终成果数据；

📁 中间成果数据　　📁 最终成果数据

（3）五级目录文件夹，以成果类型和制作时间命名；

📁 三维模型中间数据2012××××

5. 文件管理

项目各阶段实施数据由工程部负责人与质量检查负责人共同管理。项目全过程包括实施方案书、工作周报日志、成果验收报告等文件的管理。其一级文件夹为：项目售前文件、项目实施文件、项目成果文件。每一级文件夹包含其阶段所对应文件，并由工程部负责人、质量检查负责人、项目总负责人共同管理。

第五章 "华光礁Ⅰ号"沉船文物数字化保护方案

海南省博物馆数字化以"华光礁Ⅰ号"南宋沉船及珍贵出水文物的三维采集数据及数字化成果为核心载体，基于移动互联、云计算、大数据等技术，实现文物永久保存，并为提供观众互动及影视级体验服务，多种数字成果可深入应用于网站、移微、线下数字屏等多"屏"台，彰显海南省博物馆馆藏特色，拉近文物公众距离，加强文物"对话沟通"，传递深厚历史文化，完塑海南省博物馆数字化形态。

第一节 概要

以海南省博物馆馆藏"华光礁Ⅰ号"南宋沉船精选的500块沉船船板和60件珍贵出水文物为对象，利用三维激光扫描仪、高清数码相机等数字化采集设备，全面、准确、完整的采集船板和出水文物的三维几何及纹理数据，依据高精度、精细原始数据制作多元化数字成果，并开发出水文物数字化管理系统和考古测量仪操控软件，具体包括外业数据采集、现状船板三维建模、出水文物三维模型及三维交互成果制作、文物线图成果绘制、现状船体组装三维动画制作、船体虚拟复原三维动画制作、系统开发等工作。

一、目标内容

1.船板数据采集和三维建模

采用三维激光扫描测绘、多视图像摄影建模、高清纹理采集等测绘新技术手段，对"华光礁Ⅰ号"南宋沉船500块船板进行数字化测量和建模，所摄纹理照片满足原真性、统一性、连续性的要求，为展示宣传、科学研究和数据成果管理提供基础数据。具体包括：基础点云数据，扫描采集每件船材的点云数据，格式为.XYZ；二维线图，包括每件船材的平、立、剖面图，格式为.DWG；三维模型，包括每块船材三维模型，格式为.MAX；关键构件的三维模型交互软件，如龙骨、桅座、肋骨、舱壁板、船壳板等共计30块三维交互船板，格式为.EXE。

2. 现状船体组装三维动画制作

动画视频格式为.MP4，动画时长5分钟。

3. 船体虚拟复原三维动画制作

动画视频格式为.MP4，动画时长5分钟。

4. 二维线图、三维模型和交互制作

基础点云数据：扫描采集60件器物（由甲方选定）的点云数据，格式为.XYZ；二维线图：每件器物的平、立、剖面图，格式为.DWG；三维交互软件：包括每件器物，格式为.EXE。

5. 出水文物数字化管理系统

系统包含以下内容。用户信息管理；系统用户管理，系统使用人员管理（登录用户和权限管理）；出水文物管理：文物登记信息管理，包括文物质地、时代、大小等信息的管理；文物的照片、线图、三维模型数据的管理；出水文物查询，根据文物时代、质地、记录人等信息对文物进行查询；出水文物对比分析；出水文物统计，根据文物时代、质地、器形、记录人、完残度等信息对文物进行统计分析；报表打印输出，将出水文物登记表及各种统计表格打印输出。

二、预期成果

见图5-1。

第二节　实施方案

一、安全预案

数据采集工作应在安全的房间内进行。环境必须洁净、宽敞，确保文物在移动时不会受到任何损伤。数据采集工作期间，针对工作区和文物库房的安全，若发现不安全因素或安防设备发出报警信号时，要立即报告相关负责人，及时妥善处理。非采集及馆方人员，未经批准一律不得进入文物库房及工作区域。采集文物时，应先由采集工作人员会同海南省博物馆保管人员（或相关管理工作人员）根据工作需要提出详细

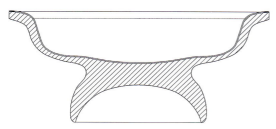

1.出水文物二维线图示意图

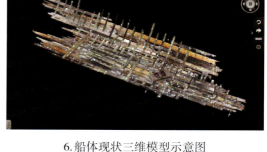

6.船体现状三维模型示意图

2.文物三维原真模型示意图

7.现状船体组装三维动画示意图

3.船板高清纹理影像示意图

4.船板二维线图示意图

5.出水文物数字化管理系统UI示意图

8.船体虚拟复原三维动画示意图

图5-1　数字化保护预期目标成果

清单，按程序审批后，由双方经办人按照清单逐件核实，签字存档。采集的文物应在当天归库，不得在库区以外过夜存放；藏品归库时，双方应根据出库清单，逐件入库。文物出库、采集和归库过程中，由采购方文物保管人员进行搬运，未经允许，采集技术工作人员不得接触文物。

人员现场控制。为保证现场采集文物的安全，避免过多的人接触文物数据的采集现场、采集设备等，除现场数据采集技术工作人员以外，其他人员一律不得接触采集现场环境、采集设备及相关的操作存储设备。现场文物采集均严格遵守人员控制，同时对于工作人员进行一一核实，确保无误后再进行文物数据采集工作。

文物安全因素。数据采集工作可能受到多方面的影响而造成损坏等严重后果，一旦实体文物被损坏，修复的过程可能需要花费大量的时间，甚至无法修复，因此科学规范化的采集文物数据要尽可能避免可能对文物安全产生威胁的不利环境因素。经过多次的文物数据现场采集实践经验并参考同行业的标准规范，归纳出如下几个方面威胁文物安全的因素（表5-1）。

表5-1　现场采集文物安全威胁因素

文物安全威胁类型	具体内容	控制措施
文物搬运	搬运及运输中的碰撞	提前清理搬运及采集环境，具体搬运由博物馆工作人员完成
采集环境	空气、温湿度、污染物等因素影响	采集数据前确保采集环境指标符合文物保护标准
文物采集拍摄	具有较强能量的光线影响；技术采集人员碰触文物的影响；文物拍摄环境中光强度、道具等是否符合规定标准	将采用高安全等级的三维激光扫描仪完成文物采集工作；技术人员在数据采集过程中不与任何文物有直接接触；采集拍摄时禁止采用大功率辅助光源及闪光灯

针对上述现场采集文物过程中可能出现的安全威胁问题，制定相应的"文物搬运安全方案""采集环境安全标准"和"文物采集拍摄安全办法"，全力应对文物安全威胁，保证完璧归赵。

1. 文物搬运安全方案

（1）术语定义

搬运：指短距离的将藏品安全地从一个位置搬至另一个位置。

采集区域：本次文物数据采集由海南省博物馆、实施方协商选定的数据采集场所、房间等地点。

采集环境：采集指定点所处的环境，包括空气、温湿度、污染物等。

运输工具：如果采集指定点与库房有一定距离时，需要对文物藏品进行运输，使用手推车等运输工具。

（2）文物搬运原则

文物的唯一性和不能再生的特殊性，决定了它的特殊价值。对于需要提取、使用的文物，原则规定：必须是健康的（无腐蚀、无霉菌、无破损、无掉色等）；对已受损的文物，相当脆弱的文物，尤其是常年浸泡在海水中、部分保存较差的出水文物，应考虑替换采集。对于进行数据采集的工作区域，必须保证文物所需的最适宜环境要求，不符合规定标准的，可能会对文物造成损害的，应及时停止搬运，直至找到适宜的采集环境。

文物不同于其他物品，为防失窃、防破坏等，负责现场运输的人员是由采购方指定的正规的、专业化的运输人员。选择的运输工具（如手推车等），要考虑文物的特征和安全性，不能强行使用不适宜的运输工具运输文物，更不能在没用任何安全保障的情况下运送文物。

（3）搬运及运输中的保护

文物在搬运至采集现场时应有正规的保安人员随行押运，负责运输过程中的安全保卫，要做到人不离物，物不离人；以高度的责任心，最大限度地保证文物的安全。

（4）文物搬运规范

如数据采集区域与库房（文物所在位置）有一定的距离，采用人工搬运的方法风险较大，此时应使用运输工具（手推车等）将文物搬运、运输至采集区域，在运输过程中，制定如下的运输安全操作规范以确保文物藏品在运输过程中的安全。数据采集前船板及出水文物运输至采集区域的运输安全操作规范具体包括：

搬运藏品时，要保证藏品安全，杜绝一切不安全因素，接触藏品时必须佩戴无菌、无尘、无污染的棉或布（选用更好材料甚佳）手套、口罩、头套，博物馆工作人员必须双手轻拿、轻捧、轻放文物，严禁单手把持文物，严禁倒拿文物；如果拿取金属藏品时，要带细软手套，以防手汗损伤藏品；小件出水文物操作时要双手捧拿，轻拿轻放，严禁单手提边，不可提梁携耳或持柄而行，以防损坏。搬运大件的船板等文物至少要两人以上，搬运拿放过程中保持船板重心平稳，船板最大倾斜角度在任何方向不得超过30°。

搬运出水文物时要事先准备好运输工具，搬运的运输工具选用如手推车、智能推车（如有）等适宜机械设备，在使用前检查运输工具的完整性，有无机械故障，切不可使用残破败旧、缺损零件的运输工具，以免在运输过程中发生意外。搬运船板时，在水中直接将船板转移到担架床上，之后通过搬运担架床来转运船板，尽量避免直接触碰船板，避免船板与坚硬物体直接接触。

文物运输工具四周安装防护墙，选用瓦楞纸板、聚苯乙烯泡沫塑料、软木、海绵、高压聚乙烯气泡膜等具有减震、防擦、防挤压的材料为宜，同时防护材料必须安置牢固，在使用前应进行运输工具防护测试。根据文物情况，在1000N的冲击力下无明显破损、瓦解、漏洞等为安全基准，保证出水文物运输过程中的安全。

船板及出水文物运送至数据采集区域的过程中运输工具以平稳、匀低速行进，严禁高速、骤加速、急停等行为；如必须经过楼梯、隔断、凹凸不平等路况，应搬运文物至平稳路况，再用推车工具运输。经过楼梯等路况时，应保证文物的平稳，距离墙壁、扶手、突出物等不得少于20厘米，以免碰擦损坏文物，文物倾斜度不得超过30°。

到达数据采集指定点时，将船板或出水文物从运输工具搬运至采集拍摄台过程中同样要轻拿、轻捧、轻放，符合前述操作规范；特别对于瓷器等宝贵又脆弱等文物藏品，可采取装入特制文物保护盒内，然后带盒搬运拿放，至文物数据采集指定点时再取出。

2.采集环境安全标准

采集环境遵循以下标准：

《文物系统博物馆风险等级和安全防护级别的规定》（GA27-2002）；

《文物系统博物馆安全防范工程设计规范》（GB/T 16571-1996）；

《环境空气质量标准》（GB3095-1996）；

《民用建筑工程室内环境污染物控制规范》（GB50325-2001）；

《博物馆照明设计规范》（GB/T 23863-2009）；

《建筑内部装修设计防火规范》（GB50222）。

3.文物采集拍摄

（1）采集区域

采集区域即文物数据采集场所、房间由海南省博物馆确定，在文物采集进行前做好采集区域的相关工作，保证采集过程的文物安全与采集工作顺利进行。具体如下：采集场所以独立较封闭房间或建筑为宜，如使用开放场所，要确保采集场所与其他建筑、活动区域没有相互干扰；采集场所建筑材料采用无毒、无污染、无有害气体释放材料，采集场所地面防滑、防音、无污染等，墙体整洁、密封性好；采集场所具有空气调节设备，门窗可封闭调节，具备基本的抗防震、防水、防风等功能；采集场所有温湿度监测、通风排污、消毒灭菌等防护设备。

船板采集场所地面铺设防水布，可以起到防滑防摔的作用，同时可以避免渗水对地面造成的破坏。文物采集指定点场所风险等级的确定和安全防范按（公安部 GA27-2002）《文物系统博物馆风险等级和安全防护级别的规定》执行；文物采集指定点场所的安全防范工程的设计按（GB ／T16571-1996）《文物系统博物馆安全防范工程设计规范》执行；文物采集指定点场所的消防按（GB50222）《建筑内部装修设计防火规范》执行。

（2）文物采集拍摄安全办法

文物采集拍摄过程中文物藏品的安全非常重要，为确保采集文物的安全，根据《中华人民共和国文物保护法》第八章第三十二条的规定及多年博物馆行业工作规范操作。需要采集拍摄的文物，根据文物的等级，提前向相应的单位文物管理部（相关部门）提出书面申请，申请内容包括采集拍摄文物的目的、项目及具体内容；采集拍摄文物的名称、等级、数量等。

（3）采集拍摄原则

采集拍摄实施原则。经批准采集拍摄馆藏文物时，不得随意移动各类文物的位置，不得在室内置景，不得使用强光灯，采集人员不得直接接触文物。

采集拍摄范围原则。采集拍摄将按照批准的采集项目进行工作，严格执行有关协议。采集拍摄活动由文物保管人员（或相关工作管理人员）在现场指导、监督和操作，确保文物安全，必要时，可以请公安、消防及其他保证文物安全的人员进驻拍摄现场。

（4）采集拍摄准备工作

拍摄文物首先要了解所拍文物的历史背景、工艺特点，正确处理好科学与艺术的辩证关系。选派的采集技术人员均具有良好的博物馆文物知识储备、深厚的行业工作经验，在完成好文物的采集拍摄工作同时，处理好与文物的安全关系。做好采集拍摄准备工作，是保证整个过程文物安全的第一步。具体如下：

技术工程师采集数据前禁止佩戴戒指、手链、手镯、过长的项链、挂坠等容易磕碰文物藏品的首饰；手指指甲也不宜过长。

　　藏品采集拍摄时用于安放藏品的采集拍摄台或盛放台要保证安全、稳固，同时拍摄台与藏品文物接触的位置采用瓦楞纸板、聚苯乙烯泡沫塑料、软木、海绵、高压聚乙烯气泡膜等不会对文物产生损伤的材料。藏品采集拍摄台拟采用旋转方式，在无人为碰触的情况下即可完成藏品的调整，避免因调整设备、道具等可能对藏品产生影响。

　　使用提供的所有设备、道具在采集数据前均确认无误后才开始采集工作，电源、传输源等与采购方协商。提前布置好采集拍摄所需的设备、道具，所有电线，装置、设备距离藏品采集拍摄台最近不得低于40厘米。将采集环境内的温度、湿度、二氧化碳等可能对文物有影响的环境因素控制在适合文物保存的范围内，遵循"6.9.6.3采集环境标准"中环境标准。

　　确认实际藏品与计划采集的藏品名称、等级、数量等相关信息无误后，技术人员再开始采集工作，且签字确认，形成记录文档，不得混淆采集文物对象。

　　（5）采集拍摄实施

　　采集拍摄实施过程中，选派的技术人员具有扎实的实际操作功底，以不接触文物为铁律，同时保证文物在采集拍摄过程中的安全。在采集拍摄实施中，技术人员将遵循以下计划：

　　藏品将安放于电动旋转台上，自动慢匀速旋转更换不同的采集拍摄位置，避免了因人为直接碰触文物而造成的影响。拍摄船板时将船板及担架直接抬放至承重台上，用鹿皮巾轻轻吸干船板表面水渍后方可拍摄。

　　采集过程符合文物保护原则，采用无接触方式进行，灯光及设备辐射严格控制在相关标准范围内，以确保文物安全。

　　采集期间同样保持设备与藏品之间的距离，扫描最近点不得低于20厘米。

　　每件藏品拍摄完成后，经实施方、采购方双方确认无误，方可开始下一件文物采集，以免发生误采集、漏采集，否则会增加文物拍摄过程中损坏风险。文物藏品拍摄完成后，及时将藏品归还库房，需进行验收，不可逗留放置在采集点内，藏品不可在采集环境内过夜。

　　藏品采集拍摄无误后，经由专业人员将文物运送回库房等相关保存场所，技术人员将不被允许直接单独运送文物，但可协助工作人员进行运送以保证文物安全。技术人员在采集拍摄期间将时刻留意藏品的安全，并有权禁止无关人员进出采集场所。采集过程中技术人员将被禁止在采集操作的同时进行接打电话或做其他存在安全隐患的行为，同一时间只允许进行一项工作。采集过程中时间若长，技术人员可以休息，但整个过程不可单独离开采集场所，将保证始终至少有一名技术人员在采集场所内。不允许将食物、饮料、香水等可能对文物安全产生影响的物品带入采集场所内。

二、出水文物数据采集方案

1. 船板三维点云数据采集

采集对象为"华光礁 I 号"沉船出水的400余块船板。

船板采集前对船板编号、尺寸、复杂程度等做好记录和收集，根据船板编号顺序及物理特性，针对性计划并分配工作任务，以保障数据采集精度和成果质量。

采集标准：船板几何测量精度为5毫米；数据完整性：根据扫描面校准可拼合出完整的三维物体；最小点间距≤4毫米，三维激光点云数据存储格式为.XYZ。

采集流程如图5-2所示：

图5-2　船板三维点云数据采集流程

采集步骤如下：

制作采集计划：工程师在现场仔细踏勘，完善点云采集方案并落实为可执行的工作计划。试扫描：工程师选择合适的地点架设仪器，根据项目数据要求设置仪器扫描参数，并在现场进行点云试处理工作，包括点云导入、点云赋色等，检查点云质量及范围是否满足要求。激光点云扫描：工程师根据现场环境合理规划扫描站点位，检查仪器参数调整至预扫描参数状态，通过多测站点换站完成船板激光点云采集。原始数据导出：根据本次项目需求，将三维点云数据文件设置为.XYZ三维格式导出。

2. 其他出水文物三维点云数据采集

采集对象为"华光礁 I 号"沉船出水文物中精选的60件珍贵文物，其中瓷器、铁器10件，大型雕像50件。

采集前对项目建设区域进行实地踏勘，详细了解项目实施环境，明确采集文物的名称、器形、纹理、尺寸等参数，并收集相关资料，结合现场踏勘情况召开项目会议，针对项目需求制定具体的采集计划，计划评审的同时组建项目组成员及相关设备，上述工作准备充分后即开展数据采集工作。

采集标准：器物几何测量精度为1毫米；数据完整性：根据扫描面校准可拼合出完整的三维物体；最小点间距≤0.2毫米，三维激光点云数据存储格式为.XYZ。

采集流程如图5-3所示：

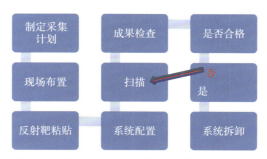

图5-3 其他出水文物三维点云数据采集流程

采集步骤如下：

布设定位物体：在适当的区域，按照一定要求，人为添加用于空间定位的反射片。调试扫描参数：预扫描被扫文物，检查扫描得到点云的间距与效果，并记录最优扫描参数。激光点云扫描：将扫描参数设置为当前文物扫描最优值，持续重复扫描以保证点云的完整性和密集性。原始数据导出：根据本次文物建模需求，将三维点云数据设置为.XYZ格式导出。

3. 船板及出水文物高清纹理拍摄

采集对象为"华光礁Ⅰ号"沉船出水的400块船板及60件出水文物。

采集标准。单张纹理分辨率：3600万；采集标准：平行光环境下的正交拍摄；分辨率标准：最高7360×4912；色彩标准：固定光环境；采集前使用标准24色色卡校色，影像色彩真实还原，图片存储格式为.JPG。

采集流程如图5-4所示：

采集步骤如下：拍摄时感光度设置为相机最低值；镜头设置为自动对焦模式，拍摄模式设置为手动，使用标准24色色卡校色，并通过调试光圈、色温、快门时间等参数不断试拍纹理效果，最终测试得到最优的拍摄参数。纹理拍摄：采用试拍摄时的参数进行拍摄；拍摄时采用从左至右或从上至下的顺序进行，不得跳跃拍摄；以平行光的正交角度完成拍摄；针对不同材质的文物，先进行试拍摄调试参数，测试满足技术要求后再批量拍摄；拍摄检查频率不得低于3张，检查时在相机上放大至最大检查，如存在虚影应删除重新拍摄；单张图片像素分辨率不低于3600万像素；拍摄完成后将照

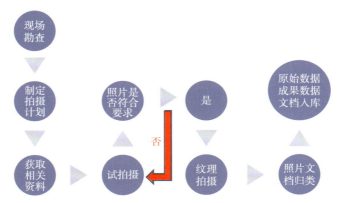

图5-4　文物三维纹理照片数据采集流程

片导入电脑后抽样检查，使用色标，灰度卡相邻分段图像重合度40%，确保每一张纹理拍摄的质量。

　　确认无误后，将船板及出水文物纹理照片数据保存为.JPG格式后导入移动硬盘中。预期成果如图5-5：

图5-5　船板高清纹理示意图

三、数字化制作方案

　　1.船板及出水文物三维素模处理

　　处理标准。器物三维模型几何精度误差：5毫米；单件器物三维素模三角网格面数量30万，模型文件小于500MB，模型存储格式.FBX/.MAX。船板三维模型几何精度误差：8毫米；单件船板三维素模三角网格面数量100万，模型文件小于500MB，模型存

储格式为 .FBX/.MAX。

处理流程如图 5-6 所示：

图 5-6　内业文物三维素模建模流程

处理步骤如下：导入点云数据：导入原始的三维点云数据至 Geomagic 软件中；删除冗余噪点：在 Geomagic 中初步删除点云数据多余噪声；体外孤点：减少除文物及船板核心区域以外孤立的点；减少噪音：删除外界干扰数据，如器物及船板反光等；封装：将三维点云数据转换成三角网，以点成面，形成三角模型面；手动修复网格医生：手动修补模型面的缺失部分、小孔、小洞等；网格医生：软件自动修复模型面的钉状物、小组件、小孔等；简化面：根据项目需求简化三维素模的三角模型面数；导出素模：根据成果制作要求，导出 .FBX/.MAX 格式的素模数据。

预期成果如图 5-7、5-8：

图 5-7　出水文物三维素模示意图

图5-8　船板三维素模成果示意图

2. 船板及出水文物原真模型制作

处理标准。器物三维模型几何精度误差：5毫米；单件器物三维素模三角网格面数量30万，模型文件小于500MB，模型存储格式.FBX/.MAX。船板三维模型几何精度误差：8毫米；单件船板三维素模三角网格面数量100万，模型文件小于500MB，模型存储格式为.FBX/.MAX。单块船板贴图分辨率为4096×4096，贴图数量不低于2张；单件器物贴图分辨率为4096×4096，贴图数量不低于3张。

实施流程如图5-9：

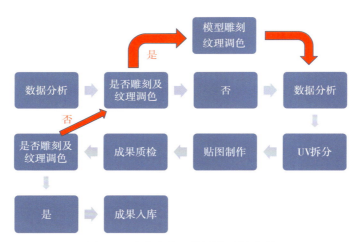

图5-9　内业文物三维原真建模流程

实施步骤主要包括模型优化、图片处理、UV拆分、贴图制作等。具体如下：

导入编辑三维模型：工程师将依据激光点云拟合的三维素模模型导入3Dmax中消除烂面、废面，调整模型结构大小，优化模型数据，减少模型面数；纹理图片正射纠正及处理：将拍摄用于模型贴图的影像导入到Photoshop中进行正射处理，把需要用透明贴图的区域提取出来，并对整个图片的色差及完整性进行优化处理；编辑模型UVW：在"选择模式"下选择"面模式"，在编辑UVW控制面板里框选需拆分的面，编辑拆分后面的位图参数，依次点击平面展开，在UVW控制面板里选择已经展好的UV线，最后点击"渲染UV模板"并保存为png格式的图片；编辑UV、纹理图：打开Photoshop，把保存的UV图和处理好的纹理图一起拖入Photoshop中，将纹理图调整到与三维模型UV线图相对应的位置，保存图片；模型贴图：在3Dmax里打开材质编辑器，选取一个材质球，把保存的带有UV线的图片拖到材质球中，将贴图赋予三维模型；完成三维模型建立，保存为.FBX/.MAX格式的三维原真模型数据。

　　预期成果如图5-10、5-11：

图5-10　船板三维原真模型　　　　　　　　图5-11　出水文物三维原真模型

　　3. 船板及出水文物二维线图制作

　　处理标准。线图中体现船板及文物轮廓边线；绘制每块船板及每件出水文物的平、立、剖面线图；二维线图存储格式为.DWG。

　　实施流程如图5-12所示：

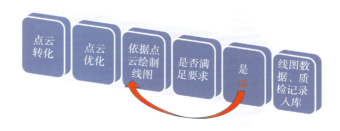

图5-12　内业文物二维线图制作流程

实施步骤主要包括点云转换、点云优化、线图制作等。具体如下：

点云转换：将船板及文物拼接后的点云数据转换为.PCG或.PTC格式；点云优化：在AutoCAD软件中导入.PCG或.PTC格式点云，并进行点云优化显示、抽稀加载、噪声剔除等优化处理；线图制作：依据高密集、高精度船板及出水文物点云数据描绘其轮廓边界，并设置线型、线框、图幅等专业处理；线图导出：将二维线图成果导出为.DWG格式图像。

预期成果如图5-13、5-14：

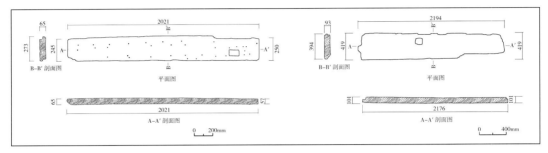

图5-13　船板二维线图示意图

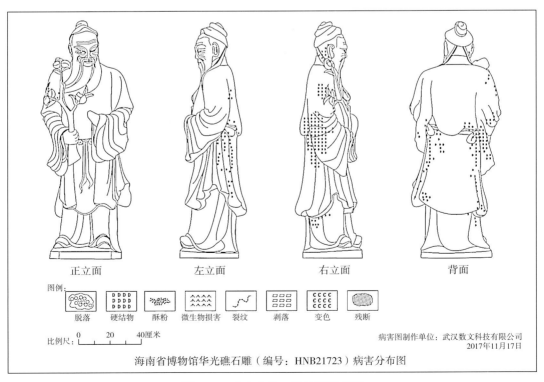

图5-14　出水文物二维线图示意图

4. 出水文物三维交互制作

处理标准。将三维模型导入至交互空间，根据实际应用需求，定制化编制程序脚本，实现极具真实感和体验效果的三维可视化展示程序；单件出水文物三维交互数据量大小低于500MB，成果保存为.EXE格式。

实施流程如图5-15所示：

脚本设计　功能开发　画面布局设计　参数设置　数据导出　是否符合要求　成果入库

否

图5-15　文物三维交互系统建设流程

实施步骤主要由功能开发、画面布局、参数设置三部分组成。

功能开发。工程师根据项目需求，编写出供用户实现移动浏览、旋转、放大缩小、测量等功能的脚本。

画面布局。根据项目体验要求，设定交互画面布局，包括功能菜单的摆放分布、界面设计及UI图标设计。

参数设置。将3Dmax制作的FBX格式的模型导入三维交互软件中；材质灯光调整：结合现实环境、需求，对场景材质调整和灯光布局，烘焙出三维场景的光影信息；根据项目需求，发布出.EXE格式的PC版交互成果。

预期成果。基本操作如下：浏览视角——通过鼠标操作文物进行任意角度的移动浏览；文物放大——放大当前观察的文物，可查看文物的局部细节；文物缩小——缩小当前观察的文物，可对文物有一个整体的认知（图5-16至图5-18）。

图5-16　鼠标操作任意角度的移动浏览　　　图5-17　文物放大查看细节

（1）自动旋转：通过自动旋转全方位的欣赏文物（图5-19）；

（2）手动旋转：通过鼠标拖动的方式，可以向上、向下、向左、向右旋转当前文物，做720°浏览（图5-20）；

（3）文物测量：通过鼠标点击右侧栏测量图标，设置起始量测点和终止量测点，实现测量需求（图5-21）；

图5-18　文物缩小整体认识

图5-19　自动旋转设置全方位欣赏文物

图5-20　手动旋转，720°浏览文物

图5-21　文物测量

（4）复位：点击右侧栏第一个图标，使文物展示状态从当前状态恢复到初始状态（图5-22）；

（5）修改背景色：为方便在不同背景颜色下欣赏文物，系统支持修改背景颜色。背景调节设计了工具条，可通过单击颜色选取背景颜色（图5-23）；

（6）全屏：点击右上角全屏图标■，将当前显示的文物全屏显示（图5-24）。

5. 现状船体组装三维动画制作

处理标准。动画分辨率为1280×720；动画视频格式为.MP4，动画时长5分钟；依据动画脚本制作三维动画视频，包含但不限于：具有龙骨营造方式（需体现船钉等构件），具有肋骨营造方式（需体现船钉等构件），具有隔舱板营造方式（需体现船钉等构件）。根据出水文物编号和已采集数据，虚拟龙骨、船底肋骨、舷侧肋骨、侧面船壳板、底部船壳板、铺舱板、隔舱板等构件的组装过程。

预期成果如图5-25。

6. 船体虚拟复原三维动画制作

处理标准。动画分辨率为1280×720；动画视频格式为.MP4，动画时长5分钟；依据动画脚本制作三维动画视频，包含但不限于：具有龙骨营造方式（需体现船钉等构件），具有肋骨营造方式（需体现船钉等构件），具有隔舱板营造方式（需体现船钉等构件）。根据出水文物编号和已采集数据，虚拟龙骨、船底肋骨、舷侧肋骨、侧面船壳板、底部船壳板、铺舱板、隔舱板等构件的组装过程。

预期成果如图5-26。

图5-22　点击 ⟳ 使文物展示状态恢复到初始状态

图5-23　修改文物三维交互展示背景色

图5-24　文物三维全屏展示

图5-25　船体组装三维动画

图5-26　船体组装三维动画

四、数据成果制定方案

本项目船板及出水文物涉及大量的点云、纹理影像和三维模型等数字化成果，为了确保数字化数据的安全，避免数据丢失、数据完整性被破坏等故障发生，根据多年来在博物馆及考古数字化领域的丰富经验，制定了严格细致的文物数据安全策略，在确保数据建设进度的同时，也保障数据成果的安全。为了对船板及出水文物数据质量进行有效的控制和管理，保障数据的准确性、完整性、一致性、可用性和安全性，特制定本方案。

适用范围。数据安全是指在所有利用扫描设备、数码相机、计算机和信息网络系统进行采集录入、传输交换、存储管理、加工处理以及展示提供的数据，包括文字材料、点云数据、纹理图像、三维模型、三维动画等输入处理对象，计算机内部存储和传输的各类电子数据，计算机输出的磁存储数据等。文物数据安全的核心问题，就是在对数据进行采集录入、传输交换、存储管理、加工处理及展示利用等业务处理过程中有效地进行质量控制和管理，确保数据的真实准确、安全可靠。

编制依据。根据《中华人民共和国文物保护法》《中华人民共和国文物保护法实施细则》《中华人民共和国保守国家秘密法》《博物馆藏品管理办法》《博物馆藏品保管工作手册》《计算机信息系统保密管理暂行规定》《文物信息系统数据质量管理技术规范》等法律、法规，结合经验及工作实际，制定本方案。

文物数据可能受到复制、存储、拷贝、存储环境等多方面的影响而造成损坏、丢失等严重后果，一旦数据被损坏，修复过程可能需要数周，甚至无法修复，因此要尽可能避免可能对文物数据安全产生威胁的不利因素。不利因素主要包括以下方面，见表5-2。

表5-2 文物数据安全威胁

文物数据安全威胁	具体内容
突发事件	停电、宕机、设备故障、网络故障等
蓄意破坏	病毒入侵、黑客攻击等
人为因素	误修改、误删除、非法拷贝、非法利用等
自然灾害	火灾、台风、雪灾、地震、海啸等

因此在本次船板及出水文物数据采集过程中，将严密确保文物数据安全，消除文物数据安全威胁，针对可能出现的数据故障设立相对应的文物数据安全保护方案。

1.文物数据存储安全

对采集存储的文物三维及纹理数据，将在安全的硬件环境中建立针对本项目的数据库系统，指定专人对文物数字化资料进行存储、管理。

　　将对数据库中的数据采用多种方式和介质进行备份，备份的数据应存放在不同地点妥善保管。确保已备份的数据不会丢失。

　　存储在数据库中的文物数字化数据，是文物数据安全的基础保障，未经单位法定代表人或授权人员同意，任何人不得拷贝和使用。

　　2. 文物数据安全管理

　　本次文物数据属于现场采集，数据采集工作分批、分次进行，总体数据量偏大，数据类型较多，每一个采集环节对于文物数据安全都存在着潜在威胁，尤其是400余块船板文物的数据采集，因此对于此次文物采集数据的安全将采用统一管理的思路，然后分级管理，以统一管理为中心思路，针对数据从产生、存储、处理等各个环节分别进行安全控制，严保采集文物数据的安全，如图5-27所示。

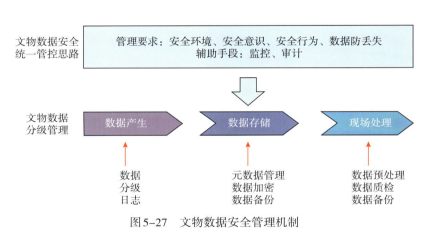

图5-27　文物数据安全管理机制

　　3. 数据质量安全评估办法

　　将在文物数据采集过程中采用科学的数据质量评估体系和有效的检验方法，在数据采集的每一个环节适时对文物数据质量进行检验和评估，以保证三维激光扫描及纹理拍摄所有环节文物数据质量得到有效控制，这是保障文物数据安全的必要手段和措施。

　　（1）质量评估原则

　　计划采用文物数据质量的评估原则，即是评估与检验文物采集数据的准确性、一致性、完整性、可用性和安全性是否符合规定标准要求，评估文物采集数据是否达到采集质量标准和使用要求。

　　准确性：即保障采集的数据真实可靠，准确地反映各类文物信息，并保证在数据采集中不产生错误数据。

一致性：即保障在数据采集中确保数据与原始采集的数据或用户要求传输交换、展示提供的数据完全一致，不发生改变。

完整性：即保障采集数据的全面完整，获取全面反映文物信息的全部数据，并在业务流程中保证数据不丢失。

可用性：即采集的数据是系统可用的，提供给各类用户的数据保证满足用户需求，符合用户的使用要求。

安全性：即数据在业务流程中不受到非法攻击和计算机病毒的侵袭，保证数据不被破坏、改变和丢失。

（2）质量检验方法

人工检测法：由技术人员通过对文物采集数据直接观察，进行数据质量检测和评估。

计算机自动检测法：根据文物数据（集）之间内在的各种逻辑关系和数据报表的平衡关系，编写进行检测的审核关系公式，由计算机自动进行检测。

随机抽样检查法：对采集的文物数据，根据一定的比例进行随机抽样，然后对样本采用计算机或人工方法进行检测，推断总体的数据质量评估报告。

间接评估法：基于其他相关知识与信息，包括数据用途、历史记录、数据源特性、数据采集方法以及误差传递模型等，进行演绎推理来评估数据质量。

综合评估法：根据数据采集各环节、总体数据各组成部分的数据质量状况进行综合分析，对数据的总体质量进行全面评估。

（3）质量评估与检验标准

根据文物采集数据质量的评估模型和方法以及技术要求，对于采集录入及加工处理的文物数据进行检验，数据质量的评估标准如下：

船板及出水文物采集数据准确性和真实性的误差，控制在0.05%以内的，即为质量良好；误差在0.05%～0.5%之间的，为合格；误差在0.5%～3%之间的，为基本合格。误差超过3%的，为不合格，必须重新采集录入。

三维激光扫描或数码设备采集的点云数据和纹理信息各项技术参数不符合规定要求的，不超过3%的为合格，3%～5%之间的为基本合格，超过5%的为不合格，必须重新采集录入。

对于馆藏珍贵文物数据，必须重点检验，做到100%符合要求。

4. 数据采集过程控制

数据采集的过程控制，是保障文物采集数据质量安全最重要和最关键的环节。文物数据采集流程中的每一个环节，都应该严格按照文物信息标准与技术规范，统一的操作规程和质量管理规则，进行人工或计算机自动地质量控制，以保障文物信息的数据质量在数据采集的所有环节都得到有效控制。文物信息数据采集包括采集表与方案设计、数据采集录入、数据传输交换、数据加工处理、数据存储管理、数据展示与提供等环节。

（1）采集方案的设计

在开展文物数据采集工作时，首先将制定采集方案，确定采集项目、采集对象、采集范围以及采集指标等，并进行文物数据采集表的设计，以便于后续对文物数据的采集录入、加工处理及建库工作。

（2）数据采集录入

数据采集录入是指对文物数据进行采集、审核并录入到计算机的过程。文物数据的采集是文物数据的源头，数据采集的质量安全直接关系到文物数据的安全问题。数据的质量应从数据源头抓起，数据采集的质量控制是文物采集数据质量控制的重中之重，将予以高度重视。

（3）数据加工处理过程

数据加工处理是指对已经采集的数据进行汇总、计算、分析及数字化处理的过程。数据按此次项目建设要求，制作开发系统应用软件系统，加工处理，产生需要的点云、纹理、素模、原真模型数据等。点云、纹理数据按照系统要求进行加工，完成相应的文物三维交互系统建设。

（4）数据传输交换过程

数据传输交换是指在文物采集数据在不同的计算机之间和系统设备之间，通过传输线或网络进行的数据传输与交换。数据传输交换是数据采集处理分级管理过程中重要的媒介通道，在此过程中也要对数据传输进行加密、监测等安全防护，以确保数据传输的安全质量控制。

（5）数据展示提供过程

数据展示提供是指向各类用户在计算机上展示各种文物信息，并向用户提供各种形式的数据。是整个项目数据过程的最后一环，要坚持两头兼顾，把控数据展示提供过程的安全质量。具体如下：

数据展示提供数据质量控制的原则。数据严格按照用户的权限而不能超越其权限展示与提供；按照用户所要求的形式和数据格式展示与提供真实准确和可用的数据；数据的提供方式和内容与展示数据的方式和内容一致，体现"所见即所得"的原则。

数据展示提供的方法。文物采集数据展示，包括数据加工处理结果的直接展示、数据库数据查询以及通过软件系统的三维文物交互成果展示；文物采集数据的提供方式，以为采购方定制的移动硬盘磁介质提供各类数据。

数据展示提供的技术要求。检验展示提供的数据是否符合用户使用数据的权限；检验展示提供用户数据的方式和介质、数据的内容以及数据的质量是否符合用户的使用和技术要求。

5. 保障文物数据安全的措施

针对现场采集文物数据安全所面临的威胁，将采取一系列系统的文物数据安全措施，涉及数据的采集、保存、处理、使用等各方面，以保证数据成果的完整性、稳定性和准确性。为了保证文物采集数据的安全性，使数据在采集过程中不受到非法攻击与计算机病毒的侵袭，必须建立完善的数据安全性保障体系和机制，以确保数据不被破坏、改变和丢失。文物数据的安全性具体措施如下。

（1）采集人员

为保证现场采集文物数据的安全，将避免过多的人接触文物数据的采集现场、采集设备等，除我方现场数据采集技术人员和采购方指定的工作人员外，其他人员一律不得接触采集现场环境、采集设备及相关的操作存储设施设备。只有经过双方共同许可的人员方能进入采集现场，每一次现场文物采集均严格遵守人员控制，同时对于工作人员进行一一核实，确保无误后再进行文物数据采集工作。

访问权限控制。对数据访问权限包括调用与存取的限制，防止越权使用数据资源或非法授权访问；建立身份认证系统，用户进入文物采集数据库必须输入自己的账户和口令，经身份认证后方可进入；对于数据文件按文件属性进行保护，系统根据用户的权限进行访问控制。

文物数据加密。数据安全隐患无处不在，数据成果等必须防止他人非法访问、修改、拷贝。数据加密是应用最广、成本最低廉且相对最可靠的方法。数据加密是保护数据在存储和传递过程中不被窃取或修改的有效手段，数据加密包括对系统的不同部分要选择何种加密算法、需要多高的安全级别、各算法之间如何协作等因素。在系统的不同部分要综合考虑执行效率与安全性之间的平衡。一般来讲，如果要在两个设备

（客户端）间传递安全数据，这就要求客户端之间可以彼此判断对方的身份，传递的数据必须加密，当数据在传输中被更改时可以被发觉。

因此在此次数据建设过程中，将对文物数据储存的主设备与备份系统同时进行加密，只将解密措施告知海南省博物馆单位相关人员，除此外一律不泄露数据加密方法，确保文物数据安全。

（2）数据病毒防治

文物数据管理的计算机设备都安装计算机防病毒软件，适时检测、清除计算机病毒；统一购置、安装防病毒软件，并由采购方专人负责定期进行病毒的检测、清除和防病毒软件的升级。

（3）文物数据备份

数据备份是目前最有效也是最广泛采取的保障数据安全措施。本项目数字化数据成果范围广、数量大，通过数据备份，将有效地解决分批、分次数据采集所带来的影响，同时对于内业数据处理，数据备份将为船板及出水文物三维模型、线画图等成果提供保障，确保三维交互及虚拟复原动画成果的输出，项目建设完成后备份数据将与数据成果一同提交给海南省博物馆。针对此次数据采集做出了详细完整的数据备份方案。

硬件备份。硬件备份是指用其他的硬件设备来保护数据，比如非使用的磁盘、硬盘、可移动硬盘等。如果主硬件设备损坏，或者主要硬件设备上存储数据产生损坏，后备硬件马上能够接替其工作，这种方式可以有效地防止硬件故障。

软件备份。不同于硬件备份，软件备份是指将数据保存在工具软件上面，当使用数据出现错误状态或者被损坏的时候，通过软件即可恢复重新使用。采用软件备份的好处是通过工具软件的操作，可以系统的保存并管理采集数据，根据数据的特点、大小、性质来进行保存，既能妥善的保存数据的完整性还能确保数据的序列性。

云备份。网络技术的快速发展使得"云"服务越来越普及，包括大数据、云计算、云存储在内的众多应用，云备份也是其中之一，不需要本地设备，数据备份存储在"云端"即生产商提供的有效存储设备中。就文物采集数据而言，只需有足够的存储空间、互联网络，通过"云"技术，可轻松将数据云备份在采购方指定的地方。云备份的优点是备份数据使用方便，一旦原始数据出现错误或损坏，通过云端可以快速地恢复数据，将影响降到最低。

因此在此次数据建设过程中，针对每件文物的数据，依据硬件备份＞软件备份＞

云备份的优先级选择，在数据成果进入主设备储存的同时，即刻对数据成果进行相关备份，确保船板及出水文物数字化数据的万无一失。

（4）数据灾难恢复

在本地与异地建立文物数据备份与灾难恢复系统，适时对整个数据集和各种数据库应用系统进行备份，以便在发生事故与灾难时系统自动予以恢复。

（5）安全事故紧急处理

建立安全事故紧急处理机制，防范安全事故突然发生；重要软、硬件及数据资源进行备用和备份，出现数据故障启动备份数据成果；事故发生后，尽快消除事故，恢复数据成果。

（6）文物数据安全规范

在建设过程中将严格遵循以下数据安全规范，确保数据成果安全符合标准。《信息安全技术信息系统灾难恢复规范》（GB/T20988–2007），《信息安全技术信息系统物理安全技术要求》（GB/T 21052–2007），《信息技术安全技术校验字符系统》（GB/T 17710–2008），《信息技术安全技术信息安全管理体系要求》（GB/T 22080–2008），《信息技术安全技术信息安全管理实用规则》（GB/T 22081–2008），《信息安全技术信息系统安全等级保护基本要求》（GB/T 22239–2008）。

五、平台管理系统设计方案

管理系统建设的目标就是以水下考古业务各类数据为核心，依托成熟的数据库管理和GIS（地理信息系统）、云存储技术，按照统一的标准，建立具有信息管理、数据综合分析、数据分类查询、综合统计分析及信息服务等功能一体化的二级分布式水下考古数据中心，管理体系覆盖海南省博物馆、海南水下考古研究中心、文物考古工作队及所属考古水域多级管理与业务部门，为"华光礁Ⅰ号"沉船出水文物数字化管理系统的基础数据、业务数据等各类数据集中提供数据存储和管理平台；为各类业务系统提供数据支持；通过数据交换体系，完成各类数据的更新；同时，利用数据仓储和数据挖掘技术，对所辖范围内的水下考古业务管理进行科学分析，为科学决策提供数据支持，从而实现对水下考古业务的有效监管。

研究完善数据标准，对各类考古信息数据标准进行统一，为考古信息数据的采集、处理、入库与应用共享提供标准与依据；优化数据组织与结构，建立安全、高效的"华光礁Ⅰ号"沉船出水文物数字化管理系统数据管理体系，提高水下考古信息数据的使用效率和系统性能，实现多源、多时相海量水下考古数据的集成管理；与各类考古应用系统紧密集成，为考古信息化提供全面的"华光礁Ⅰ号"沉船出水文物数字化管理系统数据平台支撑；为纵向上下级单位、横向各水域内考古业务之间提供考古信息多级共享机制与技术平台。

1. 数据平台设计

"华光礁Ⅰ号"沉船出水文物数字化管理系统数据平台在物理上主要由两部分组成：海南水下考古研究中心水下考古管理云存储数据平台、各水下考古工作队的数据平台（图5-28）；两级数据平台之间建立统一的数据结构，通过标准的交换协议接口进行数据交换。

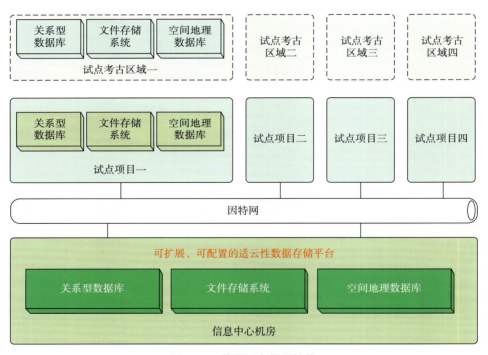

图5-28　数据平台物理结构

针对各水下考古工作队的数据平台，通过在服务器上安装SQL关系型数据库、文件存储系统和空间地理数据库软件，实现对各类数据的存储支撑；关系型数据库用于存储考古业务信息、考古专题文件的记录属性遗迹系统配置信息；文件存储系统用于对各类型的考古专题文件提供支撑；空间地理数据库实现对水下考古工作队地理信息的结构化管理。

　　海南水下考古研究中心水下考古管理云存储数据平台建立在海南省博物馆云数据中心，其基础设施的适云性特点保证的数据平台的高可扩展性、可配置化，能够满足未来作为水下考古数据中心的规划要求；各水下考古工作队的数据平台存储各水下考古工作队下各水下考古区域的数据信息，并通过互联网传输到海南水下考古研究中心适云性数据平台中；处于水域工作环境的水下考古，需要独立部署考古数据平台，满足考古数据的录入和上传，建立网络环境后，也需要将数据传输到所属单位；各水下考古工作队的数据平台部署于为各水下考古项目配备的移动工作站上，以满足该项目的考古数据存储需要。在因特网环境下，可建立与海南水下考古研究中心云存储数据平台的网络连接，在可靠的网络安全体系中，实现考古信息的实时同步与共享。

　　2.数据同步设计

　　（1）基础数据同步

　　为了实现海南省博物馆所有水下考古的数据进行更加全面的数字化研究分析的目的，必须保证两级平台基础数据的统一性和准确性。只有当两级平台的基础数据是一致的，所有水下考古工作队上传到海南水下考古研究中心的数据才具有研究的价值和意义。这里的基础数据主要是指用户自定义的应用数据，例如：字典数据。为此需要建立一个基础数据的共享机制，对海南省博物馆各个考古单位基础数据进行统一的管理和维护（图5-29）。

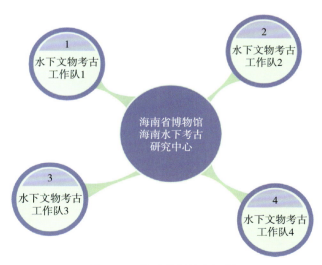

图5-29　基础数据共享机制

　　要实现这种基础数据的共享机制，就必须要海南水下考古研究中心和各文物考古工作队具有统一的一套较为完整的基础数据库，两级平台的基础数据库网络连接畅通。

　　具体的共享操作流程如图5-30所示。

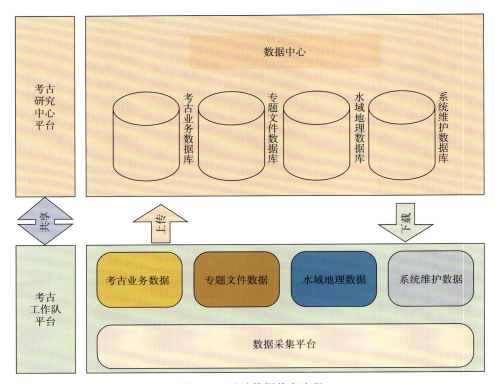

图5-30　基础数据共享流程

（2）业务数据同步

　　根据"华光礁Ⅰ号"沉船出水文物数字化管理系统的数据平台搭建要求，各文物考古工作队需要将各个水域的考古业务数据上传到海南水下考古研究中心平台，最终实现海南省博物馆对各个考古单位的业务数据进行综合管理、研究分析的目标。

　　然而考古业务数据不仅种类繁多，数据量也相当庞大，尤其是图片或者视频等大文件数据，再加上考古现场的网络环境有限，直接通过网络传输的方式实现考古数据的时时更新到海南省博物馆平台行不通，因此需要建立一套完整的两级平台数据上传机制，以达到考古业务数据的同步。这套机制包括线上数据传输和线下数据备份还原两种方式，如图5-31所示。

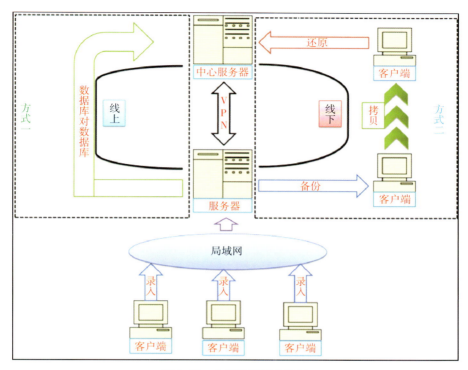

图5-31　业务数据同步机制

　　线上数据同步。通过利用网络数据传输的方式，将部分考古业务数据从文物考古工作队上传同步到海南水下考古研究中心平台。而线上数据同步方式上传的数据有限，只能传输文字记录信息和一些小的图片文档信息。具体数据包括：考古水域、沉船、遗迹、遗物、采样等所有文字记录数据；照片和经过处理的绘图的缩略图、压缩图等图片数据；经过处理的视频数据；其他与考古相关的小量的业务数据。在海南水下考古研究中心平台可以正常查阅这种机制上传后的所有水下考古业务数据，但是对于大文件数据只能看到经过处理后的效果，原始大文件数据还是留在了文物考古工作队的终端上。

　　线下数据同步。线下备份还原数据同步机制是对线上网络数据传输方式的补充，可以将所有的考古相关的数据同步到省级平台上。它以文物考古工作队为单位进行数据的备份，将该工作队的所有相关数据打包，然后在海南水下考古研究中心平台将打包的数据全部还原到升级数据库中。具体包括：考古水域、沉船、遗迹、遗物、采样等所有文字记录数据；所有照片、视频、绘图、三维数据、影像数据、地图等大文件数据。

第三节　项目实施规划

项目实施过程中将严格按照下列要求开展工作：保证在预定时间内完成项目实施、数据采集、数据处理并提交所有成果；保证制定项目实施管理办法，制定详细的实施计划；提供详细、全面的人员培训计划；参考同行业、同类型企业最佳业务实践，结合海南省博物馆的实际情况，提供关于项目规划、解决方案等咨询服务；严格按照磋商文件中要求的项目交工期，保质保量完成工作；项目实施中引入风险管理，分析项目实施过程中可能遇到的风险，提出对项目实施风险进行预防与管控的手段；项目实施中引入质量管理，提出衡量项目实施质量的标准，以及实施质量出现偏差时的纠正措施；提供数据成果发生故障时的数据成果应急预案；提供相关的技术咨询服务；所有测绘工作将严格按照《摄影测量与遥感专业标准》等标准进行安全、规范作业。

一、项目实施方法

项目管理方案遵循国家各项标准要求来指导项目实施管理。

项目策划活动包括明确项目范围、确定项目组织结构、选择项目生命周期模型、定义项目实施过程、对项目任务进行拆分并识别项目工作产品、进行估算（规模、工作量、进度估算等）、制定风险管理计划和培训计划等活动。项目策划的结果将形成文档化的项目计划，包括软件开发计划、配置管理计划、质量保证计划、培训计划等。这些计划将提交给海南省博物馆以及公司高层管理人员进行审批，审批通过后即开始项目实施工作。

基于对成功项目的管理经验，总结为以下几点：提高项目运作的规范性；提高异地项目运作的可控性；使项目按时验收；降低项目成本；提高客户满意度；确保项目质量。

1.项目管理计划

项目工作方法、制度是确保项目成功的基石，项目工作管理是面向目标和目的、面向规范工作过程的管理。因此，目标目的的严肃性必须严格强调，工作过程的规范化应得到首要的尊重。依照所规定的内容制定《项目实施方案》，对项目总体工期及各实施阶段的工作任务、时间进度、人员安排及系统验收做出明确规定后实施。

项目计划是项目实施工作的执行依据，在项目实施工作开始之前必须提交项目计划，否则不允许执行下一步工作。项目计划必须经认真讨论确定，保证计划的可行性。项目计划分为总体计划、阶段计划、月计划、周计划；也分为进度计划、人力计划、资源计划、资金费用计划。项目计划必须以明确工作目标和工作任务为前提，因此各类计划应按阶段、按工作目标和任务的明确落实为下阶段各类计划的制定开始日。进度计划中应包括项目组工作安排和对于与项目有关的其他各方面的工作安排。

2. 风险管理措施

在完成风险识别及整理后，必须就各项风险对整个项目的影响程度做出分析和评价，将风险信息转换成统计数据，便于今后有重点地监视及处理风险。

制定风险计划时，首先根据风险度确定风险的优先级，并考虑以下五个关键点：是否对风险了解足够多，是否能容忍风险出现的结果，能否避免风险，能否减少风险出现的可能，能否减少风险出现的影响。

针对风险分析的结果（风险评估报告），制定风险预案，关注风险度高的风险，计划如何尽可能地减少其发生的可能性条件，设定预案执行的触发条件，以确定何时启动预案。风险控制把风险管理融入项目日常管理中，以确保风险管理的持续性。风险控制包括：预防风险，主要指重视对项目团队的教育培训和按规定执行管理制度；转移风险，采取项目外包、寻找合作伙伴的手段分散项目风险；回避风险，当项目风险潜在的可能性极大且后果严重时，可通过改变项目来回避该风险，例如修改项目范围、结构等；接受风险，以延长实施周期、增加项目费用等方式承担风险的不利后果，不影响项目整体；采取后备措施，在项目计划时为风险预留后备费用、进度时间或技术力量等。

根据经过风险跟踪形成的风险评估报告，相应地调整风险计划，修改触发条件，并报告这一阶段的风险管理过程。

3. 项目管理措施

严格遵循ISO9001-2000质量管理和质量保证标准。软件质量保证的实施从纵向和横向两个方面展开。一方面要求所有与软件生存期有关的人员都要参加，另一方面要求对系统开发的全过程进行质量管理，要求整个项目组齐心协力，不断完善系统的开发环境。同时还需要与用户共同加强沟通、协调，双方通力合作。

质量目标。质量管理体系的策划、建立，并形成质量管理体系文件；质量体系文件的配备、贯彻实施率达100%；组织质量内部审核，覆盖、到位率达到100%；顾客满意度≥98%；在客户原因，合同及时完成率≥99%；客户投诉处理率达100%；售后服务工作，处理率达100%。

为了开发高质量的软件，从计划阶段开始，就要明确软件的功能，还要明确软件应达到什么样的质量标准，即制定软件的质量目标。为了达到这个目标，在开发过程中的各个阶段进行检查和评价。在做质量评价时，需要有对质量进行度量的准则和方法。软件质量度量和保证的条件有以下几项，见表5–3。

表5–3　条件定义表

质量因素	定义
界面友好性	用户界面友好、容易操作
效率	为了完成预定的功能，系统需要的计算机资源的多少
安全性	在硬件发生故障、输入的数据无效或操作错误等意外环境下，系统能做出的适当响应的程度；对未经授权的人使用软件或数据的企图，系统能够控制（禁止）的程度
可操作性	系统在完成预定应该完成的功能时令人满意的程度
风险性	按预定的成本和进度把系统开发出来，并且为用户所满意的概率
可理解性	理解和使用该系统的容易程度
可扩展性	诊断和改正在运行现场发现的错误所需要的工作量的大小
可改进性	修改或改进正在运行的系统需要的工作量的多少
易测试性	软件容易测试的程度
可移植性	把程序从一种硬件配置和软件系统环境转移到另一种配置和环境时，需要的工作量的多少
可推广性	在其他应用中该程序可以被再次使用的程度（或范围）
适应性	能适应各种用户要求、软件类型和规模，并能够度量
易学性	不需要特殊技术，软件技术人员人人都容易掌握
针对性	不是在检查时才改进质量，而必须从设计阶段起就确立质量目标，在各个阶段实施落实
经济性	考虑如何才能把质量度量和保证所需要的费用控制在适当的范围内

质量保证是贯穿项目全生命周期的有计划、有系统的质量活动，经常性地针对整个项目质量计划的执行情况进行评估、检查及改进等工作，向项目管理人员、用户确保项目质量与计划保持一致，以实现对软件项目产品的输出提供质量保证。通过对软件开发过程的监控和管理，保证软件的开发质量。保证开发的成果产品与软件开发过程符合相应的质量体系标准和规范。保证软件产品、软件过程中存在的不合理问题能得到及时有效的处理。确保项目计划、标准和规程适合项目组的需要，同时满足评审的需要。

二、仪器设备使用

依据本项目建设情况，特制定出投入设备清单（表5-4）：

表5-4　设备清单

设备名称	型号	投入数量
地面三维激光扫描仪	Faro Focus 3D-120	1
靶球	Faro原装靶球	2
手持式三维激光扫描仪	形创 Handy SCAN700	1
全站仪	ATS-620	1
相机	尼康D810	3
镜头	Nikkor 24-70mm f/2.8G	3
灯箱	金贝影棚灯	3
笔记本	Thinkpad T540	4
台式电脑	I7处理器、32G内存组装机	12

1. 船板数据采集设备——地面三维激光扫描仪

"华光礁Ⅰ号"沉船船板数据采集使用地面三维激光扫描仪高效完成。地面三维激光扫描仪主要由主机、三脚架、定位物体等组件构建，其测量范围广、测量速度快，平均7分钟每站的测量速度可精细获取几平方米甚至上百平方米的测量范围，测量获取的高密集三维激光点云依据逆向建模技术可快速拟合船板组建的三维素模成果，结合高清纹理影像最终可输出逼真、可量测的三维原真模型。

本次船板三维点云数据采集拟用法如Faro Focus 3D地面三维激光扫描仪，其参数指标如表5-5所示。

表5-5　Faro Focus 3D地面三维激光扫描仪参数

测距原理	相位式
激光发射频率	97.6万点/秒
激光测距精度	±2毫米
作业温度	5℃~40℃
内置相机像素	7000万
存储方式	SD等
主机重量	5.0千克
尺寸	长×高×宽：240毫米×200毫米×100毫米
发射范围	垂直视野：305°；水平视野：360°

2. 文物数据采集设备——手持式三维扫描仪

使用手持式三维扫描仪对60件出水文物（瓷器、铁器10件，大型雕像50件）的三维几何结构进行全方位的数字化采集。手持式三维激光扫描是一种非接触式，可快速、精细化获取文物信息的高新技术，它具有轻便、高速、高精度、高密集的特点。依据文物精准空间点云数据和高清纹理影像，可精细化还原文物三维空间信息，由于其精度高、效果逼真，可以说是文物艺术造型及相关信息的忠实仿真。

本次出水文物三维点云数据采集拟采用形创Handy SCAN700手持式激光扫描仪完成，其测量精度高达0.03毫米。

形创Handy SCAN700手持式激光扫描仪参数如表5-6所示。

表5-6　形创Handy SCAN700手持式激光扫描仪参数

扫描区域	275毫米×250毫米
光源	7束交叉激光线（+1额外一束）
激光类别	Ⅱ（人眼安全）
分辨率	0.0500毫米
精度	0.030毫米
体积精度	0.020~0.060毫米/米
体积精度（结合Max SHOT 3D）	0.020~0.025毫米/米
基准距	300毫米
景深	250毫米

3. 高清纹理采集设备——专业单反相机系统

船板及出水文物的高清纹理数据力求拍摄完整，尽量保持正射角度并尽可能减少摄入冗余信息。实际拍摄时，将使用专业单反相机系统高效获取船板及出水文物多角度高清纹理影像，为船板和出水文物信息数字化保存及三维精细化展示、虚拟复原动画制作等成果输出提供数据支撑。

本项目纹理数据采集拟采用尼康Nikon D810相机、AF-S Nikkor 24-70mm f/2.8G镜头、三脚架等拍摄设备完成。

尼康D810相机主要参数如表5-7所示。

表5-7 尼康D810相机主要参数

产品类型	高端单反
操作方式	全手动操作
传感器类型	CMOS
传感器尺寸	全画幅35.9毫米×24毫米
最大像素数	3709万
最高分辨率	7360×4912
高清摄像	全高清（1080）
影像处理器	EXPEED 4
对焦方式	自动对焦
对焦点数	51点 （包括15个十字对焦点）
连拍功能	支持（最高约7张/秒）
曝光模式	光圈优先（A） 快门优先（S） 手动曝光（M） 程序自动曝光（P）
尺寸	146毫米×123毫米×81.5毫米
文件格式	图片： NEF（RAW） TIFF（RGB） JPEG NEF（RAW）+JPEG

尼康 AF-S Nikkor 24-70mm f/2.8G 镜头主要参数如表5-8所示。

表5-8 尼康 AF-S Nikkor 24-70mm f/2.8G 镜头主要参数

	镜头定位	135毫米全画幅镜头
主要性能	镜头分类	单反镜头
	镜头类型	变焦
	镜头结构	11组15片（包含3个ED镜片，3个非球面镜片和1个纳米结晶涂层）
	镜头卡口	尼康F卡口
	对焦方式	M/A（手动优先自动对焦）和M（手动对焦）
	滤镜尺寸	77毫米

光学参数	最大光圈	F2.8
	最小光圈	F22
	光圈叶片数	9片
	焦距范围	24～70毫米
	最近对焦距离	0.38米
	最大放大倍率	1/3.7倍
	防抖性能	光学防抖（VRⅡ）
其他参数	镜头直径	83毫米
	镜头重量	约900克

第六章 "华光礁Ⅰ号"沉船文物的
数字化保护

  我国是有悠久历史的文明古国，中华民族创造并留下了丰富多彩的文化遗产。文物是我们宝贵的历史文化遗产，保护文物就是传承历史文化与文明，文物作为文明沿袭的具象载体，各种形式的文物遗产，值得我们致以最大的敬意，这种敬意就体现在保护上，同时也应该看到，文物的背后，是深厚的文化底蕴，以及所隐藏的智慧和精神。习近平总书记率先强调："文物承载灿烂文明，传承历史文化，维系民族精神，是老祖宗留给我们的宝贵遗产，是加强社会主义精神文明建设的深厚滋养。"如何在保护好文物的同时更好地发挥文物作用，习近平总书记也有着深入的思考，先后提出"让文物说话、把历史智慧告诉人们，激发我们的民族自豪感和自信心"，"让收藏在禁宫里的文物、陈列在广阔大地上的遗产、书写在古籍里的文字都活起来"，努力展示中华文化的独特魅力，是文物部门和广大文博工作者应该肩负的历史责任，是建设社会主义文化强国的应有之义，这为新时期博物馆文物保护管理与展示工作指明了新的方向。

第一节 概述

  海南省博物馆是海南省"十二五"重大文化建设项目，被评为海南六大最美建筑之一。于2008年开馆，馆址位于海南省海口市国兴大道76号，是海南省内唯一一座综合性博物馆，为国家一级博物馆、国家4A级旅游景区。

  海南省博物馆占地60余亩，建筑面积达到44500平方米，展厅区域面积12000平方米，库房区域面积9300平方米。海南省博物馆以"南溟奇甸"为展览主题，策划出由三个基本陈列包括"南溟泛舸——南海海洋文明陈列""方外封疆——海南历史陈列""仙凡之间——海南风情陈列"，两个专题陈列"木中皇后——海南黄花梨陈列""香中魁首——海南沉香陈列"和四个非物质文化遗产陈列"琼工坊——海南传统手工技艺陈列""琼肴街——海南饮食文化陈列""琼崖村——海南少数民族非遗陈列""琼戏台——琼州表演艺术陈列"组成的完整展陈体系,将明代理学名臣丘濬《南溟奇甸赋》中描绘的海南奇景真实呈现。海南省博物馆目前馆藏文物26040件(套),主要包括陆地考古文物、出水文物、传世文物、近现当代文物以及民族文物,文物类别涉及陶瓷器、金属器、玉石器、牙骨角器、织绣、钱币、古籍图书等,其中以南海文物和海南历史民族民俗、华侨文物最具特色。

在博物馆数字化发展趋势下,加强文物保护工作、发挥文物历史价值显得尤为重要。如何"让文物活起来",在坚持科学有效保护的前提下,积极推进文物利用,充分发挥文物价值,博物馆的数字化建设为此提供了新的契机。利用先进的数字化采集设备,精选"华光礁Ⅰ号"珍贵出水文物及沉船木板为对象,全面、准确、完整的采集文物的三维空间数据信息,通过近景摄影测量及3D数字建模技术,制作文物三维交互和船体虚拟复原动画等数字成果,多种数字化成果以高还原度、高精度、可视化操作等特点,通过互联网络可应用于博物馆、桌面电脑、移动设备等多种场合、终端上进行文物的展示、研究、教育,同时运用计算机网路技术、数据库技术定制化开发"华光礁Ⅰ号"沉船出水文物数字化管理系统,实现船体构件、船板和其他出水文物的文字、照片、线图、三维等数据的录入、管理、查询、分析、研究及展示功能。在不对文物本体造成任何损害的基础上,不仅实现了"华光礁Ⅰ号"文物信息的永久性保存和科学化管理,同时人们可以面对面、接触式、无限制地浏览欣赏文物,了解"华光礁Ⅰ号"沉船背后的历史故事,学习文物埋藏的文化底蕴。这为海南省博物馆数字化建设,海南省乃至全国文博事业发展奠定了坚实的基础。

一、文物数字化保护的意义

在国家大力推动文化事业发展的背景下,本项目的建设有着重要意义。

1.加强文物保护,弘扬传统文化

自古以来,广袤无垠的南海就是连接中国大陆与外部世界的重要通道。早从秦汉开辟海上丝绸之路以来,中国历代的官船、商船和渔船不断地穿梭航行于茫茫大海上,进行商贸往来和捕鱼生产。在漫长的历史岁月中,中国人民在南海航行中同大自然进行了顽强的抗争和搏斗,付出了沉重的代价,在南海海域留下了许多历史文化遗产,这其中就有古代沉船遗址。这些沉船遗址包含有珍贵的历史信息,它们分别记录着中国不同历史时期的灿烂文明，是探索和研究海上丝绸之路发展历史的重要文物资料。其中，在西沙群岛发现的"华光礁Ⅰ号"沉船遗址及其出水的遗物就是南海丝绸之路上陶瓷贸易的历史见证。

保护历史文物是国家法律赋予每个人的责任，也是实施可持续发展战略的重要内容，是传承中华优秀传统文化的必然要求，更是实现中华民族伟大复兴的重要条件。通过数字化技术，采集"华光礁Ⅰ号"沉船及出水文物数据，可以实现文物信息的永久保存。先进的技术手段，还为文物的修复、船体建构解读及虚拟复原展示等工作提供了参考和支撑，使得那些历经百年、千年的历史文物能够一直流传下去，我们的子孙后代也能亲身感受"华光礁Ⅰ号"沉船背后海上丝绸之路贸易的辉煌历史。

2.推进文物利用，发挥文物价值

文物被束之高阁，不代表文物的价值也被束缚在保管空间内，文物的保护与利用不是矛盾的关系。在保护的前提下，充分利用数字化技术，采集制作文物及船体三维交互和虚拟复原动画成果，应用于博物馆、个人设备、互联网络等大、多、广的平台，进行文物的展示、教育、研究等相关业务与服务，使文物"走出"了保管空间，"走出"了博物馆，"走近"了人群，使越来越多的专家学者、社会大众可以了解、研究沉船所反映的各方面的社会、历史、文化价值。

3.拓展文物信息，助力数字建设

以往海南省博物馆静态化的文物展示方式，虽然在数字化体系下，展厅构建无线覆盖、语音导览等，但文物展示信息还只是简单的名称、器形、纹饰、尺寸等文字说明，远远不能满足公众的好奇心和探索欲望，也达不到历史传承和发挥博物馆教育职能的目的。通过数字化技术，呈现高精度的精美船体及文物三维信息成果，可移动操作的交互设计，改变了以往博物馆与游客间单调的"物-人"信息传递方式，建立了"人-数字-物"之间可双向传递的信息交流，拓展了文物与人的信息交流，促进海南省博物馆的数字化建设。

4.提升业务流程，实现科学管理

随着国家在可移动文物领域推动的重大项目建设，海南省博物馆积累了大量的数据资源。这些数据在目前的管理和使用过程中存在分散、不能保证唯一准确、缺乏交流与共享等问题，这就造成馆藏文物资源的作用难以得到有效发挥。因此，海南省博物馆出水文物数字化管理系统的建设具有十分重要的意义。

二、数字化系统建设思路

本项目数字化建设拟以海南省博物馆精选的400余块"华光礁Ⅰ号"沉船船板和

60件珍贵出水文物为对象，利用三维激光扫描仪、多视图像摄影等数字化采集设备，全面、准确、完整地采集船板及出水文物的三维空间和纹理信息，制作多种数字成果，并构建基于B/S（Browser/Server）模式的文物数字化管理系统。文物的数量、种类、尺寸以及系统的功能模块等均是建设过程中需要考量的关键因素，因此本次建设以"相互协调、坚持统一、开发平台"为核心思路。在数据采集时，对于不同类别的文物、不同尺寸的文物，应相互协调以适应文物变化，从而减少由此对采集工作可能带来的影响。坚持统一，即不论任何文物，数据采集均沿用统一设备、统一技术、统一标准、统一规范，在数据处理的过程中也采用如此思想。开发平台，即系统开发时将充分考虑数据互导及后续开发应用的开放式接口，便于系统的集成和优化。

如此，以"相互协调、坚持统一、互联互通"为思路指导才能确保最终沉船船板及文物数据成果没有偏差、遗漏和错误，确保系统的高度开放和数据互导，完整有序地完成该项目的实施建设。

三、数字化系统建设原则

为保障本项目各项建设任务的顺利进行、稳步推进，"华光礁Ⅰ号"沉船数字化数据及出水文物数字化管理系统建设将遵循"统筹规划、集中实施、强化管理、统一规范、开放平台、吸引资源、用户为本、建以致用"的原则。

1. 统筹规划、集中实施

本项目涉及大量船板及珍贵出水文物的采集、制作以及展示程序设计，是一个庞大的开发及数据建设类工程，其技术新、投资大、内容广，为确保工程建设的顺利进行，必须首先做好统筹规划工作，制定建设的总体方案。同时，为了解决可能存在的系统问题并有效地发挥作用，拟采取边建设、边开发的集中实施方法。

2. 联合共建、互联互通

在船板及文物三维数据成果建设的过程中，要充分利用现有资源，发挥博物馆各级部门领导及工作人员的积极性，始终坚持联合共建的原则，实现互联互通，促进最广泛的资源共享，避免重复建设。

3. 安全可信、先进可靠

建成后的船板及文物三维数据成果必须符合国家有关的文物信息、计算机信息、数据信息、系统信息等各方面、各种类安全要求，总体数据成果要求达到国内先进水平，各数据、系统具有完善的安全机制。

4. 经济实用、灵活方便

船板及文物三维数据成果建设，将充分考虑各级部门的业务特点，充分研究相关的技术和产品，选用经济实用、满足要求的安全技术方案和管理措施。同时，以用户为中心，尽可能降低安全技术的使用给用户带来的不便，合理制定数字化管理系统的开发流程。

5. 统一标准、统一规范

统一标准是建设本项目的最基本要求，是数据互联互通、信息共享交换的前提。同时，数字化管理系统建设将按照统一的规范进行规划设计，严格遵循有关信息系统安全管理的规定及建设规范。

本次出水的船体在国内实属罕见，对研究我国古代造船史有着重要意义。首先它的船板层数多，大部分有五层，局部有六层，而且船板体量大，大部分主要船板长度均在5米以上，最长的达14.4米，宽度30厘米以上，最宽的达48厘米（63号板）。此次采集的船板共511个编号，约1500块，保存于海南省博物馆沉船保护实验室去离子水池（图6-1）。

图6-1 "华光礁 I 号"沉船船板

四、数字化系统建设开发依据

为保证“华光礁Ⅰ号”沉船数字化数据及出水文物数字化管理系统项目的科学性、规范性和实用性，项目在进行技术设计时需要严格遵照国家文物局和国家测绘局的相关规定，以及国家和行业颁布的相关技术标准、规范。

1. 文博行业相关依据

《博物馆管理办法》（2005）；

《博物馆藏品管理办法》（1986）；

《全国馆藏文物信息资源管理办法（讨论稿）》（2004）；

《国家一级文物藏品档案信息资源管理办法（讨论稿）》（2004）；

《中国博物馆藏品信息暂行规范》（2009）；

《文物藏品档案规范》（WW/T 0020–2008）；

《博物馆藏品信息指标体系规范（试行）》（2001）；

《博物馆藏品信息指标著录规范（试行）》（2008）；

《馆藏珍贵文物数据采集指标项及著录规则》（2008）；

《文物信息系统数据质量管理技术规范（内部）》（2008）；

《馆藏珍贵文物数据采集与更新工作规范（内部）》（2008）；

《数码相机拍摄技术》（2009）；

《博物馆藏品二维影像技术规范（试行）》（2001）；

《博物馆藏品影像数据编号、存储》（2009）。

2. 互联网IT相关依据

《IP承载网安全防护要求》（YD/T 1746–2013）；

《IP承载网安全防护检测要求》（YD/T 1747–2013）；

《互联网网络安全设计暂行规范》（YD 5177–2009）；

《互联网数据中心安全防护检测要求》（YD/T 2585–2013）；

《通信网络安全防护管理办法》（2010）；

《移动互联网恶意程序描述格式》（YD/T 2439–2012）；

《移动互联网恶意程序检测与处置机制》（2013）。

3. 摄影测量相关依据

《近景摄影测量规范》GB/T 12979–2008；

《工程摄影测量规范》GB 50167–2014；

《工程测量规范》GB 50026–2020。

第二节 数字化管理系统建设的必要性

一、博物馆数字化领域发展现状

1. 博物馆事业发展迅速

博物馆是社会历史文化的重要载体，是理解过去，思考当下，启示未来的重要公共文化场所。随着经济社会的发展，我国的博物馆事业正处在快速发展的时期。2013年在文物行政部门报送备案的博物馆已达4165家，比上一年增加了299家，其中国有博物馆3354家，民办博物馆811家，民办博物馆所占比例由2012年的16.7%上升到19.5%。据统计，全国已有超过2700多座博物馆向社会免费开放，每年举办各类陈列展览达2万余项，接待观众超过6亿人次。博物馆融入社会的步伐在日益加快，服务社会的功能在日益凸显，以陈列展览和社会教育为核心的公共文化服务功能正发挥着日益重要的作用。博物馆展览展示和教育活动更加丰富多彩，区域、国际交流更加广泛深入，越来越多的人走进博物馆，感受文化与艺术的气息，获取科学与自然的知识，领受社会与人文的教益。

2. 高新技术运用如火如荼

随着信息世纪的到来，科技水平快速提高，基于高新技术的各类媒体、传播手段像空气一样迅速渗透到人们生活的方方面面。博物馆传统的"文物加上解说牌"或"讲解员一般性介绍"已经落后于时代的发展，使观众感到沉闷乏味甚至厌倦，并且这些传统的手段难以完整的诠释蕴含深厚历史文化的珍贵文物。我国是一个历史悠久的文明古国，在世界文明史上扮演着重要角色。就中国国家博物馆的藏品来说，从石器时代、商、周乃至汉、三国、两晋、南北朝，直至唐宋元明清各朝代的精美艺术品，其种类、形制可谓千差万别，这也恰好为现代多媒体数字技术提供了广阔的舞台。博物馆已经不仅仅是文物和标本的收藏机构，也是传播知识的科普教育机构和科学研究机构。在新技术的带动下，很多博物馆都借助计算机多媒体技术完善博物馆的展陈工作，实现藏品和观众之间更多的、更深层次的交流与互动。

3. 数字化建设成为主要内容

现代社会，以数字技术为核心的信息技术、互联网已经成为人们日常生活中不可或缺的组成部分，数字技术为博物馆的藏品管理、展陈设计、互动传播等多个方面带来了无限的拓展空间。传统实体博物馆因观念、技术、场地、展陈能力限制，以及出于对文物保护的考虑，所展示的文物信息量往往不足，大量藏品没有展出机会，而且在时间、空间、展示形式上也受到诸多局限，制约了博物馆社会教育和文化传播的功能。为此，数字博物馆应运而生。数字博物馆为传统实体博物馆带来了革命：将实体的文物以数字化的形式展示给观众，借助多媒体、虚拟现实等方式在实体博物馆内搭建数字展厅，以实现传统展览不具备的展示功能；依托互联网，搭建网上虚拟博物馆，实现藏品在线展示。目前，国内许多博物馆均在努力开拓数字化管理、展示平台。

二、海南省博物馆数字化现状

海南省博物馆是海南省唯一的地方历史与艺术综合性博物馆，2012年申报成为国家一级博物馆。其前身是1984年开始筹建的海南博物馆，1990年海南省政府正式批准成立"海南省博物馆"，1996年海南省文物考古研究所挂牌成立，两者合署办公。2008年11月15日海南省博物馆一期建成并开馆，2017年5月18日二期开馆，2018年2月8日一期提升改造完毕迎来全面开馆（图6-2）。自2008年开馆以来，海南省博物馆成功举办各类展览330余场，接待各界观众达640余万人次，特别是先后成功接待多位中央领导同志及来自全世界十多个国家地区的重要来宾多达数百人次，受到社会各界广泛

图6-2　海南省博物馆

好评。海南省博物馆因其造型独特、展览丰富，已成为省会海口乃至全省的地标性建筑和一道亮丽的人文风景线，吸引了众多中外游客纷至沓来，为海南国际旅游岛的文化建设做出了积极贡献。

海南省博物馆馆藏文物数量众多，有浑厚凝重的铜器、绚丽夺目的陶瓷器、笔墨精妙的书画等，其中尤以唐三彩马、"越王亓北古"错金铭文青铜复合剑、宋青白釉花口凤首壶三件镇馆之宝最为珍贵，这些文物都是海南历史和文化的重要见证。

当前，海南省博物馆针对珍贵文物数字化的保护与利用，先后完成了部分数字化建设，包括海南省博物馆新门户网站建设、网上虚拟展馆"陶瓷撷英"和"大海的方向"制作等一系列数字化成果，并取得良好反响（图6-3至图6-5）。

图6-3　海南省博物馆官网

图6-4　网上虚拟展厅

图6-5　馆藏精品文物展示

三、博物馆文物数字化需求分析

1. 用户群体分析

本项目建设成果既可面向博物馆工作人员，也可为广大社会公众提供服务，满足人民群众日益增长的文化学习、教育、欣赏需求。不同的用户对于文物数据成果有不同的需求，因此本项目的实施建设需以用户群体为中心，充分考虑其需求。

（1）社会公众

广大的社会公众大多不了解"华光礁Ⅰ号"沉船的历史价值，也不具有博物馆和文物考古的专业背景，但他们迫切希望通过"华光礁Ⅰ号"沉船虚拟复原动画及出水文物交互成果获取沉船背后的历史故事和文化底蕴，能从数字化成果中获得教育，扩展自己的知识面，加强自己对"华光礁Ⅰ号"沉船及相关文物的了解。不同的公众因职业、年龄、文化程度的不同，对博物馆的理解程度也不一样，因此针对社会公众，项目成果将带给社会公众丰富的数字化文物知识以供学习。

（2）青少年学生

青少年是祖国的未来，博物馆的文化知识教育对于青少年显得尤为重要，青少年可以从数字化成果中学习到丰富的文物历史文化知识，民族文化由此得以一代代传承下去。青少年对博物馆、对知识具有十分浓厚的猎奇心，但其知识、理解、学习能力有限，针对青少年这一重要群体，本项目文物三维交互成果具备放大、缩小、旋转、测量等人机操作，有助于青少年对文物建立整体而又细致的认知；影视级的"华光礁

Ⅰ号"沉船三维虚拟复原动画则可让青少年沉浸于历史的长河中，探索曾经辉煌的南海丝绸之路。

（3）博物馆行业工作者

博物馆工作者需要深度挖掘"华光礁Ⅰ号"沉船文物背后深藏的历史、文化、政治、军事、经济等价值信息。多维度、多元化的数字成果，可为博物馆工作者及相关领域的专家学者提供多视角、深层次的分析数据，科技助力文物保护及研究工作。

2. 文物数字化保护与研究需求

海南省博物馆内的珍贵文物历经千百年久经风霜，尤其是"华光礁Ⅰ号"沉船，虽在特殊环境中保存但早已脆弱不堪，容易受到来自外界各个因素的损害，文物的保护工作一直在考验着博物馆内的管理人员。利用数字化设备，采集船板的三维数据，制作船板三维数据成果，只要数据存储安全，即可实现文物信息丝毫不差的永久记录和保存。同时船板三维数据成果，可以为船体的实体修复和构造还原提供重要参考，为文物保护修复工作开辟新的途径。

文物保护的初衷在于能使更多的人见证到历史文物，了解文物背后的历史、文化、故事，一代代继承优秀的传统文化，应用数字化技术一切尽在掌握。

3. 文物数字化展示需求

文物保护的目的即是合理的开发利用，随着文化事业的发展，生活水平的提高，人们对于公共文化的学习、教育、欣赏的需求日益增长，博物馆作为重要的社会公共文化服务场所，承担着义不容辞的社会责任与压力。目前，海南省博物馆馆内大多以实物静态化的展示方式、网站则以文物二维静态图片搭配文字为主，无法提供深层次、多样化的文物展示内容，难以满足公众对于文化的"消费"需求。文物的合理利用，发挥文物的价值，迫切地需要进一步拓展文物的数字化展示方式，且改变以往单调的"物－人"形式的信息传递方式，让观众可以与文物进行亲密互动。

利用数字技术，制作沉船及出水文物精细三维成果，不仅可向观众展示文物高清、细致的三维立体信息，还可实现文物的任意旋转、放大、缩小等交互操作，深入满足社会大众的参观需求。

4. 博物馆数字化建设需求

在数字化保护方面，海南省博物馆已做了较多工作，在文物本体信息化采集、展厅全景拍摄、文物360°环拍、馆藏管理、展陈展示、观众管理等方面均有所涉及。但是，海南省博物馆在文物数字化保护方面仍然处在起步阶段，相关数字化保护软件虽然已经建立，但是功能不完善，深度不够，共享共建存在诸多问题。

海南省博物馆出水文物数字化管理系统总体架构在国家统一标准和范式下进行设计和开发。总体架构基于SOA的设计思想，将各业务流程以及相关的通用支撑应用进行封装，并利用虚拟化和应用服务引擎对应用、服务和业务系统进行集成，使得它们相互之间能够进行数据的交换、通信和调用，通过服务编排技术可以将粒度较细的服务进行有序组合，快速形成粗粒度的功能和应用，使得应用的开发和使用复杂度降低。

第三节　文物数字化建设

以海南省博物馆精选400余件"华光礁Ⅰ号"沉船船板、50件石雕及10件出水陶瓷器为对象，利用三维激光扫描仪、高清数码相机等数字化采集设备，全面、准确、完整的采集船板和出水文物的三维几何及纹理数据，依据高精度、精细化的原始数据，制作多元化数字成果，并开发出水文物数字化管理系统和考古测量仪操控软件，具体包括外业数据采集、现状船板三维建模、出水文物三维模型及三维交互成果制作、文物线图成果绘制、现状船体组装三维动画制作、船体虚拟复原三维动画制作、系统开发等工作。

一、建设内容

1. 船板数据采集和三维建模

采用三维激光扫描测绘、多视图像摄影建模、高清纹理采集等测绘新技术手段，对400余件船板进行数字化测量和建模，所摄纹理照片满足原真性、统一性、连续性的要求，为"华光礁Ⅰ号沉船"的展示宣传、科学研究和数据成果管理提供基础数据。具体包括：

基础点云数据：扫描采集每件船材的点云数据，格式为.XYZ；

二维线图：包括每块船板的平、立、剖面图，格式为.DWG；

三维模型：包括每块船板三维模型，格式为.MAX；

三维模型交互软件：如龙骨、桅座、肋骨、舱壁板、船壳板等共计30块三维交互船板，格式为.EXE；

现状船体组装三维动画制作：动画视频格式为.MP4，动画时长5分钟；

完成船体虚拟复原三维动画制作：动画视频格式为.MP4，动画时长5分钟。

2. 其他出水文物数据采集和三维建模

完成60件出水文物的二维线图、三维模型和交互制作。具体包括：

基础点云数据：扫描采集60件器物的点云数据，格式为.XYZ；

二维线图：每件文物的平、立、剖面图，格式为.DWG；

三维交互软件：包括每件器物，格式为.EXE。

3. 沉船出水文物数字化管理系统

开发1套"华光礁 I 号"沉船出水文物数字化管理系统。具体包括：

用户信息管理；

系统用户管理：系统使用人员管理（登录用户和权限管理）；

出水文物管理：文物登记信息管理，包括文物质地、时代、大小、用途等信息的管理；

文物照片、线图、三维模型数据的管理；

出水文物查询：根据文物时代、质地、记录人等信息对文物进行查询；

出水文物对比：对出水文物进行对比分析；

出水文物统计：根据文物时代、质地、器形、记录人、完残度等信息对文物进行统计分析；

报表打印输出：将出水文物登记表及各种统计表格打印输出。

二、数字化要求

1. 文物数据采集要求

（1）数据采集设备

为保证高效率和高质量完成船板及其他文物数据采集工作，地面三维激光扫描仪参数要求如下：

测距原理：相位式；

激光发射频率：低于100万点/秒，高于96万点/秒；

激光测距精度：不低于4毫米；

作业温度：5℃~38℃；

内置相机像素：不低于7000万；

储存方式：内置SD卡；

主机重量：不高于5.5千克。

（2）数据采集及制作

项目实施过程中必须保证文物的安全。要求采集得到的船体构件及出水文物（器物）原始数据能够满足考古数字化存档标准；项目成果提交应包含原始数据和最终成果数据；船板几何测量精度不得低于5毫米，器物几何测量精度不得低于2毫米；船板三维模型几何精度不得低于10毫米，器物三维模型几何精度不得低于5毫米；纹理拍摄前应采用标准24色色卡校色；船板及器物单张纹理分辨率不得低于2230万；单块船板三维模型三角网格面数量不得高于100万，单件器物三维模型三角网格面数量不得高于50万；单块船板贴图分辨率要求为4096×4096，贴图数量不低于2张，单件器物贴图分辨率要求为4096×4096，贴图数量不低于3张；并提供文物二维线图，包括每件船板和出水器物的平、立、剖面图，格式为.dwg。

（3）三维动画及虚拟复原动画

现状三维动画及虚拟复原动画要求分辨率为1280×720；出具动画脚本，应包含但不限于：要求具有龙骨营造方式（需体现船钉等构件）、要求具有肋骨营造方式（需体现船钉等构件）、要求具有隔舱板营造方式（需体现船钉等构件）、要求根据出水文物编号和已采集数据，虚拟组装龙骨、船底肋骨、舷侧肋骨、侧面船壳板、底部船壳板、铺舱板、隔舱板等构件的过程。

单件器物三维交互文件大小不得高于500MB；三维激光点云存储格式为.XYZ，数码照片存储格式为.JPG，三维模型存储格式为.FBX/.MAX。

所有测绘工作按照《摄影测量与遥感专业标准》等标准进行安全、规范作业。

2. 出水文物信息管理系统要求

（1）系统技术参数

系统架构：B/S系统架构；

开发平台：ASP.net软件开发平台，Flex开发平台；

开发语言：C#、JavaScript、Flex、Html；

数据库：SQL Server 2014；

服务器操作系统：Windows Server 2012；

客户端浏览器：支持IE9、IE10、Chorme等主流浏览器。

（2）数据库设计

考古业务数据库。考古业务数据库主要指考古研究所、考古工作队等业务部门在日常田野考古管理中产生的业务信息，如发掘记录表、出水器物登记表、陶片数量统计表等。目前业务部门基本都具有纸质的相关资料，但大都缺乏数字化及和空间信息的融合。考古业务数据库建设需要根据现有业务数据的内容和结构，定义专门的数据接口，将业务数据和空间数据有效组织在一起，形成一个可共享的考古业务综合信息数据库。考古业务数据库是以考古工地发掘记录、考古工地管理、考古工地过程数据等构成的数据库，业务数据库以编目的形式存储在数据库表中，业务数据表按一定规则分类组织。

专题文件数据库。是辅助业务单位进行考古发掘、管理业务的多媒体信息库，主要存储的是以照片、视频、三维模型、全景影像、绘图记录等为主的新型多媒体信息。该库建立了考古工地区域内所有发掘的数字档案多媒体信息，是管理者真正摸清家底、实现精细化管理的基础。

系统维护数据库。为整个系统的管理维护提供支持数据，保障整个系统的稳定、安全运行，应包括对用户权限、系统日志、数据字典等数据的设计。

（3）系统功能

该平台主要包括：录入子系统、检索子系统、分析子系统、展示子系统和后台管理子系统。要求功能齐全，页面设计合理美观。

录入子系统。负责实现水下考古遗址和水下文物的数字化入库功能。该模块可以满足集中式录入和分布式录入的需要，提供快捷灵活的录入方法。具体功能包括：

遗址工地信息录入。录入遗址的位置、大小、时代、考古单位、调查勘探时间、发掘时间、概况描述等文字信息；沉船遗址现场拍摄的各类图片，用于记录考古现场情况和遗址全貌的影像；沉船遗址现场拍摄的视频资料，用于记录考古现场情况和遗址全貌的动态影像；对于整个遗址相关的绘图，包括沉船平面图、剖面图等。

出水文物信息录入。出水文物登记，录入出水文物的相关记录，包括编号、质地、名称、器形、位置等基本信息；出水文物详细信息，根据不同的质地和器形录入文物室内整理之后的详细信息，如大小、颜色、重量、制作工艺、用途等；录入出水文物多方位拍摄的照片；录入出水文物的线图扫描件；录入对出水文物拍摄的视频文件；录入出水文物经过点云扫描和处理之后制作的三维模型。

检索子系统。负责实现数据的智能化检索，灵活地设置检索条件，以精确和模糊等多种匹配方式，快速地从海量数据库中抓取所需的各类数据资源，并加以呈现。以可视化管理平台集成考古工地采集文物的来源、年代、形状特征、保护现状、所在单位等各种文字、照片、视频等信息；能够通过该系统的查询功能将所采集的信息以先进、合理、美观的方式展示在电脑界面上，并提供多种查询方式。同时对于查询之后的结果可以进行对比展示功能，为考古研究工作提供便利。

统计子系统。提供各类统计分析工具、数据发掘工具，并灵活配置分析条件，开展各种分析研究工作，并将分析结果输出成各种所需的报表、文档。实现多种统计功能，如预置报表、自定义报表等。对于出水文物按照质地、时代、器形等信息进行统计，并生成统计表格和图形；提供多种统计图表样式，如二维表格、柱状图、点线图、饼图等。

报表打印输出。考古发掘工作过程中或结束后，都要输出大量的表格信息；根据需要可以对出水器物登记表以及统计的相关表格打印输出；系统提供根据系统数据库信息自动将出水器物登记表以及其他相关统计表格打印输出。

展示子系统。负责将丰富的考古发掘数据资源进行整合、加工，以直观、灵活的方式加以表现，包括不同类型数据的展示、各类研究成果的展示、考古发掘过程的展示、虚拟复原的展示等。首页工作空间显示与登录人相关的考古工地发掘基本信息，如工地名称、发掘状态、已发掘文物数量及最新编号等，另显示出水文物的统计图标。通过虚拟再现技术展示整个沉船模型以及文物。

后台管理子系统。后台管理子系统实现对管理系统的，应包括用户管理、数据字典管理、用户权限管理、系统日志管理等。

第四节　文物数字化管理系统总体设计

按照"华光礁Ⅰ号"沉船数字化数据及出水文物数字化管理系统规定的项目内容、技术要求以及需求，遵循国家标准及相关要求，完成建设任务。

一、总体架构

针对本项目建设内容设计了完备的总体架构，以先进的三维激光扫描、多视图像拍摄和高清纹理采集技术对"华光礁Ⅰ号"沉船船板及出水文物进行全方位的数据采集，完整、精细记录文物的几何结构与纹理信息，进而制作高精度船体和出水文物三维交互、组装动画和虚拟复原动画等数字成果，并开发出水文物数字化管理系统和考古测量仪操控软件，支撑博物馆宣传、教育、研究和观众互动体验等相关工作。总体架构图如图6-6所示。

支撑博物馆宣传、教育、研究和观众互动体验等工作

综合管理
研究展示

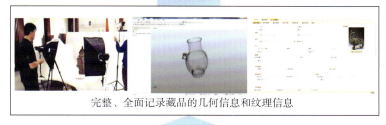

完整、全面记录藏品的几何信息和纹理信息

激光测绘
精细复原

先进的文物三维数据和高清数字图像采集技术

图6-6 珍贵文物数据采集总体架构

二、技术路线

"华光礁Ⅰ号"沉船数字化数据及出水文物数字化管理系统项目建设中，充分考虑了数据采集工作实施开展的具体情况，采取了符合项目规范的技术路线，分为数据建设阶段、系统开发阶段两个部分。

1. 数据建设阶段

现场踏勘项目实施环境，根据踏勘收集相关文物资料、环境数据，拟定采集计划，一旦采集计划确立，即组建数据采集人员、协调相关设备。数据采集完成后，根据采集的船板及出水文物三维点云数据和高清纹理数据进行三维数字建模，基于模型制作三维交互、船板线图、现状组装动画等成果，依据沉船考古资料、现状模型和专家指导意见完成"华光礁Ⅰ号"虚拟复原动画制作。

2. 系统开发阶段

根据博物馆业务需求定制化开发出水文物数字化管理系统和考古测量仪操控系统，其中出水文物数字化管理系统包括录入子系统、检索子系统、统计子系统、展示子系统、后台管理子系统五大模块，考古测量仪操控系统包括考古测量仪操控软件和考古测量同步归档工具两大模块。

具体技术路线如图6-7所示。

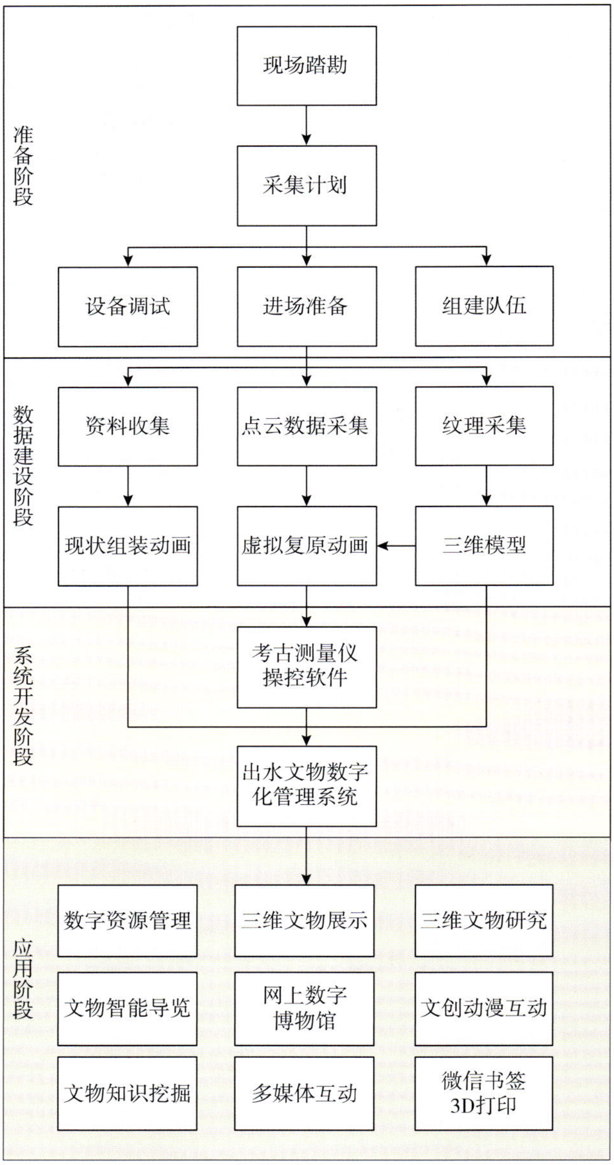

三、网络安全设想

网络安全问题是系统设计中最重要的内容之一。网络安全系统的安全防护可分为三个层次：系统自身的安全防护；系统为使用者提供安全服务所需的安全防护；数据传输过程中的安全保证。应合理设计网络拓扑结构，实施网络安全监测系统、防火墙系统、入侵检测系统、病毒防范系统和数据加密系统，并建立相应安全监测预警系统。

图6-7　文物数据采集技术路线

1. 网络安全

对访问控制、局域网内部规划、防火墙、VPN接入、Internet接入等进行设计，以满足系统的网络互连和访问的安全需求，提供Internet接入和服务的访问。

访问控制。服务器的访问控制主要是借助服务器系统自身的访问控制机制，严格管理用户保证，防止非法操作。基本思想是由用户在一个组织中担当的角色来确定用户的访问权限，安全的管理就可以根据需要定义各种各样的角色，并设置合适的访问权限，而用户根据其责任和权利被指派为不同的角色。这样整个访问控制过程就被分成了两部分，即访问权限与角色相关联，角色再与用户相关联，从而实现了用户与访问权限的逻辑分离。利用角色实施对系统资源访问权限的统一管理，可以明确区分哪些地方需要身份认证，经过了身份认证后访问控制要分权限。具有减少授权管理复杂性，降低系统开销的特点。

局域网内部规划。局域网内部面临的主要威胁是对局域网内资源的非授权访问。系统内部存储着大量重要数据，运行着关键业务系统，一旦被攻击，造成的损失就难以估计。因此，局域网内部必须加强管理，同时采取有效的安全措施来阻止内部攻击。局域网内部安全规划主要从子网间隔离、访问控制、安全监测、漏洞扫描和防病毒几个方面来考虑。

防火墙。类型主要分为两种：包过滤和应用代理。目前防火墙的功能越来越多，除上述基本的功能外，还采用NAT技术、VPN技术等。防火墙技术发展到现在，其技术发展趋势主要是在管理、功能、性能、抗攻击能力四个方面。防火墙中的内容安全性（病毒或恶意的JAVA和ActiveX Applets扫描）按照CVP（Content Vectoring Protocol）协议。防火墙中的Web资源管理采用UFP（URL Filtering Protocol）用于监控和防止用户误浏览无用网页而影响企业重要的信息传输。防火墙中的入侵检测使用SAMP（Suspicious Activity Monitoring Protocol）侦测对网络和专门主机进行的可疑探测，防止黑客对企业网络的攻击。

VPN接入。就是依靠ISP或其他的NSP（网络服务提供商）在公用网中建立自己的虚拟连接，在虚拟连接中达到与远程局域网连接的目的。VPN具有如下特点：解决了企业进行远程通信必须购置专用远程访问服务器，必须使用租用线路的高成本、低扩展性的问题；将远程网络主干通信的软硬件维护任务交给ISP管理，大大减少企业为了管理网络所投入的人力和物力，减少了企业的管理成本；利用点对点等隧道协议（PPP）以及第二层隧道协议（L2TP）可实现多点建立VPN，使用户可以开通多个VPN，以便同时访问Internet和企业网络；采用MICROSOFT的点对点加密协议（MPPE）以及安全IP标准（IPSEC）和密钥可以实现VPN的安全策略。

主机安全。对服务器安全、访问控制、入侵检测等进行设计，保证系统主机的安全。一个完整的网络不但有大量的网络设备，更多的是含有运行着各种操作系统、应用，存储着重要信息和数据的主机。主机的种类繁多，包括各种应用服务器、数据库服务器、普通工作站都是主机安全所要考虑的对象。

服务器安全。服务器安全规划主要采用访问控制、入侵检测、漏洞扫描和防病毒技术。服务器的访问控制主要是借助服务器系统自身的访问控制机制，严格管理用户保证，防止非法操作。在网络安全规划中多次提出使用防火墙进行网间隔离，但是防火墙是边界安全产品，对网络内部的服务器安全无法进行有效保护。为了可以实时检测到各种攻击，同时实时做出各种预先定义的响应，力求做到在黑客造成破坏之前发现问题、解决问题，应该采用入侵检测产品配合防火墙使用，部署含有服务器的重要网段。

2. 桌面系统安全规划

桌面系统的安全规划主要从防病毒和桌面系统访问控制两个方面考虑。安装防病毒主要是实现对系统、磁盘、可移动磁盘、光盘以及调制解调器连接所收发文件的病毒防护。在桌面系统访问控制方面，主要考虑安装桌面防火墙，实现对该桌面系统的访问控制。

应用安全。对用户身份认证、系统用户权限控制模块设计、容错处理等进行规划，保证网络资源不被非法使用和非法访问，同时避免各种误操作。

用户身份认证访问控制是网络安全防范和保护的主要策略，它的主要任务是保证网络资源不被非法使用和非法访问。它也是维护网络系统安全、保护网络资源的重要手段。各种安全策略必须相互配合才能真正起到保护作用，但访问控制可以说是保证网络安全最重要的核心策略之一。系统采用复合身份凭证（用户名/口令），实行分级授权策略。建立统一认证网关，对内网用户的注册与身份认证提供一致性管理。身份认证包括用户向系统出示自己的身份证明和系统查核用户的身份证明的过程，它们是判明和确定通信双方真实身份的两个重要环节。

3. 系统用户权限管理

网络环境下由于任何认证信息都是在网上传输的，所以其身份认证较为复杂，一方面，由于验证身份的双方一般都是通过网络而非直接交互，所以许多单机上的认证手段都无法实现；另一方面，大量的黑客随时随地都可能尝试向网络渗透，对认证信息进行攻击，所以网络身份认证必须防止认证信息在传输或存储过程中被截获、篡改和冒名顶替，同时也必须防止用户对身份的抵赖。对此，将采用数字签名以及基于口令的身份认证来实现。

系统在实际开发过程中，客户机程序设计成通用型（即将所有功能集于一身），并将各功能节点以及节点内部的不同功能均权限化，通过权限控制为不同身份的用户赋予与之身份对应的各项操作，屏蔽不能执行的操作调用，以此实现分工负责。这种实现方式降低了系统开发的复杂度，缩短了开发周期，同时由于代码相对集中而使维护工作难度降低。采用这种通用模式设计程序，权限控制就成为系统的运行管理核心，尤其在维护系统安全方面起着重要的作用，因此权限控制模块的设计与实现就显得极为重要。用户及权限控制模块的设计应分为四个方面：用户表结构设计、权限列表结构设计、权限管理机制设计和运行控制机制设计。

容错处理。系统面向的使用者不是专业的计算机人员，使用者有可能发生各种错误操作。为了尽可能减少使用者的错误操作对系统运行带来的影响，应用系统必须进行安全规划，具备相当的错误屏蔽能力。因此，在系统设计中考虑以下几点：屏蔽错误的键盘输入，除界面上预先定义的热键外，其他任何键盘操作应对系统不起作用；防止误动作，在进行任何重要操作（如存盘、删除、确认、退出等）之前，必须对使用者加以提示，提示中应说明该操作的后果（如存盘后不能再修改、删除后不能恢复等），使用者确认后再执行操作；操作应该可逆，这对于不具备专门知识的操作人员相当有用，可逆的动作可以是单个的操作，或是一个相对独立的操作序列。

四、数据技术制定

技术支持环境是未来项目运行的物理环境，其不仅涉及存储大量的船板和出水文物数据、博物馆管理数据、古籍数据、展陈数据、临时展览数据、文物修复数据等，还涉及对外提供博物馆网络虚拟展示，因此特别需要注意安全、稳定、易管理等。本平台采用的中间件主要包括Web中间件和搜索引擎中间件。

WEB服务器也称为WWW（WORLD WIDE WEB），即环球信息网服务器，主要功能是提供网上信息浏览服务。WWW 是 Internet（互联网）的多媒体信息查询工具，是Internet 上近年才发展起来的服务，也是发展最快和目前应用最广泛的服务。正是因为有了WWW工具，才使得近年来 Internet 迅速发展，且用户数量飞速增长。Web服务器中间件是为创建、部署、运行、集成和管理Web应用提供的运行开发环境。本项目所开发的系统需要提供基于Web的B/S系统解决方案，Web服务器中间件是必须采用的平台软件。根据Web服务器操作系统的不同，需要采用不同的中间件产品。在UNIX和LINUX平台下使用最广泛的免费Web服务器中间件是W3C、NCSA和APACHE服务器，而Windows平台NT/2000/2003使用的是IIS。在选择使用Web服务器中间件应考虑的本身特性因素有：性能、安全性、日志和统计、虚拟主机、代理服务器、缓冲服务和集成应用程序等。

由于本项目基础设施采用云架构设计，服务器集群所提供的虚拟化服务器中支持多操作系统的混合应用，对于那些在Windows服务器上部署和开发更有优势的服务，将采用Windows服务器，而对于单纯的资源服务或数据服务，可以采用Linux服务器。因此在Web服务器中间件的选择上，应该兼顾Windows和Linux服务的需要。本项目中需要使用Windows服务器的应用，将直接采用Microsoft IIS。

本项目是一个具有海量数据的应用系统体系，随着时间的推移，系统数据库中的数据将有爆炸式的增长。在进行"华光礁Ⅰ号"沉船及出水文物研究的过程中，需要在这个信息海洋中查阅大量的信息，如果没有高效搜索技术的支持，这些应用就必然像大海捞针一样。搜索引擎是这几年来发展的技术，是数据分析和数据挖掘应用的利器。在本系统中采用搜索引擎技术，可以大大提高系统数据的应用效率，提升系统的用户体验，满足大用户并发的系统应用。

搜索引擎技术不同于数据库查询技术，它是一种基于全文检索技术的搜索技术。IT界著名的Google公司就是借助于搜索引擎技术发展成为行业的领头羊。目前在Internet网的世界里，有很多搜索引擎可以使用，如Google、Baidu、Bing。但是这些搜索引擎公司都是基于外网的一种服务，并不提供搜索引擎软件用于Internet环境的开发应用。本项目需要使用的搜索引擎是一款高性能的，能够满足内部局域网和支持开发的搜索引擎中间件。

分词功能：需要整合中文、英文分词。在国内，重点在中文分词。分词功能需要基于成熟的机器翻译和自然翻译而设计，与精简的开发接口封装在一起。可以不断收录词库，新增字典，并维护同义/近义、忽略字等；

关键词（敏感词）过滤：能够过滤录入的不适合系统应用的词汇或反动词汇；

数据挖掘：提供排序、分组、统计、聚类、跨域和多域、分布式计算等。

在性能和技术特性上，搜索引擎要能够具备如下特点：

容错性：搜索引擎会在大于配置的最大并发数时，在等待时间内强制使用缓存；超时的请求会返回服务繁忙的错误码，但不会造成服务器崩溃和无法使用的情况。在请求大于或接近最大连接数时，可动态增加搜索的节点。

响应时间：集群中的数据源在1TB的待搜索数据库文件大小这一数据量级别下，能够支撑记录3亿条记录数，以及支撑10个源表建立索引，索引文件大约220G，单次搜索响应时间小于1秒，并且这个效率在用户量增加时能够基本保持不变。

多级缓存机制：支持三层缓存机制，以解决索引管理、性能优化、海量并发问题。其一是索引级别缓存：用于缓存倒排索引和单值索引。这种缓存为系统自动管理。索引级别缓存会自动监控数据的改变，并进行相应修改。其二是查询级别缓存：按查询的条件进行缓存，系统服务会将不同查询条件对应的文档ID缓存下来，下次查询时直接从缓存中获取符合条件的文档ID，不再访问低级别缓存或索引。和索引级别缓存不同的是，当表的数据发生变化时，查询级别缓存将会失效，需要重新缓存。换句话说，也就是当用户数不断增加时，查询速度只会越来越快。其三是数据级别缓存：运行在客户端，客户端查询得到的数据被缓存下来，下次查询时将从数据缓存中直接获取数据，而不再到系统服务中去获取数据。和查询级别缓存一样，表的数据发生变化时，数据级别缓存将会失效，需要重新缓存。

并发控制：非常完善的并发控制机制，通过用户的增、删、改、查可以同时进行，不会存在任何冲突。

内存管理：系统服务不与应用程序共用内存。用户可以设置最大内存使用数量，一旦使用内存超过这个数量，就会自动启动内存整理程序，将一些不经常使用的缓存从内存中清理掉以腾出更多的内存空间给用户。用户可以查看和管理内存。

快速的索引创建：传统数据库索引建立10万条记录级别的索引需要一天或更长时间，而搜索引擎只需要几秒完成。

自动同步或异步更新索引：在增加服务器节点时，索引与数据库的内容可自动同步或异步。同步时，系统自动维护索引。

容错的集群管理：集群增加索引数据保持一致，所有集群服务器上的副本索引数据都与数据库同步。也可以对应多数据库，当某个数据库丢失时，会自动与下个数据库同步。这种管理方式，增加搜索访问节点十分便捷。

独立的分词接口：可以自由添加区域的分词插件。系统默认支持英文、中文分词。英文单词来自算法，中文单词包含接近15万条，可根据自己的业务自行维护。

搜索权重自由维护：在不进行人工编辑干预情况下，系统自动根据每次搜索的权重、被查看的次数、重要等级等因素来决定分数，用于进行搜索结果排序。

由于搜索引擎技术目前还属于比较尖端的软件平台技术，掌握在少数公司手中，目前国内提供搜索引擎中间件的软件企业还极少，需要在后续的项目实施过程中重点加以考察和测试，选用技术含量高、稳定性强的搜索引擎产品，紧密集成在平台服务中。

JavaScript 是一种能让网页更加生动活泼的程式语言，也是目前 Web 程序设计中最容易学又最方便的语言。可以利用 JavaScript 轻易做出亲切的欢迎信息、漂亮的数字钟、有广告效果的跑马灯及简易的选举，还可以显示浏览器停留的时间。这些特殊效果可提高 Web 应用程序的可观性。

JavaScript 是目前较为流行的 AJAX 开发语言。AJAX 即 "Asynchronous JavaScript and XML"（异步 Java Script 和 XML）。AJAX 并非缩写词，而是由 Jesse James Gaiiett 创造的名词，是指一种创建交互式网页应用的网页开发技术。

Web 应用的交互如 Flickr，Backpack 和 Google 在这方面已经有质的飞跃。AJAX 这个术语源自描述从基于 Web 的应用到基于数据的应用的转换。在基于数据的应用中，用户需求的数据如联系人列表，可以从独立于实际网页的服务端取得并且可以被动态地写入网页中，给缓慢的 Web 应用体验着色使之像桌面应用一样。AJAX 的核心是 JavaScript 对象 Xml Http Request。该对象在 Internet Explorer 5 中被首次引入，它是一种支持异步请求的技术。简而言之，Xml Http Request 使 Web 应用程序可以使用 JavaScript 向服务器提出请求并处理响应，而不阻塞用户。

AJAX 不是一种新的编程语言，而是一种用于创建更好更快以及交互性更强的 Web 应用程序的技术。通过 AJAX，Web 应用程序可使用 JavaScript 的 XML Http Request 对象来直接与服务器进行通信。通过这个对象，Web 应用程序可在不重载页面的情况下与 Web 服务器交换数据。AJAX 在浏览器与 Web 服务器之间使用异步数据传输（HTTP 请求），这样就可使网页从服务器请求少量的信息，而不是整个页面。AJAX 可使因特网应用程序更小、更快、更友好。AJAX 是一种独立于 Web 服务器软件的浏览器技术。

Web 应用程序较桌面应用程序有诸多优势，它们能够涉及广大的用户，更易安装及维护，也更易开发。不过，因特网应用程序并不像传统的桌面应用程序那样完善且友好。通过 AJAX，Web 应用程序可以变得更完善、更友好。

本系统提供的 JavaScript API 是完全采用 AJAX 技术的 Web 应用程序开发包，可以应用此 API 开发出具有良好用户体验的 "华光礁 I 号" 沉船出水文物数字化管理应用系统。

大部分 B/S 架构的应用平台，基本上都采用 MVC 架构，以及 C# 或 Java 这些主流的语言开发。为了满足应用服务层系统的开发和扩展的需要，本系统将开发满足需要的各种语言开发包。由于所有语言 API 的开发和调试需要耗费较大的工作量，可以根据实际需要分步实施开发。本系统的应用服务系统基本上都采用C#作为开发语言，因此将在实施项目时优先实现C# API开发包。

五、数据库系统软件

本系统的数据具有如下特点：

其一：数据类型多样，既有结构化的表格数据，又有非结构化的文件类型数据；

其二：数据量巨大，包括沉船船板数据和出水文物数据在内的各类数据总量将达到TB级，此数据量将随着时间推移而不断地扩大；

其三：数据并发访问量大，该系统不仅仅包括博物馆各级业务部门、各博物馆内的业务部门，还包括各专家学者，同时还要为博物馆游客及互联网用户提供服务。

这些特点决定了该系统的数据库系统应该具有容量大、稳定性强、效率高的特点，并能够适应结构化和非结构化数据的混合存储及互联互通。

这些要求已经不是传统的关系型数据库能够满足的。为了满足系统的要求，本项目拟采用关系型数据库和云存储系统混合使用的解决方案。关系型数据库主要解决结构化表数据存储的需要，而云存储系统是对关系型数据库的补充。云存储一方面对关系型数据库中的数据进行同步缓存，以云存储系统特有的高性能解决数据访问的瓶颈，另外还能直接解决非结构化海量数据的存储和高效访问。

1.关系型数据库系统

关系型数据库是建立在关系模型基础上的数据库，借助于集合代数等数学概念和方法来处理数据库中的数据。现实世界中的各种实体以及实体之间的各种联系均用关系模型来表示。关系模型是由埃德加·科德于1970年首先提出的，并配合"科德十二定律"。如今虽然对此模型有一些批评意见，但它还是数据存储的传统标准。标准数据查询语言SQL就是一种基于关系数据库的语言，这种语言执行对关系数据库中数据的检索和操作。关系模型由关系数据结构、关系操作集合、关系完整性约束三部分组成。经过几十年的发展，关系型数据库已经变得非常完善。

目前市面上存在多个优秀的关系型数据库产品，如DB2、Oracle、SQL Server等。从系统数据库的高性能和稳定性考虑，本项目中的结构化数据管理拟采用SQL Server数据库，而对于非结构化的数据和需要高并发、高性能访问的数据，采用云存储技术。

2.云存储系统

随着信息科技的发展，需要处理的数据量变得越来越大，传统的关系型数据库在应对特别是超大规模和高并发的数据应用需求时已显得力不从心，暴露了很多难以克服的问题，例如：

无法满足对数据库高并发读写的需求：比如Web2.0网站要根据用户个性化信息来实时生成动态页面和提供动态信息，所以基本上无法使用动态页面静态化技术，因此数据库并发负载非常高，往往要达到每秒上万次读写请求。关系数据库应对上万次SQL查询还勉强顶得住，但是应对上万次SQL写数据请求，硬盘IO就已经无法承受了；

无法满足对海量数据的高效率存储和访问的需求：类似Facebook、Twitter、Friendfeed的SNS网站，每天产生海量的用户动态，以Friendfeed为例，一个月就达到了2.5亿条用户动态，对于关系数据库来说，在一张2.5亿条记录的表里面进行SQL查询，效率是极其低下乃至不可忍受的。再例如大型Web网站的用户登录系统，例如腾讯、盛大，动辄数以亿计的账号，关系数据库也很难应对；

无法满足对数据库的高可扩展性和高可用性的需求：在基于Web的架构当中，数据库是最难进行横向扩展的，当一个应用系统的用户量和访问量与日俱增时，你的数据库却没有办法像Web Server和App Server那样简单的通过添加更多的硬件和服务节点来扩展性能和负载能力。对于很多需要提供24小时不间断服务的网站来说，对数据库系统进行升级和扩展是非常痛苦的事情，往往需要停机维护和数据迁移，那为什么不能通过不断地添加服务器节点来实现数据库扩展呢。

在上面提到的"三高"需求面前，关系数据库遇到了难以克服的障碍，而对于需要满足高互动性需求的应用，关系数据库的很多主要特性却往往无用武之地，例如：

数据库事务一致性：很多Web实时系统并不要求严格的数据库事务，对读一致性的要求很低，有些场合对写一致性要求也不高。因此数据库事务管理成了数据库高负载下一个沉重的负担；

数据库的写实时性和读实时性：对关系数据库来说，插入一条数据之后立刻查询，是肯定可以读出来这条数据的，但是对于很多应用来说，并不要求这么高的实时性，比方说在微博发一条消息之后，过几秒乃至十几秒之后，订阅者才看到这条动态是完全可以接受的；

支持复杂的SQL查询，特别是多表关联查询：任何大数据量的应用系统，都非常忌讳多个大表的关联查询，以及复杂数据分析类型的复杂SQL报表查询。从需求以及产品设计角度，就避免了这种情况的产生。往往更多的只是单表的主键查询，以及单表的简单条件分页查询，SQL的功能被极大的弱化了；

因此，关系数据库在这些越来越多的应用场景下就显得不那么合适了，为了解决这类问题，云存储系统应运而生了。

云存储是在云计算（Cloud Computing）概念上延伸和发展出来的一个新的概念。云计算是分布式处理（Distributed Computing）、并行处理（Parallel Computing）和网格计算（Grid Computing）的发展，是透过网络将庞大的计算处理程序自动分拆成无数个较小的子程序，再交由多部服务器所组成的庞大系统经计算分析之后将处理结果回传给用户。通过云计算技术，网络服务提供者可以在数秒之内处理数以千万计甚至亿计的信息，达到和"超级计算机"同样强大的网络服务。

云存储的概念与云计算类似，它是指通过集群应用、网格技术或分布式文件系统等功能，将网络中大量各种不同类型的存储设备通过应用软件集合起来协同工作，共同对外提供数据存储和业务访问功能的系统。云存储系统具有如下特点：

超强的可扩展性：云储存具有很强的数据结构扩展性。云存储采用基于JSON-OBJECT对象的二进制存储结构，存储表结构即为JSON对象，记录即为JSON对象的赋值，用于支持高扩展的用户自定义数据结构。它具有简单的一致模型。所有数据对象都基于Json-object，一次写入、多次读取，以支持高吞吐的数据访问。云存储具有很强的存储能力扩展型。云存储可部署为单点数据服务、集群服务、大型云服务。一个大型云存储服务，通常由众多集群组合而成，每个集群由众多节点组合而成。每个节点即为一台商业机器。云存储可实现不停机进行节点的增减和维护，从而提供7天24小时的不间断服务，大大提高了系统的稳定性和硬件可扩展性；

支持多操作系统：事实上，云存储的客户端操作系统总是各种各样的，这是无法预知的。云存储的客户端可支持Windows、Unix、Linux、Mac OS；

无限大的数据存储容量：每个云存储库支持高达256TB的存储容量，一个云服务支持16万个云存储库，也就是说支持16万个256TB的数据。如果需要更大的存储能力，还可以部署更多的云服务。通过这种方式，只要硬件条件允许，该系统几乎能够提供无限大的海量数据存储能力；

支持分布式文件系统：存储在云存储中的数据是分散到各个不同计算机节点的逻辑整体。在本地磁盘中的一个大文件，在云存储系统中可能分散到了不同的计算机节点上。而云存储系统提供不阻塞的云IO，又能像传统IO一样进行文件操作和管理。通过该技术，能够实现数据访问效率的大幅提升；

流式数据访问：在云存储系统中，数据以流的方式进行读取和写入，这是一种高吞吐性能的 RW 方式，无须形成本地文件。云存储支持读取流生成本地文件，也支持本地文件写入为流。对于一个应用请求的计算，离它操作的数据越近就越高效，因为这样就能降低网络阻塞的影响，提高系统数据的吞吐量，在数据达到海量级别的时候更是如此。将计算移动到数据附近，比之将数据移动到应用所在地显然更好。云为应用提供了将它们自己移动到数据附近的接口；

动态负载均衡、后台智能调度，支持高并发的操作：云存储架构支持数据均衡策略。如果某个数据节点上的空闲空间低于特定的临界点，按照均衡策略，系统就会自动地将数据从这个数据节点移动到其他空闲的数据节点。当对某个文件的请求突然增加，那么也可能启动一个计划创建该文件新的副本，并且同时重新平衡集群中的其他数据。由于云存储是基于云计算技术的，它具备强大的分布式计算和负载均衡的能力，因此云存储能够支持高并发的操作。

当然，云储存也不是万能的，由于云中副本复制和选择的设计原则，频繁和高强度的事务回滚并不合适，因此云存储不适合高事务性的业务。由于事务处理能力是关系型数据库系统的优势，本系统采用了关系型数据库和云存储系统混合使用的方案，这样就能够兼顾系统中事务处理的需要。

第五节　三维激光扫描技术的数字化建模

一、数据采集

1. 数据采集设备

（1）船板数据采集设备

"华光礁 I 号"沉船船板及雕像数据采集使用地面三维扫描仪高效完成。地面三维激光扫描仪主要由主机、三脚架、定位物体等组件构建，其测量范围广、测量速度快，平均 7 分钟每站的测量速度可精细获取几平方米甚至上百平方米的测量范围，测量获取的高密集三维激光点云依据逆向建模技术可快速拟合三维素模成果，结合高清纹理影像最终可输出逼真、可量测的三维原真模型。

本次船板、雕像三维点云数据采集采用了法如 Faro Focus 3D 地面三维激光扫描仪，其参数指标见表 5-5。

Faro Foucs 3D 地面三维激光扫描仪参数如表 6-1 所示。

（2）陶瓷器文物数据采集设备

本项目使用结构光三维扫描仪对10件出水陶瓷器的三维几何结构进行全方位的数字化采集。结构光三维激光扫描是一种非接触式，可快速、精细化获取文物信息的高新技术，它具有轻便、高速、高精度、高密集的特点。依据文物精准空间点云数据和高清纹理影像，可精细化还原文物三维空间信息。由于其精度高、效果逼真，可以说是文物艺术造型及相关信息的忠实仿真。

本次陶瓷器文物三维点云数据采集采用了斯蒂欧结构光三维扫描仪完成，其测量精度最高达0.02毫米。

斯蒂欧结构光三维扫描仪参数如表6-1所示。

表6-1 斯蒂欧结构光三维扫描仪参数

指标	参数	
分辨率	3600万像素	
单片扫描范围	280毫米×250毫米	
安装方式	三脚架固定	
测量精度	0.02毫米	
单片扫描时间	5秒	
多片扫描间隔	0秒	
单片点云数量	最高可达5000000点	
点密度	0.12毫米	
扫描方式	蓝色结构光，非接触式	
拼接方式	旋转平台自动拼接	手动拼接
输出格式	.asc，.txt，.obj，.wrl，.3ds	

（3）高清纹理采集设备

船板及出水文物的高清纹理数据力求拍摄完整，尽量保持正射角度并尽可能减少冗余信息摄入。实际拍摄时，将使用专业单反相机系统高效获取船板及出水文物多角度高清纹理影像，为船板和出水文物信息数字化保存及三维精细化展示、虚拟复原动画制作等成果输出提供数据支撑。

本项目纹理数据采集拟采用佳能5D3相机、佳能EF 24-70mm f/2.8L II USM镜头、佳能100毫米微距镜头、三脚架等拍摄设备完成。

佳能5D3相机主要参数如表6-2所示。

表6-2 佳能5D3相机主要参数

内容	参数
传感器类型	CMOS
传感器尺寸	全画幅（36毫米×24毫米）
有效像素	2230万
最大像素	2340万
影像处理器	DIGIC 5+
最高分辨率	5760×3840
对焦点数	61点（最多41个十字形对焦点）
感光度	ISO 100-25600可扩展至50-102400，拍摄视频时ISO 100-12800可扩展至100-25600
文件格式	图片：JPEG，RAW（14位佳能原创），可以同时记录RAW+JPEG 视频：MOV
外形尺寸	152毫米×116.4毫米×76.4毫米

佳能EF 24-70mm f/2.8L II USM镜头主要参数如表6-3所示。

表6-3 佳能EF 24-70mm f/2.8L II USM镜头主要参数

	镜头定位	135毫米全画幅镜头
主要性能	镜头分类	单反镜头
	镜头类型	变焦
	镜头结构	13组18片
	镜头卡口	佳能EF卡口
	滤镜尺寸	82毫米
光学参数	最大光圈	F2.8
	最小光圈	F22
	光圈叶片数	9片
	焦距范围	24～70毫米
	最近对焦距离	0.38米
	最大放大倍率	0.21倍
其他参数	镜头直径	88.5毫米
	镜头重量	805克

佳能100毫米微距镜头主要参数如表6-4所示。

表 6-4　佳能100毫米镜头主要参数

	镜头定位	135毫米全画幅镜头
主要性能	镜头用途	微距镜头
	镜头类型	定焦
	镜头结构	9组10片
	镜头卡口	佳能EF卡口
	滤镜尺寸	52毫米
光学参数	最大光圈	F2.8
	最小光圈	F32
	光圈叶片数	8片
	焦距范围	100毫米
	最大放大倍率	1倍
其他参数	镜头直径	105.3毫米×75毫米
	镜头重量	650克

2. 船板数字采集

采集流程如图6-8所示：

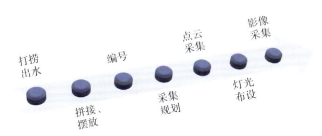

图6-8　船板数字采集流程图

（1）准备工作

"华光礁I号"沉船船板碎块存放于上下两层的塑料架子，架子数量约60个，整体浸泡于沉船保护实验室去离子水池中。为保证采集完整性，需分批打捞，搬运船板时在水中直接将船板转移至担架床上，之后通过搬运担架床来转运船板，尽量避免直接触碰船板，避免船板与坚硬物体直接接触（图6-9、6-10）。

图6-9　船板现场打捞

图6-10　船板现场搬运

（2）船板拼接、摆放

因船板断裂严重，碎块较多，为保证单个编号船板数据完整性，需要根据断裂缺口形状、钉孔分布、纹路信息及其他参考资料进行初步拼接（图6-11），并合理固定，依据三维激光扫描尽量不遮挡、保证船板安全性等原则，依次摆放于铁架上（图6-12）。

图6-11　船板现场拼接　　　　　　　　　　图6-12　船板现场摆放

（3）编号、记录

因每袋船板碎块共用一个编号，为合理地对船板碎块进行数据管理，便于后期内业制作及拼接，需对每一块采集的船板进行编号，以原始馆方编号为基础，同一网袋内的碎块编制为原始编号后缀加–1、–2、–3……如原始编号为XHI188，对应五块碎块，号码依次编为XHI188-1、XHI188-2、XHI188-3、XHI188-4、XHI188-5（图6-13）。号码编制完成，以小纸张的形式放于船板表面，并用高清单反相机进行拍照记录。

图6-13　船板编号示意图

（4）采集规划

站点规划。为保证数据采集完整性，采集前需对仪器架设点进行合理规划。本项目按照船板摆放区域上、下两层进行站点布设：上层为船板区域周围一圈，离地面高度约1.5米，室外扫描站点数量约为12站，室内扫描站点数量约为8站；下层为船板摆放区域底部，离地面高度约0.2米，室外扫描站点数量约为12站，室内扫描站点数约为4站。整体原则为所有站点的扫描数据能进行完整拼接、无数据缺漏。具体规划如下（表6-5；图6-14）：

表6-5　站点规划表

采集区域	上层站点/个	下层站点/个	上层仪器架设高度/米	下层仪器架设高度/米
室内采集（2架次）	8	4	1.5	0.2
室外采集（6架次）	12	12	1.5	0.2

靶球定位。因扫描数据为多站点拼接，为保证后期数据正确拼接，需对扫描区域周围进行靶球定位。标靶球摆放时，首先应保证靶球的稳固性，对于大风等特殊环境，应采取稳固措施保证标靶球的稳固性；其次，要求相邻两个架设点能同时观看到4个或4个以上的靶球，且每个球体观看范围应大于二分之一，所有标靶球摆放不应在同一直线（图6-15）。

图6-14　站点布设示意图

图6-15　靶球摆放定位图

点云采集。以上步骤全部准备完毕，进行仪器组装、架设，根据前期站点规划，分为上、下两层进行扫描，顺序为先上层后下层，上层扫描仪由脚架支撑固定，下层扫描仪直接置放于地面。根据项目技术要求，仪器设定参数如表6-6：

表6-6　扫描参数设置表

扫描区域	分辨率	点云质量	单站扫描时间/s	单站扫描尺寸/pt	扫描颜色	扫描范围
室内采集	¼	4×	9：06	10240×4338	彩色	10米
室外采集	¼	4×	9：06	10240×4338	彩色	20米

　　色调校准。影像数据对船板数字化成果至关重要，影像数据的拍摄角度、色彩还原度、亮度等因素直接决定了数字成果的质量（表6-7；图6-16）。在保证纹理细节不丢失的原则下，采用平光布光法，设定两盏光源，此布光法光照均匀无死角，从而保证工程影像不丢失纹理细节，也不失美感。影像采集时，采用24色色卡进行色调校准，保证精准色彩还原（图6-17）。

表6-7　灯光布设参数

拍摄对象	光源距离	灯光输出量（220W）	柔光布层数
船板	0.8米	60%～80%	1层

 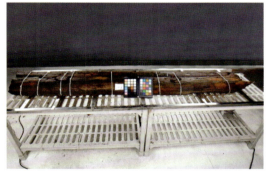

图6-16　般板拍摄现场灯光布设　　　　　　图6-17　色卡拍摄图

　　影像采集。在影像采集前，根据影像地面分辨率GSD或DPI的要求、摄影距离，选择合适的镜头（定焦）或焦距（变焦）。焦距计算公式：

$$\frac{像素大小}{焦距} \cong \frac{地面分辨率（GSD）}{拍摄距离}$$

　　根据船板采集环境、结构及以上计算公式，选用50毫米焦段，佳能5D3相机，像幅5760×3840像素。拍摄距离约0.65～0.7米，影像地面分辨率约0.063毫米。

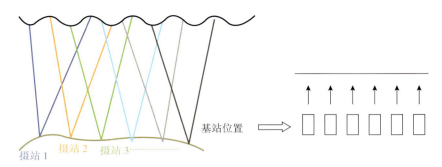

基站位置

图6-18　平行摄影示意图

相机设置。焦距，拍摄前通过自动对焦 AF；曝光模式，选用 M（手动），可以根据现场拍摄条件灵活调整光圈和曝光时间；外业拍摄时 ISO 值（感光度）设置为100—200，保证影像画质；影像品质，设置为 RAW+JPG，影像最原始格式，包含信息量丰富；影像尺寸，设置为最大（L）。

拍摄方式。影像采集以单块船板立面为拍摄单位，采用平行摄影的方式获

图6-19　现场纹理拍摄图

取每个独立区域立面影像信息。相机正对被摄物体，每个摄站拍摄一张影像，横向重叠度保证约50%，旁向重叠度保证约30%。基线长度即为第一摄站与第二摄站间的距离。在数据采集过程中，为保证影像分辨率，每个独立的区域面需要分多层拍摄完成。拍摄过程从左向右，从上至下（图6-18、6-19）。

3. 陶瓷器文物数字采集

采集流程如图6-20所示：

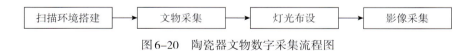

图6-20　陶瓷器文物数字采集流程图

（1）扫描环境搭建

针对此次陶瓷器文物的体积、质量、材质，制定采集计划并合理布置采集环境，主要为前期的采集地点选择、采集平台搭建、仪器组装（图6-21）、精度校准等。

因本次采集文物较为珍贵，以保证文物安全因素为前提，采集前准备工作应注意以下事项：采集地点避免选择在人员嘈杂的空间，且有专业安保人员看管；采集平台应选择稳固、承重量大的桌椅，保证文物及设备的安全；仪器架设时，各关节及活动部分应扣紧、锁死，平稳放置，防止仪器滑倒、松动，对文物造成安全威胁；因扫描仪处于新的环境，各项参数设置需重新设定，为保证最高精度，采集前需对扫描仪进行精度校准，待仪器参数校准完毕，方可进行文物扫描。

（2）文物数字采集

以上步骤完成后，由专业人员对文物进行出库，在三维扫描工程师指引下，安全、稳固

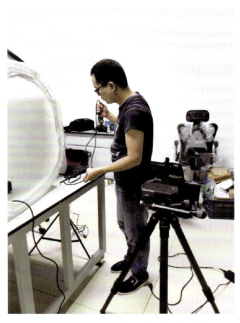

图6-21　文物采集现场仪器组装

的摆放于扫描区域。扫描人员根据文物特征、质地等信息进行扫描参数设置，此批扫描文物主要为体积较小的陶瓷器文物。本次扫描参数具体如图6-22所示。

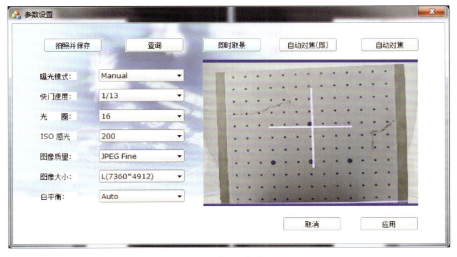

图6-22　扫描参数设置

此结构光扫描原理是对放置于旋转平台的文物进行多角度拍照，后期经过配套软件进行解算，得到三维模型。由于此次文物结构相对简单，无遮挡，因此平台旋转角

度设置为15度，即文物一圈拍摄数量为24张，待一圈拍摄完成后，需要对文物进行翻倒，对底部和顶部进行扫描（图6-23）。

（3）色调校准

灯光布设。在保证纹理细节不丢失的原则下，采用平光布光法，设定两盏光源，采集文物多为瓷器，为高反光材质，为了拍摄效果更柔和，避免高光，因此加入柔光棚进行拍摄（图6-24）。

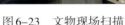

图6-23　文物现场扫描　　　　　　图6-24　文物拍摄灯光布设

色调校准。影像采集时，采用24色色卡进行色调校准，保证精准色彩还原。

（4）影像采集

镜头的选择。在影像采集前，根据文物大小、材质及影像分辨率GSD或DPI的要求，选择合适的镜头（定焦）或焦距（变焦）。此次影像采集实际情况，选择佳能100毫米微距定焦镜头。

相机设置。焦距，拍摄前通过自动对焦AF；曝光模式，选用M（手动），可以根据现场的拍摄条件灵活的调整光圈和曝光时间；外业拍摄时ISO值（感光度）设置为100-200，保证影像画质；影像品质，设置为RAW+JPG，影像最原始格式，包含信息量丰富；影像尺寸，设置为最大（L）。

拍摄方式。文物多为不规则形状，影像采集前根据文物特征，分为多个立面进行拍摄，采用平行摄影的方式获取每个独立区域立面影像信息。相机正对被摄物体，每个摄站拍摄一张影像，横向重叠度保证约50%，旁向重叠度保证约30%。基线长度即为第一摄站与第二摄站间的距离。在数据采集过程中，为保证影像分辨率，每个独立的区域面需要分多层拍摄完成。拍摄过程从左向右，从上至下。

二、文物数字化成果制作

处理流程如图6-25所示：

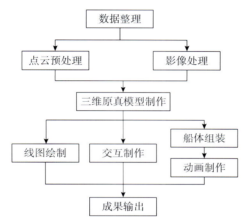

图6-25 数字化成果制作处理流程图

1. 点云预处理

船板、雕像及文物三维素模数据处理拟采用专业的三维模型构造软件Geomagic（图6-26）进行逆向建模，生成密集三维素模，并对三维素模进行缝补、网格优化等处理。

图6-26 文物三维素模数据处理软件

处理标准。文物三维模型几何精度误差：5毫米；单件文物三维素模三角网格面数量30万，模型文件小于500MB，模型存储格式.FBX/.MAX。船板三维模型几何精度误差：8毫米；单件船板三维素模三角网格面数量100万，模型文件小于500MB，模型存储格式为.FBX/.MAX。

处理流程如图6-27所示：

图6-27　内业文物三维素模建模流程

处理步骤。导入点云数据，将原始的三维点云数据导入Geomagic软件中；删除冗余噪点，在Geomagic中初步删除点云数据多余噪声；体外孤点，减少除文物及船板核心区域以外孤立的点；减少噪音，删除外界干扰数据，如器物及船板反光等；封装，将三维点云数据转换成三角网，以点成面，形成三角模型面；手动修复网格医生，手动修补模型面的缺失部分、小孔、小洞等；网格医生，软件自动修复模型面的钉状物，小组件，小孔等；简化面，根据项目需求简化三维素模的三角模型面数；导出素模，根据成果制作要求，导出.FBX/.MAX格式的素模数据（图6-28、6-29）。

图6-28　出水文物三维素模示意图

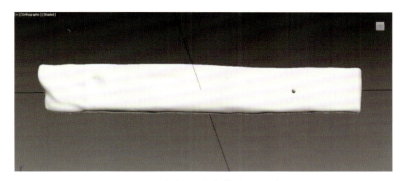

图6-29 船板三维素模成果示意图

2. 影像处理

由于数码相机及计算机显示器都采用RGB色彩空间表现颜色，但具有相同三原色分量的颜色，在不同数码相机和显示器上可能呈现出不同的显示效果，为使影像色彩统一，制作相机色彩配置文件或指定灰平衡，挂载到所有影像上。采用Light Room软件，通过比对24色标准色卡进行色彩调整（图6-30）。

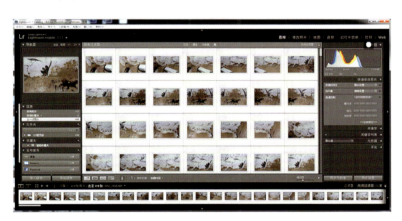

图6-30 影像色调处理

3. 三维原真模型制作

软件处理。船板及出水文物的原真模型制作拟采用专业的三维模型构造软件3D max和专业的图像处理软件Photoshop结合实现，将Geomagic预处理生成的三维素模，导入3D max中进一步处理，结合Photoshop处理的纹理贴图，完成船板及出水文物的三维原真模型建模工作。

处理标准。器物三维模型几何精度误差：5毫米；单件器物三维素模三角网格面数量30万，模型文件小于500MB，模型存储格式.FBX/.MAX。船板三维模型几何精度误差：8毫米；单件船板三维素模三角网格面数量100万，模型文件小于500MB，模型存储格式为.FBX/.MAX。单块船板贴图分辨率为4096×4096，贴图数量不低于2张；单件器物贴图分辨率为4096×4096，贴图数量不低于3张。

实施流程如图6-31所示。

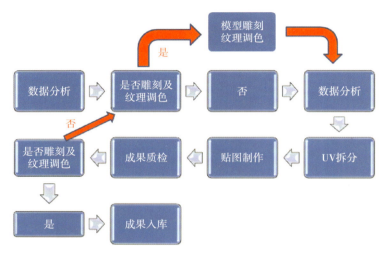

图6-31　内业文物三维原真建模流程

实施步骤。主要包括模型优化、图片处理、UV拆分、贴图制作等。具体如下：导入编辑三维模型，工程师将依据激光点云拟合的三维素模模型导入3D max中消除烂面、废面，调整模型结构大小，优化模型数据，减少模型面数；纹理图片正射纠正及处理，将拍摄用于模型贴图的影像导入到Photoshop中进行正射处理，把需要用透明贴图的区域提取出来，并对整个图片的色差及完整性进行优化处理；编辑模型UVW，在"选择模式"下选择"面模式"，在编辑UVW控制面板里框选需拆分的面，编辑拆分后面的位图参数，依次点击平面展开，在UVW控制面板里选择已经展好的UV线，最后点击"渲染UV模板"并保存为png格式的图片；编辑UV、纹理图，把保存的UV图和处理好的纹理图一起拖入Photoshop中，将纹理图调整到与三维模型UV线图相对应的位置，保存图片；模型贴图，在3D max里打开材质编辑器，选取一个材质球，把保存的带有UV线的图片拖到材质球中，将贴图赋予三维模型；完成三维模型建立，保存为.FBX/.MAX格式的三维原真模型数据（图6-32）。

图6-32　船板三维模型示意图

三、船板及出水文物二维线图制作

软件处理。船板及出水文物的二维线图制作拟采用专业的矢量绘图软件 Auto CAD 依据高精度、高密集点云描绘完成。

处理标准。线图中体现船板及文物轮廓边线；绘制每块船板及每件出水文物的平、立、剖面线图；二维线图存储格式为 .DWG。

实施流程如图6-33所示。

图6-33　内业文物三维原真建模流程

实施步骤。主要包括点云转换、点云优化、线图制作等。具体如下：点云转换，将船板及文物拼接后的点云数据转换为 .PCG 或 .PTC 格式；点云优化，在 Auto CAD 软件中导入 .PCG 或 .PTC 格式点云，并进行点云优化显示、抽稀加载、噪声剔除等优化处理；线图制作，依据高密集、高精度船板及出水文物点云数据描绘其轮廓边界，并设置线型、线框、图幅等专业处理；线图导出，将二维线图成果导出为 .DWG 格式图像。

四、出水文物三维交互制作

投入软件。本项目三维交互开发拟采用Unity 3D游戏引擎完成。Unity 3D是由Unity Technologies开发的一个让工作人员创建诸如三维视频游戏、物体可视化、实时三维动画等类型的综合性游戏开发工具，是一个全面整合的专业游戏引擎。其编辑器运行在Windows和Mac OS X下，可发布至Windows、Mac等多个平台。

处理标准。将三维模型导入至交互空间，根据实际应用需求，定制化编制程序脚本，实现极具真实感和体验效果的三维可视化展示程序；单件出水文物三维交互数据量大小低于500MB，成果保存为.EXE格式。

实施流程如图6-34所示。

图6-34　文物三维交互系统建设流程

实施步骤主要由功能开发、画面布局、参数设置三部分组成。

功能开发。工程师根据项目需求，编写出供用户实现移动浏览、旋转、放大缩小、测量等功能的脚本。

画面布局。根据项目体验要求，设定交互画面布局，包括功能菜单的摆放分布、界面设计及UI图标设计。

参数设置。将3D max制作的FBX格式的模型导入到三维交互软件中；材质灯光调整，结合现实环境、需求，对场景材质调整和灯光布局，烘焙出三维场景的光影信息。

根据项目需求，发布出.EXE格式的PC版交互成果。

五、船体组装及虚拟复原三维动画制作

处理标准：动画分辨率为1920×1080；动画视频格式为.MP4，动画时长5分钟；依据动画脚本制作三维动画视频，包含不限于：具有龙骨营造方式、具有肋骨营造方式、具有隔舱板营造方式；根据出水文物编号和已采集数据，虚拟组装龙骨、船底肋骨、舷侧肋骨、侧面船壳板、底部船壳板、铺舱板、隔舱板等构件的过程。

第七章　文物数字化管理平台的开发

　　"华光礁Ⅰ号"沉船出水文物数字化管理系统平台采用先进的信息存储技术，实现水下考古发掘业务的标准化、规范化、流程化管理。平台总体逻辑架构从下到上可以分为基础设施层、数据平台层、应用平台层、用户表现层几个逻辑层面。同时，安全支撑体系与建设标准规范体系贯穿整个系统。软件平台的总体框架设计如图7-1所示。

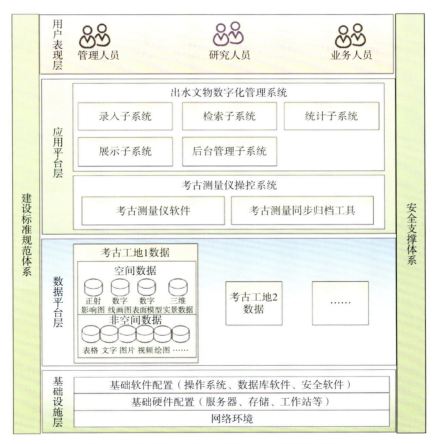

图7-1　"华光礁Ⅰ号"沉船软件平台总体架构设计

第一节　平台系统设计开发

一、平台总体逻辑架构

1. 基础设施层

基础设施层及整个平台的运行支撑环境，包括支撑平台运行的硬件、软件、网络和安全设施等。主要包括支撑平台运行的基础硬件，如服务器、存储设备、工作站、网络设备，用于"华光礁Ⅰ号"沉船水下考古发掘数字化采集的采集设施，同时，还包括关系型数据库等基础软件。该层为整个系统运行提供基础软硬件和信息安全环境。从逻辑上来看，该层主要包括数据采集系统、通信及计算机网络系统、数据存储与处理系统、安全保密管理系统等。

2. 数据平台层

数据平台层主要包括支撑平台运行的数据库环境，由水域地理数据库、考古业务数据库、专题文件数据库和系统维护数据库组成。水域地理数据库是以"华光礁Ⅰ号"沉船水下空间数据结构描述的遗址数据、探方、遗迹、堆积等要素构成的空间数据库，水域地理数据库按一定规则分层组织，并按要素分类编码标准与业务数据库之间关联，为水下考古发掘与管理、研究提供支撑。考古业务数据库中存储与水下考古业务有关的属性信息，包括考古管理过程、发掘、总结记录数据及统计报表等数据；考古业务数据库以编目的形式存储在数据库表中，业务数据表按一定规则分类组织。专题文件数据库是辅助业务单位进行考古发掘、管理业务的信息库，主要存储的是以照片、视频等为主的新型多媒体信息，该库建立了考古区域内所有发掘的数字档案多媒体信息，是管理者真正摸清家底、实现精细化管理的基础。系统维护数据库提供对整个系统的管理维护支持数据，保障整个系统的稳定、安全运行。

数据平台层主要通过关系型数据库引擎进行存储管理，通过考古数据存储平台和数据库系统，建立一个可以根据需要自由伸缩的水下考古数据中心，满足应用数据服务的高并发、低投入、可扩展、互联通的需要。

3. 应用平台层

应用平台层是系统对外提供数据服务和业务功能的核心层，由支撑技术子层、接口服务子层和应用系统子层共同组成。

支撑技术子层是系统应用层的最底层，为接口服务子层和应用系统子层提供核心技术支撑，集数据存储、数据挖掘、可视化展示于一体，为软件系统实现考古数据的高效存储和灵活应用提供技术支撑。

应用系统子层以接口服务子层和支撑技术子层为基础，实现软件系统的科学、合理搭建，按照不同的授权许可面向考古所和考古工地等不同的管理单位和业务部门，提供可配置化的考古业务功能模块。

4. 用户表现层

用户表现层以软件界面为交互接口，为不同角色和岗位的考古人员提供全面的考古信息服务和管理功能，主要涉及管理人员、业务人员、研究人员和其他预期用户。

二、出水文物数字化管理系统架构设计

1. 系统技术参数

"华光礁Ⅰ号"沉船出水文物数字化管理系统满足以下技术参数：

系统架构：B/S系统架构；

开发平台：ASP.net软件开发平台，Flex开发平台；

开发语言：C#、JavaScript、Flex、Html；

数据库：SQL Server 2014；

服务器操作系统：Windows Server 2012；

客户端浏览器：支持IE9、IE10、Chrome等主流浏览器。

2. 系统设计思路

"华光礁Ⅰ号"沉船考古发掘是中国也是海南省历来最具价值的考古发掘，其打捞上来有丰富的器物以及船体覆盖物，均折射出历史文物价值。在现场发掘出文物后先进行初步的鉴定和简单清理，后移送到海南省博物馆文物保护实验室，根据专家对文物质地、特点的鉴定，实施进一步的脱盐、清理、修复处理，各个步骤的数据量较大，为了后期更好地学术研究以及有效地展示，需要建立一个信息管理系统。

针对"华光礁Ⅰ号"沉船水下考古文物保护的特殊环境和功能需求，开发了一套"华光礁Ⅰ号"沉船出水文物数字化管理系统，对整个"华光礁Ⅰ号"发掘过程中出土的各类文物进行有效的数字化、信息化、智能化、网络化管理工作。

（1）系统逻辑架构

本系统通过对相关设备的基础信息、系统硬件组态配置、文物使用信息管理以及与

其他系统集成接口设计构成一套完善、独立的信息管理系统，以便加强数据等的安全管理工作。本系统还具备完善的安全管理功能模块，防止非授权用户的登录操作；通过与其他系统的集成接口设计，可以将相关记录信息传递糅合在一起，并以Web发布的形式实现信息共享。同时具备完善的历史数据维护管理功能，为将来海量数据处理提供途径。

（2）系统面向用户

由于管理系统主要完成"华光礁Ⅰ号"出水文物的日常管理工作，根据系统使用用户级别的不同，系统的功能权限也会有相应的变化。系统主要包括以下不同用户：管理员、领导、工作人员。

（3）系统运行环境

如图7-2及表7-1。

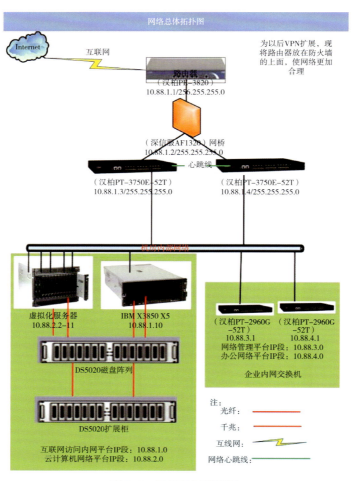

图7-2　系统运行环境图

表7–1　系统运行环境

类别		软件
操作系统	服务器	数据库服务器和应用服务器均使用Windows Server操作系统
	客户端	Windows 操作系统
服务器端软件		Oracle数据库管理系统、Adobe Flash、防火墙等
B/S客户端软件		Adobe Flash、Microsoft Office等
其他软件		杀毒软件、办公软件等

（4）系统主要任务

系统主要实现如下任务：实现文物日常业务流程管理（包括文物的入库、出库、盘点、移库以及出让等），保证了文物的安全性；提供出水文物的信息管理工作，如新增文物、更改文物信息、移除文物等；支持文物快速查询，实现混合式查询技术，支持多种可视化形式的浏览工作，实现多源信息的关联查看；提供文物的统计、分析；支持报表打印功能（图7–3）。

3. 系统设计原则

（1）全局性和整体性原则

从数字化建设的全局考虑系统的建设，使系统将来能成为海南省博物馆信息化建设的一个有机组成部分，发挥系统在海南省博物馆数字化管理中的作用和对其他文物管理与保护提供先进经验参考。实现海南省博物馆各相关部门的资源共享，互通互联，实现管理与服务的专业化、现代化。

（2）先进性和成熟性原则

系统建设将尽可能采用最先进的技术、方法、软件、硬件和网络平台，特别是在系统架构上将确保系统的先进性，同时兼顾成熟性，使系统成熟与可靠。系统在满足全局性与整体性要求的同时，能够适应未来技术发展和需求的变化，使系统能够可持续发展。

项目的开发技术储备包括：基于SOA架构的B/S结构、服务系统架构、Web GIS二次开发、Web Services、全景展示、系统集成、安全认证等。

项目的数据技术储备包括：空间数据库、云存储技术、水下考古发掘编目数据、数据采集录入、质量检查工具、数据交换、数据更新、数据发布、数据共享等。

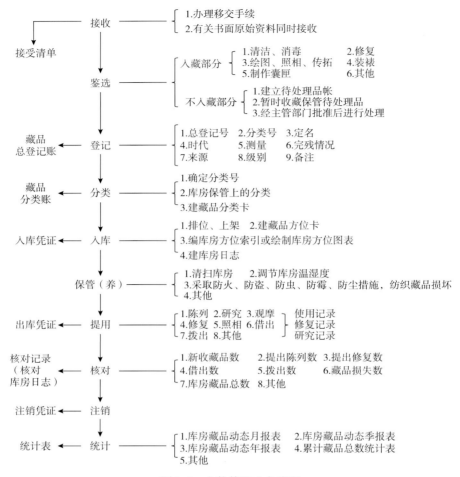

图7-3　文物管理业务流程

（3）标准化和开放性原则

在建设过程中将遵循和执行国家、地方和行业的有关统一标准和规范；在没有标准与规范的情况下，参照国家、地方和行业的相关标准与规范，制订相应的标准与规范。并在系统建设时形成一套完整的水下考古信息化标准以及系统开发的技术规程与标准，同时为海南省博物馆的业务工作建立规范的模式。

系统的分析、设计、实现和测试将严格按照软件工程标准和规范，并尽可能采用开放技术和国际主流产品，以确保系统符合国际上各种开放标准。

（4）易用性和实用性原则

系统的开发将"以人为本"，充分考虑水下考古各项业务活动的实际需要，贴近用户的需求与习惯做法，做到功能强大、界面友好、系统美观、操作简单、使用方便。

充分实现信息资源的共享，减少工作人员的工作量（如文字录入工作量），实现各项业务办理的计算机协同工作环境，使工作人员办理业务过程中能方便地获得所需的信息，实现真正的图文一体化和GIS、MIS与OA的无缝集成。

三、系统创新技术

1. 系统分级分层安全控制策略

（1）应用安全控制

访问资源层次划分。访问资源是安全控制策略执行的客体，在不同的应用模块中有不同的内容。这里给出的原则将针对访问资源的重要性和发行范围分为"绝对限制访问、限制访问、内部公开、公开"四个级别，以划分相应受控访问资源。在相应应用模块的实现中，将以下原则检查安全控制策略实现的严格性：绝对限制访问，此类访问资源必须加密存放、加密传输，对此类资源的访问和任何操作受严格审计，此类资源只允许在固定设备上访问；限制访问，此类访问资源建议加密存放，必须加密传输，对此类资源的访问和任何操作建议进行审计；内部公开，此类资源通过内部网络（针对公开范围而言的网络环境，依据具体访问资源情况进行解释）访问时可以不加密传输，但内部人员在外部网络（针对公开范围而言的网络环境，依据具体访问资源情况进行解释）访问时必须加密，不允许不相关人员访问；公开，无访问限制（当然，恶意篡改情况必须进行控制）。

（2）安全控制方式

安全控制的方式必须包含以下几个方面：基于统一的公共认证环境，用电子证书方式对访问者、访问设备乃至访问服务有识别认证的能力；在一个安全事务控制过程中（安全控制的主体对某个访问资源进行访问的整个过程）必须对控制对象（主体）进行持续的识别；对安全控制主体的行为进行远程审计的功能，并可根据相应规则触发预警或锁定事件；具备数据存储加密、传输加密以及电子印签、电子签名功能。

数据传输安全控制。由于部分交换数据与服务数据的传输涉及公网，这就需要采取措施保证数据的安全。公网服务器和内网服务器之间的数据交换的安全性问题，可以通过数据库服务器做数据中转。

2. 系统延续性与扩展性设计

（1）公共数据接口

"华光礁Ⅰ号"沉船出水文物数字化管理系统的建立极大地利用了项目的各类资

源，使各应急资源信息能很好地服务于保护发掘工程管理，提高信息化水平。数据接口主要完成的任务即为平台中数据信息的集成与转换，为通过各种方式提供的各种数据信息建立一个数据转换平台接口，达到数据的集成与转换，使应急资源信息能被整合利用。数据接口的主要优点是通过接口可以减弱应用之间的通信并且将原先多对多的数据关系减少到一对多，这样就有利于数据信息的转换。例如通过数据接口，可以将外部各种分散孤立的数据源整合起来，然后通过一种简单的方式对整合后的数据进行处理，如 Web 方式等。

数据级集成重点解决在应用程序间移动数据的问题，目的是实现这些不同应用程序之间数据的共享。数据集成一般是作为集成工作的起点，通常就是实现数据库之间的数据移动，这就要求设计人员必须明白在哪个数据库中存放了哪些数据，采用什么样的格式，同时还必须知道何时及如何提取数据，数据的最终目的地及目标数据库的存储类型和结构等。只有清楚这些东西，才能做到把数据用全部应用程序都能理解的格式保存在知识库中，同时不会破坏数据库的一致性。

（2）标识数据

数据级集成的第一步工作就是标识各种应用程序中的现有数据。在基于数据库技术的应用中，往往可以很容易得到数据库中数据表的 E-R 实体关系图。在 E-R 图中，每个数据表被描述为一个实体对象，数据表中的每个字段被看成是这个实体对象所特有的属性，可以从中分析出数据标识，从而可以非常容易了解数据的格式及类别。

（3）标识数据库类型

在确定了数据库的逻辑结构之后，接下来是物理实现，具体来讲就是建立数据表模型及提供访问数据库的方法。现在大多数数据库都采用关系型模型进行数据存放，如常用到的 Oracle、SQL Server、Sybase、Informix 等。标识数据库类型很大程度上是针对上面列出的数据库进行标识。

（4）定义数据模型

数据级集成的第三个步骤就是定义数据模型，这里所指的数据模型是能对所有应用程序通用的一种高级描述。建立数据模型时首先要检查并确定出可能存在的数据冗余，同时也要确定哪些应用程序和目前这些冗余数据相关联。对于关系型数据库，可以利用前面建立好的 E-R 图，然后对其进行规范处理。但目前更为通用的一种数据模型就是利用 XML 语言建立高效通用的数据模型。

（5）执行数据级集成

这是数据级集成的最后一步。执行数据级集成始终要保证两点：尽量减少应用程序间相互孤立的通信状态；保证数据的完整性和有效性，这种情况在数据间存在约束关系的情况下尤其重要，因为当这种情况下出现数据部分丢失时，很可能会导致大量的坏数据，严重的将会影响整个数据库中的数据。

应用接口级集成。将更多的关注与功能和数据的共享，而不仅仅是单纯的数据。应用接口级集成通过使用API应用程序接口来实现。通过提供标准的API，可以比较容易地对数据进行整合应用。在NET、J2EE平台中，就提供了很多标准的中间件，用以简化应用集成。如JDBC API用于数据库，JMS API是面向消息的中间件相互通信的应用程序接口，JTA API进行事务处理，Java Mall是用于存取邮件服务器的API等。

业务方法级集成。目标是开发高级组件，这些高级组件实现与应用接口层API之间的通信。这层主要实现高层事务集成架构，包括组件的开发设计，也就是具体实现高层组件如何与低层API之间的通信，以使现有应用程序尽可能的被利用。同时，在设计这些高层组件时必须对可视化、关系、安全性、事务、访问协议、性能等做出规定。

表示层级集成。在IT应用中，数据信息往往需要在用户界面或Web页面中表现出来。表示层级集成不仅仅是简单的用户接口集成，加入Web或者图形用户接口。也不能简单地认为是通过用户接口从现有应用程序中抽出数据，显示在用户界面。表示层级集成的主要工作是为集成信息系统分析和设计统一的用户接口。用户最终看到的将是这些集成的统一接口，看不到具体的后台应用和实现的中间件逻辑。那么，在进行表示层级集成时，就要求用户接口尽可能的简单、适用、一致、界面友好等。表现层实现的用户接口一般可以采用几种方法，包括图形用户接口客户端、Web客户端及多种不同类型的客户端技术的组合应用等。

3.统一过程管理

（1）过程组织要求

"华光礁Ⅰ号"沉船出水文物数字化管理系统建设是一项技术含量高、开发工期紧的项目，同时又涉及多家软件开发商与设备提供商，其对工程管理的要求很高。为了能够按照客户方面提出的要求（内容、技术、时间、质量）保证项目顺利完成，必须采取相应的管理方法对工程实施过程进行控制。

从软件工程方法的角度，以工程化方式来组织一个软件项目的开发，需要从计划到实施直至验收和后期服务等进行过程化管理，定义阶段性工作检查点，对整个项目开发工作进行定期评审。

目前流行的RUP（Rational Unified Process，即统一软件开发过程）方法是一个基于软件生命周期理论、适用于面向对象理论和方法对开发过程进行管理的工程管理方法。所谓软件生命周期，是指一个软件项目的执行，从系统规划分析开始到系统运行为止的线性开发过程以迭代方式不断周而复始地发展，进入一种动态发展的、不断完善的循环。本次项目开发将主要依照RUP的过程管理模型来进行工程管理。

（2）工程计划管理

经过审核通过的进度安排表一旦得到认可，就是一件严肃的事情，无论是业主单位、监理方还是实施单位都要严格遵守执行。为保证项目按计划实施，将采取以下措施。

任何子系统实施之前，要建立正确的项目实施流程。工程实施流程的确立，明确了工程实施各步骤的顺序。

计划管理。凡事预则立，不预则废，工程实施之前一定要有施工计划。工程要求有工程计划，月计划，周工作总结和计划，工程计划要求做到精细化。做工程计划可以有几种方法，如表格、甘特图（条状图）等。

有关需求更改的控制。信息系统实施过程中，需求更改是不可避免的，任何需求更改都会对工程进度产生一定的影响，有的更改甚至会改变系统的逻辑结构，需重新调整进度。为尽量避免上述事件的发生，宜采取以下措施：编制需求分析报告，对功能需求采取“宁多勿少”的原则，尽可能不要遗漏；实施过程中出现的需求更改，需要经过业主、监理方和实施单位的共同协商及评估，确定更改规模的大小、性质。

表现形式、工作流程、报表格式、较小的功能变化等更改对系统整体结构影响不大，经业主认可，由监理发出更改通知，直接实施；增加或减少功能需求更改会影响系统结构和组件设计，此类更改，则需要对子系统进行重新详细设计，确定实施范围、内容以及技术路线。对于此类更改，需要业主发出设计更改书，同时在进度及资金上应该适当的调整和安排。

（3）规范、标准的系统开发方法

系统的设计与实施严格遵循软件工程的思想，采用目前最先进的面向对象的软件设计方法和基于控件（COM、EJB）开发方法。面向对象方法是一种自底向上和自顶向下相结合的方法，它以对象建模为基础，不仅考虑输入、输出数据结构，也包含了所有对象的数据结构。面向对象从具体到抽象，再从抽象到具体，符合人类的思维规律，能更快、更方便地完成任务。具有自顶向下的设计优点，能有效地控制模块的复杂性。系统的改变只是增加或减少一些对象，改动极小。需求分析过程与系统模型的形成过程一致，开发人员与用户的讨论是从用户熟悉的具体实例开始的。使用户与开发人员之间有了共同语言，避免了传统需求分析中可能产生的种种问题。系统设计中的需求分析、可行性分析、详细设计、代码实现、测试与维护都采用规范化、标准化的程序和步骤，以利于减少错误，提高系统开发的效率。在系统的开发过程中，数据生产与入库管理将严格遵照国家标准或行业标准的要求认真实施。保证数据的规范化和标准化，以便能够实现跨系统、跨平台的应用处理。

4. 技术可持续发展性

可持续，简单地说就是指经济、社会、资源和环境保护协调发展，它们是一个密不可分的系统，既要达到发展的目的，又要保护好研究本体（如大气、淡水、海洋、土地和森林等自然资源和环境）。

文化遗产具有揭示遗产普遍价值的基本特质，按照现行文物保护法律的界定，文化遗产是人类历史上不可再生的宝贵资源，一旦被破坏便不可复生。在"华光礁Ⅰ号"沉船项目开展中，全面落实可持续、环保的思想，从前期准备到出水挖掘再到船内测绘、船外测绘、船体构件测绘阶段，灵活地尝试将多源的绿色测绘技术与智能科技技术相结合，论证"华光礁Ⅰ号"沉船考古发掘数字化采集与处理服务工程的科学性、严谨性、可持续性。可持续环保主要体现在以下方面：在测绘与数据采集阶段，将传统的全站仪考古测绘手段与现代先进的三维激光扫描仪、考古测量仪相结合，避免了由于保护技术和手段的滞后所引起的人为因素对文物的损害；建立信息管理系统，将出水文物快速、方便地进行信息管理工作，对文物各个状态下的信息记录，虚拟复原古沉船在海底的保存现状和古船的虚拟拼接等工作；实现日常工作的查询、统计、分析等功能。

四、数据库系统维护

系统维护数据库为整个系统的管理维护提供支持数据，保障整个系统的稳定、安全运行，应包括对用户权限、系统日志、数据字典等数据的设计。数据库功能齐全，页面设计合理美观（图7-4至图7-6）。

图7-4　系统维护数据库界面1

图7-5　系统维护数据库界面2

图7-6　系统维护数据库界面3

　　1.基本数据设计

　　关系型数据库和云存储平台是数据平台层的软件支撑。通过云存储平台和数据库系统，建立一个可以根据需要自由伸缩的云考古工地数据中心，满足应用数据服务的高并发、低投入、可扩展、互联通的需要。

（1）用户权限数据

用户权限由系统管理员进行分配，而权限分配是系统管理员针对不同级别或角色的用户，对于系统中各个功能点分配其是否具有该功能使用权的过程，分配完成后所形成的成果数据即是用户权限数据。用户权限数据主要包括用户名称、密码及系统各功能点间的逻辑真、假信息。

（2）系统元数据

系统元数据用于描述要素、数据集或数据集系列的内容、覆盖范围、质量、管理方式、数据的所有者、数据的提供方式等有关的信息，是对系统的自描述文件。

（3）系统日志数据

系统日志是记录系统中硬件、软件和系统问题的信息，同时还可以监视系统中发生的事件。用户可以通过它来检查错误发生的原因。当系统出现异常时，系统日志数据是系统修复的重要依据。系统日志主要记录了用户及用户在系统中所执行的操作信息。

2. 数据库设计

数据平台建设的目标就是以水下考古业务各类数据为核心，依托成熟的数据库管理和 GIS（地理信息系统）、云存储技术，按照统一的标准，建立具有信息管理、数据综合分析、数据分类查询、综合统计分析及信息服务等功能一体化的二级分布式水下考古数据中心，管理体系覆盖海南省博物馆、海南水下考古研究中心（特指海南省博物馆前南海水下考古中心，下同）、文物考古工作队及所属考古水域多级管理与业务部门，为"华光礁Ⅰ号"沉船出水文物数字化管理系统的基础数据、业务数据等各类数据集中提供数据存储和管理平台；为各类业务系统提供数据支持；通过数据交换体系，完成各类数据的更新；同时，利用数据仓储和数据挖掘技术，对所辖范围内的水下考古业务管理进行科学分析，为科学决策提供数据支持，从而实现对水下考古业务的有效监管。

设计目的：研究完善数据标准，对各类考古信息数据标准进行统一，为考古信息数据的采集、处理、入库与应用共享提供标准与依据；优化数据组织与结构，建立安全、高效的"华光礁Ⅰ号"沉船出水文物数字化管理系统数据管理体系，提高水下考古信息数据的使用效率和系统性能，实现多源、多时相海量水下考古数据的集成管理；与各类考古应用系统紧密集成，为考古信息化提供全面的"华光礁Ⅰ号"沉船出水文物数字化管理系统数据平台支撑；为纵向上下级单位、横向各水域内考古业务之间提供考古信息多级共享机制与技术平台。

3.数据库组成

通过建立科学规范的数据标准，满足水下考古应用系统的需要，基于云计算和云存储服务搭建一个业务全覆盖、信息全覆盖的分布式水下考古数据库，实现多源、多时相海量水下考古数据的集成，满足多级管理和业务单位的考古信息共享和研究。其组成部分如图7-7所示。

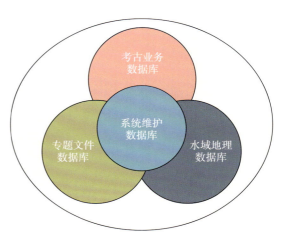

图7-7　数据库组成

（1）考古业务数据库

考古业务数据库主要指考古研究所、考古工作队等业务部门在日常水下考古管理中产生的业务信息，如发掘记录表、出水器物登记表、陶片数量统计表等。目前业务部门基本都具有纸质的相关资料，但大都缺乏数字化及和空间信息的融合。考古业务数据库建设需要根据现有业务数据的内容和结构，定义专门的数据接口，将业务数据和空间数据有效组织在一起，形成一个可共享的考古业务综合信息数据库。

考古业务数据库是以考古发掘记录、考古管理、考古过程数据等构成的数据库，业务数据库以编目的形式存储在数据库表中，业务数据表按一定规则分类组织（图7-8）。

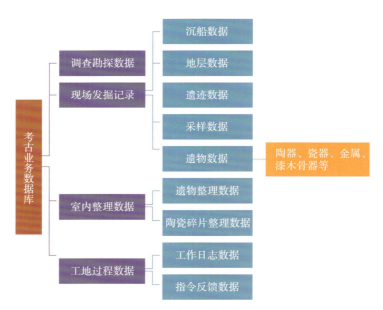

图7-8　考古业务数据库组成

　　水下现场发掘记录，指考古发掘人员在工地现场录入的各类业务数据，包括水下沉船数据、物探数据、钻探数据、地层数据、遗迹数据、采样数据和遗物数据（图7-9）。同时，记录现场照片、视频和绘图资料的属性信息，以便与专题文件数据库的关联。

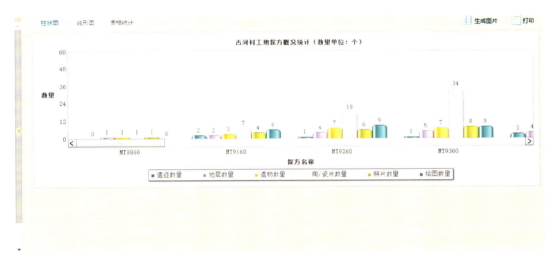

图7-9　考古业务数据库界面1

　　室内整理数据是对现场发掘记录的进一步细化和完善，实现整理阶段对出水遗物和碎片整理数据的存储（图7-10）。

发掘单位		统计结果

古河村工地遗迹所属探方统计					数量单位：
探方名称\遗迹类型	沟:G	陶缸遗迹:TGYJ	灰坑:H	台基：TJ	墓葬:M
MT8860	-	-	-	-	-
MT9160	1	-	-	-	-
MT9260	-	-	1	-	-
MT9360	-	1	-	-	-
MT9460	-	-	-	1	2
MT9462	-	-	-	-	-
MT9463	-	-	-	-	-
MT9559	-	-	-	-	-
MT9560	-	1	-	-	-
MT9561	1	-	-	-	-
MT9562	-	-	-	-	-
MT9563	-	-	-	-	-
MT9564	-	-	-	-	-
MT9565	-	-	-	-	-
MT9566					

图7-10　考古业务数据库界面2

　　水下考古过程数据，实现对工作日志（领队日志、探方日志等）和各上下级业务单位间工作指令数据的存储（图7-11）。

图7-11　考古业务数据库界面3

（2）专题文件数据库

　　专题文件数据库是辅助业务单位进行考古发掘、管理业务的多媒体信息库，主要存储的是以照片、视频、三维模型、全景影像、绘图记录等为主的新型多媒体信息（图7-12）。该库建立了考古区域内所有发掘的数字档案多媒体信息，是管理者真正摸清家底、实现精细化管理的基础。

图7-12　专题文件数据库界面

专题文件数据库包括照片、视频、音频、三维数据等新型多媒体信息。这些多媒体信息按照水域、项目、沉船的层次结构进行组织，针对地层、遗迹、遗物等发放巨额对象进行存储（图7-13）。

图7-13　专题文件数据库

主要组成如下：

图片数据，包括水下考古现场工作照、沉船测绘和结构图、遗迹和遗物照片、CAD图纸、绘图记录、全景影像等（图7-14）。

音视频数据，包括对发掘过程的记录，以实现发掘过程的回放和现场工作录音的记录。

三维数据，主要包括三维点云数据、三维模型文件、三维交互程序文件等数据资料。

全景影像数据，是使用全景相机对遗址、工地、探方或遗迹进行全景拍摄，经处理后形成三维的效果图。

（3）水域地理数据库

水域地理数据库是以"华光礁Ⅰ号"沉船出水文物数字化管理系统水域空间数据结构描述的水下考古地理数据、水下考古项目、水下沉船、水下遗迹、水下地层堆积等要素构成的空间数据库。水域地理数据库按一定规则分层组织，并按要素分类编码标准与业务数据库之间关联，为水下考古发掘与管理、研究提供支撑。

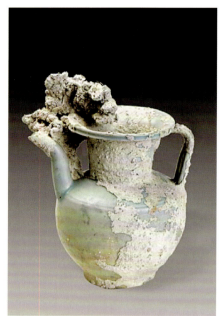

图7-14　图片数据

水域地理数据库是通过对水下考古区域数据获取及水下考古区域影像数据采集处理后所得到的成果（图7-15）。

底图地理数据包括基础底图地理数据和水域底图地理数据，主要作为空间底图背景使用，包括行政区、省界、县界等要素。底图地理数据通过谷歌影像等互联网资源下载获取，对下载资源进行处理后导入到地理信息平台中作为底图进行展示，对于客户单位已有的地理数据可直接进行处理和导入。

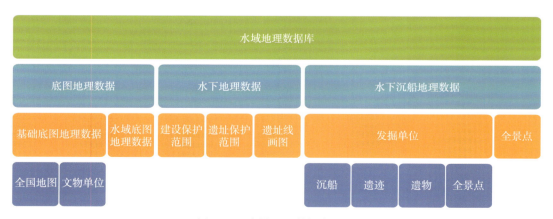

图7-15　水域地理数据库组成

水下地理数据，主要包括建设保护范围、遗址保护范围、遗址线画图数据。遗址线画图中可显示遗址范围内的道路、河流、建筑、田地等线形。遗址地理数据来源于客户提供的地理测绘资料。

水下沉船地理数据，为通过考古测量仪在水下沉船现场所采集的船体空间数据，主要包括沉船、船体船板、遗迹、遗物数据等信息，其中，全景点数据需要在GIS平台中根据全景影像的拍摄位置进行添加。

五、数字化管理平台的开发建设

1. 开发环境

最终形成的软件产品包为"华光礁Ⅰ号"沉船出水文物数字化管理平台。开发语言为.NET，总代码行数为20万行以上，数据库采用 Microsoft SQL Server 2008。

2. 设计原则

（1）界面易用性

为了增强用户的体验性，系统进行了良好的操作界面设计和完备的帮助信息。界面设计上尽可能简洁，对所有网站中的信息都以自然和合乎逻辑的次序出现；具备良好的出错信息提示，并用清晰、精练的语言来表达。在网站内容发布上，支持可视化和Html代码等多种编辑模式，良好的图、文、表格混排效果，在不破坏图片、Flash、多媒体、表格等原始状态情况下的插入，与常用格式兼容，提供丰富的可视化信息编辑工具。

（2）兼容性

网页能在Internet Explorer 9.0以上版本、Google chrome、Firefox等主流浏览器上运行，能自适应不同分辨率，兼容不同设备，以确保用户在不同应用场景和设备上的体验效果相似。

（3）前瞻性

系统采用三层结构，使之在平台和技术上具有前瞻性、扩充性，从而保证了建成的网站系统具有良好的稳定性、可扩展性和安全性。

（4）安全性

系统建设了完备的安全管理模块，充分保证系统的可靠性和安全性。系统设计中，进行了适量冗余及其他保护措施，系统安全方案包括防火墙、杀病毒、入侵检测、审计跟踪等系统，具备防范来自互联网各种攻击的能力，具有较强灾难恢复能力。

3. 管理平台功能

该平台主要包括：录入子系统、检索子系统、统计子系统、展示子系统和后台管理子系统（图7-16）。

图7-16　登录界面UI示意图

（1）录入子系统

录入子系统满足水下考古遗址、水下文物的数字化入库及相关资料维护功能。该模块可以满足集中式录入和分布式录入的需要，提供快捷灵活的录入方法，具体分为前期工作、出水文物两大模块。该模块满足"华光礁Ⅰ号"沉船研究工作对资料管理的需要，可以及时快捷对资料进行上传、下载。

① 前期工作模块

资料收集。资料收集模块满足以图片、文字记录、影像测绘的方式对遗址工地的历史地图、文献资料、考古资料和环境资料的收集和管理（图7-17）。

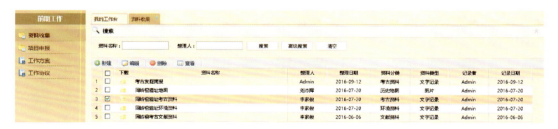

图7-17　资料收集

项目申报。项目申报模块实现对出水文物的申报方案等管理类文档资料的管理和查询（图7-18）。

工作方案。工作方案模块实现对出水文物的方案、预案、制度、工作计划等管理类文档资料的管理和查询，如调查方案、文物保护预案等文档的管理（图7-19）。

图7-18 项目申报

图7-19 工作方案

工作协议。工作协议模块实现对出水文物的协议与制度等管理类文档资料的管理和查询，如防灾预案、安全预案的文档的管理工作（图7-20）。

②出水文物模块

出水文物模块满足"华光礁Ⅰ号"沉船出水文物管理的需要，也可以上传器物的线画图、图片、视频；同时也满足利用数字化装备对器物进行扫描，形成三维模型的管理需要。共分出水文物管理、采样记录管理、三维模型管理三个部分。

出水文物管理针对出水文物本体信息，可以维护器物的编号、名称、年代、质地和形制等内容（图7-21）。

图7-20　工作协议

图7-21　出水文物管理

　　采样记录模块满足"华光礁Ⅰ号"沉船样品管理的需要，也可以上传器物的图片及绘图等。针对样品的本体信息，可以维护样品的编号、名称、取样方式等内容（图7-22）。

　　三维模型管理，利用数字化设备进行采集，形成的三维数据，为了统一方便管理，三维模型管理模块满足所有的三维数据管理，也满足浏览等功能（图7-23）。

　　（2）检索子系统

　　检索子系统负责提供对大数据的智能化云检索的实现，可以灵活的配置检索条件，以精确和模糊等多种匹配方式，快速地从海量数据库中，抓取所需的各类数据资源，

图7-22　采样记录管理

图7-23　三维模型管理

并加以呈现。能够通过该系统的查询功能将所采集的信息以先进、合理、美观的方式展示在电脑界面上，并提供多种查询方式，让用户从大量的出水文物数据中快速、准确地获取到需要的信息。

①出水文物检索

出水文物检索模块可以从海量的出水文物中检索所需要的文物，可以按照质地、编号和名称进行查询（图7-24）。

②采样记录查询

采样记录查询功能满足按照不同类型快速查找所需要的信息，如取样类型、取样方式等查询条件（图7-25）。

图7-24　出水文物检索

图7-25　取样查询

（3）统计子系统

统计子系统负责提供各类统计分析工具（空间的、非空间的）、数据挖掘工具（聚类分析、关联分析等），并灵活配置统计条件，开展各种分析研究工作，并将统计结果输出成各种所需的报表、文档。可以实现对探方、遗迹、遗物等发掘对象的综合分类统计，以数据列表、多样式的统计图表显示统计结果，使用户以最简单最直接的方式了解文物出水的情况，并进行研究分析，为考古人员提供准确、全面、可靠的数据资料，是开展考古研究工作的重要分析工具。

① 出水文物统计

将出水文物以质地分类，以柱状图、线图等统计图表的形式显示统计结果。统计结果可以格式化的输出，并支持打印操作（图7-26）。

　　② 采样统计

　　通过采样的统计，汇总各类型采样，能够以柱状图、线图等统计图表的形式显示统计结果，统计结果可以格式化的输出，并支持打印操作（图7-27）。

图7-26　出水文物统计

图7-27　采样统计

（4）展示子系统

　　展示子系统满足将丰富的考古发掘数据资源进行整合、加工，以直观、灵活的方式加以表现，包括不同类型数据的展示方式、各类研究成果的展示、考古发掘过程的展示、虚拟复原的展示等，其中包括项目基本信息、项目照片、项目视频、项目三维、项目图纸等模块。

　　基本信息。基本信息子模块能够快速浏览项目基本信息，包括项目名称、项目简介、年代、主要收获等信息（图7–28）。

图7–28　基本信息

　　项目照片。项目照片子模块能够快速浏览项目的影像信息，包括工地远景、原始地貌、开工照片等（图7–29）。

图7–29　项目照片

　　项目视频。项目视频子模块能够查看播放工地所有的视频，并且提供在线播放功能（图7–30）。

　　项目三维。项目三维子模块能够查看播放浏览项目的所有的三维，并且放大、旋转等功能（图7–31）。

　　项目图纸。项目图纸子模块能够快速查看工地的图纸资料（图7–32）。

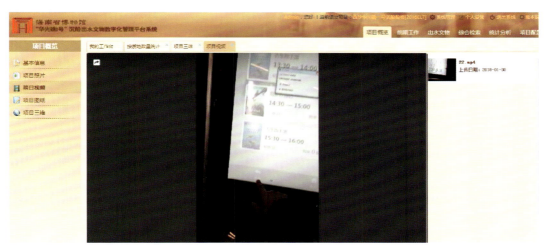

图 7-30　项目视频

图 7-31　项目三维

图 7-32　项目图纸

（5）后台管理子系统

后台管理子系统主要面向软件平台的系统管理人员，实现对系统登录用户、数据资源、登录用户的权限、项目信息的管理等功能（图7-33）。

图7-33　用户管理

第二节　数字化成果展示

表7-2　数字化成果清单

序号	成果名称		数量	文件大小（GB）	文件格式
01	原始数据	船板	1175	694	*.xyz *.jpg
		雕像	63	1484	
		文物	10	155	
02	三维模型	船板	1175	42.2	*.fbx
		雕像	62	21.9	
		文物	10	1.39	
03	三维交互	船板	30	2.03	*.exe
		雕像	53	11.9	
		文物	10	1.48	

续表7-2

序号	成果名称		数量	文件大小（GB）	文件格式
04	二维线图	船板	511	3.9	*.dwg
		雕像	53	0.37	
		文物	10	46.5	
05	现状船体组装动画		1	/	*.mp4
06	虚拟船体复原动画		1	/	*.mp4
07	管理平台		1	/	部署包
08	考古测量仪操控软件		1	/	部署包

一、船板数字化成果（图7-34至图7-37）

图7-34 XHI：287船板原始纹理

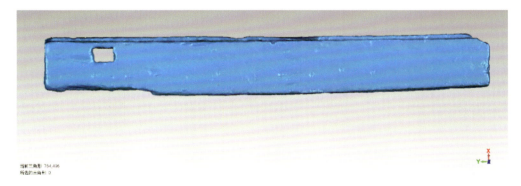

图7-35 XHI：287船板三维素模

图7-36 XHI：287船板三维交互

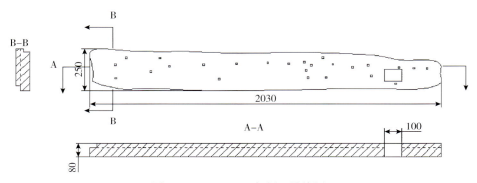

图7-37 XHI：287船板二维线图

二、文物数字化成果（图7-38至图7-41）

图7-38 南宋青白釉瓷
执壶原始纹理照片

图7-39 南宋青白釉瓷执壶
三维素模

图7-40 南宋青白釉瓷执壶
三维交互

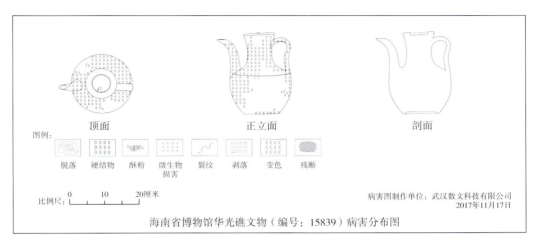

顶面　　　　　　　　　正立面　　　　　　　　剖面

图例：

脱落　硬结物　酥粉　微生物　裂纹　剥落　变色　残断
　　　　　　　　　损害

比例尺：　0　　10　　20厘米

病害图制作单位：武汉数文科技有限公司
2017年11月17日

海南省博物馆华光礁文物（编号：15839）病害分布图

图7-41　南宋青白釉瓷执壶二维线图

三、船体复原数字化成果（图7-42）

图7-42　"华光礁Ⅰ号"船体复原图

第三节　小结

一、系统开发意义

项目实施初期，由于船板浸泡于去离子水池中，无法直观查看单块船板数量及断裂情况，忽略了船板搬运、拼接等环节，以致技术手段、项目工期评估不够准确，造成了项目工期的延长，后期通过现场分析、增加人员投入、定制大量扫描铁架、数字化拼接的方法解决技术难题，使船板数字化顺利完成，提高了项目组成员的现场实施能力，为此类水下考古项目积累了丰富的数字化制作经验。

项目实施后期，由于对造船文化研究深度不够，以及"华光礁Ⅰ号"沉船复原资料欠缺，造成了船体虚拟复原制作无法推进，项目实施进入瓶颈期，后通过积极搜集"华光礁Ⅰ号"考古资料，联合国内船舶专业专家，通过船板碎片结构、钉孔信息，分析此类船体的历史、工艺、结构特征，为船体虚拟复原提供了帮助，使大家初步了解"华光礁Ⅰ号"古船的历史意义和制造工艺，为研究"华光礁Ⅰ号"沉船历史、文化价值提供了科学的技术支撑。

二、精细的三维激光扫描技术

三维扫描仪（3D Scanner）是一种精密的激光测量仪器，用来侦测并分析现实世界中物体或环境的形状（几何构造）与外观数据（如颜色、表面反照率等性质）。搜集到的数据常被用来进行三维重建计算，在虚拟世界中创建实际物体的数字模型。本项目采用的地面三维激光扫描仪，操作简单，可实现所采集点云的实时、高精度拼接，配合高清纹理拍摄技术，可获取器物相关的点云及纹理影像数据。通过非接触式三维扫描测量技术采集的点云数据，可避免对物体的损伤且几何测量精度高，从而实现船板及出水文物的真实仿真。

三、超高清的文物摄影技术

文物多为历史古代遗珠，丰富的文化造就了文物特色，表面多具色彩斑斓、星罗棋布的纹理图案，为完整记录文物纹理信息，纹理素材拍摄时必须拍摄完整，细节无遗，尽量保持正射角度并尽可能减少摄入冗余像素。项目采用专业的单反相机系统，具有丰富经验的外业工程师可以高效的拍摄获取文物多角度超高清纹理影像，成果细腻清晰展现文物纹理信息，为文物三维精细化展示提供数据支撑。

四、逼真的三维建模技术

经过三维激光扫描采集的船板及文物数据需要经过虚拟三维建模方可形成完整的立体模型，利用专业的三维模型处理制作软件，将三维点云数据经过优化、封装、简化等过程生成三维素模，进一步完成纹理图片处理、模型 UVW 坐标编辑等，最终实现船板及文物的 3D 数字还原。

五、严谨的虚拟复原技术

依据相关考古资料、历史文献及专家意见，利用专业绘图软件制作出反映"华光礁Ⅰ号"沉船样式的设计图，并基于设计图和相关场景参考资料，在三维设计软件中完成"华光礁Ⅰ号"沉船的虚拟三维复原工作。以船体虚拟复原模型为基础，利用计算机虚拟三维技术和视频特效编辑技术制作出真实反映"华光礁Ⅰ号"沉船特色文化的三维动画视频。

六、跨平台展示技术

功能化、应用化的技术发展带来了独立应用的革新，越来越多的功能系统可以独立无插件、全面跨平台的运行服务，其中 Unity 3D 技术工具将这一新趋势引向高潮。Unity 3D 是由 Unity Technologies 开发的轻松创建诸如三维交互、建筑可视化、实时展示等类型互动内容的多平台的综合型开发工具，是一个全面整合的专业游戏引擎。其具有统一的编辑器、延迟渲染、全局光照、镜头特效、材质编辑等一系列强大功能特点。

不仅功能完备，其编辑器既可运行在 Windows 和 Mac OS 下，也可发布内容至 Windows、Mac、Wii、iPhone、Web GL、Windows phone 8 和 Android 等众多平台。同时其光影效果十分拟实，未来可应用于虚拟交互、AR、VR 等展示互动领域。

第八章 "华光礁I号"沉船的复原

南海是古代"海上丝绸之路"贸易往来的必由之地，古代中国与海外沿线国家进行经济交易往来时，有不计其数的船舶路经此地因遭遇海难而沉没于此，使南海水下文化遗产数不胜数。这些淹没于水下的船只残骸以及船货等都是我国宝贵的历史文化遗产，为我国古代海外贸易史提供了实证。"华光礁I号"沉船遗址的水下考古发掘，是我国首次大规模、有组织的远海水下考古，出水船货文物种类繁多，数目庞大，引起了国内外的极大关注。

加速开展"华光礁I号"沉船的复原、造船技术和航海科学技术、陈列展览、保护技术等研究，将会大力提升海南在国内外的影响力和科研水平，为建设新南海海上丝绸之路发挥作用。

第一节 古船复原研究方法

沉船是研究古代航海技术、造船技术、航海文化和古代社会文明的重要实物资料。据不完全统计，至今仍有数百万艘尚未打捞的沉船潜藏在世界各个海域里。船体复原研究涉及历史文化、航运技术、造船工艺和船舶设计等多个专业。中国的造船及航海技术在宋时发展到顶峰，海船上指南针、减摇龙骨技术等的发明、使用，表明宋朝航海造船技术居于当时世界领先的地位。1974 年，泉州后渚港宋代海船出土，发现了 3 层船壳板；2008 年发掘出水的"华光礁I号"宋代海船，发现建有 6 层船壳板；近年来发掘中的"南海I号"宋代沉船也被确认是 3 层船壳板。袁晓春认为[1]这几艘有 3～6 层船壳板的宋代海船的发现，使世界造船史上未见的宋代木质海船多层外板造船技术浮出海面，重现人们面前。宋代多层外板造船技术是世界造船技术的一项重要发明，但今已经失传，对其进行专题性研究对于传承中国优秀海洋文化、传播中华睦邻友好海洋文明等有着重要意义，也为古代海上丝绸之路的研究提供了非常宝贵的宋代沉船文物实例。"华光礁Ⅰ号"沉船 6 层外板技艺，充分展示出我国古代先民高超的造船技术和卓越的造船成就。

船舶是古往今来水上或海上交通的重要工具，其建造技术是当时海上交通发展程度的重要体现。出土/出水古船是研究古船技术的最重要的实物资料，能最直接反映当时的船舶技术发展水平，因此，其复原研究的重要性不言而喻。

一、实地测绘

古船复原前的实地测绘工作非常重要，往往直接关系到古船最终能否顺利复原。古船测绘的主要内容包括[2]：第一，船体型线测绘。船体型线图是复原古船的基本图样，是保证船舶其他测绘工作得以继续的基础。第二，船体结构测绘。据此能够绘出表示船体结构形式和工艺的图样，这也是研究古船的关键内容。实地测绘在发掘现场进行，由于船体破损且变形严重，使测绘过程异常艰难，测绘的准确性也会受到制约。为了保证测绘结果的合理与精确，通过分析决定：船舶长度采用分段测量，然后叠加求得。这虽然会产生累积误差，但相对较为准确。型线根据古船各舱壁所保存的部分残板为基础进行测量，外板则逐舱每列板实测，然后连接。

出土（出水）古船进行测绘时，通常会遇到下面两种情况：第一种，古船整体打捞、出土（出水）。其好处是保留了古船整体原貌和原始信息，为后续的复原研究带来一定的便利，但有时船板、材料厚度难于确定，个别工艺细节需做进一步细致的观察与测量。而对于有龙骨的船，主龙骨与首龙骨、主龙骨与尾龙骨之间接头缝隙处是否放置有吉祥物也难以把握。第二种，古船出土（出水）时不得不先行拆解，然后再在现场或保护基地对古船的板材分别进行测绘。此种情况，有利的是，可以对各板、构件的尺寸、形状、完整度、结构连接形式进行详细测绘与记录，可以较精准地把握古船的建造工艺、结构特征，并为后续复原研究奠定良好的基础。不利的是，因展现在测绘人员面前的不是古船整体的立体原貌，需要测绘人员结合古船出土（出水）前拍摄的照片、绘出的遗物平面总图，反复对照、测绘，在思维上构建出古船上的各个木板、构件所处的位置及连接方式。要先进行概念性的整体组装[3]。

二、古船复原方法

古船复原技术方法很多。

龚昌奇[4]根据中国古代木船的残存程度认为主要复原方法有：

1.对于保留相对较为完整（即主要舱壁保留基本完整）的古船，以考古测绘图为依托，进行实地补充测绘。利用舱壁结构的轮廓特点，测绘出古船的基本型线。在此基础上，利用残存部分，进行局部实体复原。结合船体相关的性能特点，对其他部位通过反复测算，完成全船整体结构和布置复原。

2.如果古船残缺严重（舱壁基本无存，"华光礁Ⅰ号"古船便属于此类情况），则只能通过考古发掘资料，进行实地观察分析，了解船体的结构形式。结合考古发掘对地层、年代的断定，参阅、比对已发掘的、同时代的古船和存世的历史文献，找寻对复原工作有帮助的船舶时代特点以及有关数据、形制，完成古船的型线和其他内容的复原。韩国复原的新安古船便是采用此种方式完成的。

沉船的复原完全等同于新造船只，需要先搭建船台，整体复原工作在船台上进行。（1）测绘与拼对。对隔舱板、船外板进行测绘；拼对船上的木构件：将已脱水正形的每一块沉船木构件按照拆卸编号进行分类，检查是否缺少；将已分类的每一块船木构件按照拆卸的图纸和编号排列到原来的位置；以沉船发掘的考古资料、拆卸图纸、编号等原始资料为依据，将沉船的木构件进行拼对；（2）船体复原。先是型线的复原，根据实测结果，先绘出中纵剖线，后结合总布置草图，绘出型线图，最后进行复原。

何国卫[5]将古沉船复原方式按其发掘出水程度分为沉船残体拼装复原、延伸复原和古沉船整体设想复原；他认为复原的真实性、可靠性和科学性是复原的追求所在，是古沉船研究的重要方面。在古沉船的发掘复原中运用如下六个基本原则：①船体左右的对称性；②船体曲面变化的趋向性；③船体表面的光顺性；④构件在位的功能性；⑤拼装构件的对应性；⑥构件连接的铁钉钉眼的唯一性。

古船的复原方法一般有以下几种：

（一）沉船残体拼装复原

沉船残体拼装复原是指将沉船残体的构件拼装成型的复原。古沉船残体构件往往在出土（水）前就已严重地散架，或为移位的需要，不得不人为地将沉船残体拆散运输或进行水下散架打捞。这种情况下，古沉船的复原首先就需将分开了的残体构件进行拼装成型。拼装前先按构件的编号，将各部位的相邻构件拼接并确定其在船上的位置，然后将拼装构件置放在预先制好的托架上。托架有用钢材的也有用木料的，它以龙骨为基准先置纵向托梁，再以舱壁或肋骨所在位置上的外缘型线为准并根据板厚设置横向托架，构成船体托架。蓬莱古船就是沉船残体拼装复原的典型例子。

（二）沉船残体延伸复原

沉船残体延伸复原实际上是还原沉船船体"真实性"的考古修复，它是在出土（水）的沉船被拆散的构件拼装成形复原的基础上，做沉船残体的延伸来复原整个船体。鉴于船体的外形不具有陶瓷器文物的轴对称性，只有船体的左右对称性，因此沉船残体的延伸修复比轴对称的陶瓷器的难度大得多。沉船的延伸复原除了充分掌握船舶左右对称性外，还需依船体形状的变化趋势和船体表面光顺连接的原则进行延伸处理。不过，补缺延伸部分复原的真实性和精确性主要取决于沉船残体留存的程度和复原人员的学识和经验。不同的学者对复原船体有不同的复原取值是很正常的。沉船一般最易缺失的是船首、船尾、甲板和舷侧板等部位结构，此时所进行的补缺延伸所得出的船长、船宽、型深的取值就不可能完全一致。

在拼接并修补延伸缺损部位时，修补部位的材色应与原残体有所差别，以显示延伸痕迹，这样便可清晰辨别哪些是原沉船残体，哪些是延伸复原部分。延伸补缺部分的构件与沉船原构件的色差能很明显地展现沉船残体的原本状态以及整个主体的面貌。山东菏泽元代沉船只残存船底和右侧部分船体构件，该船在沉船残体拼装复原的基础上进行了补缺拼装的延伸复原，鉴于该沉船左侧船壳构件基本丢失，在遵照船舶左右对称性原则下进行了左侧船壳的全面补缺复原，同时将残存船舵做补缺复原，效果甚佳。江苏太仓博物馆的古船也进行了类似的复原（图8-1）。

图8-1 太仓博物馆古船复原效果

（三）古沉船整体设想复原

古沉船的发掘复原仅是沉船主船体的复原，作为完整的古沉船复原还应该包括主体以上部分结构和设备的复原，如舷墙、舱口、舱室、船楼以及桅、帆、舵、锚、绞车等的配置和在全船的布置。沉船主体以上部分往往丢失，此时的沉船复原主要是靠对沉船的船型、船种等的分析并结合史料综合研究，可见，这种复原存在一定的推测性，或存在复原的多种可能性，所以称其为古沉船的设想复原。

设想复原的可靠程度取决于对沉船信息掌握的多少和复原研究的深浅。设想复原完成的结果反映在复原图纸资料或复原船模以及与沉船原大的仿古船上。主要的复原图纸资料一般有型线图、总布置图、基本结构图、横中剖面图、帆装图、舾装属具图及静水力曲线图等；复原船模可根据需要按一定比例制作。“蓬莱1号”船的总布置及帆装图就是设想复原的一例。

第二节　沉船的考古实测

“华光礁Ⅰ号”沉船自被发现后先后经历了两次有组织的水下发掘。1998年1月23日至1999年1月4日，水下考古调查队对沉船遗址进行了抢救性试掘，共出水陶瓷器、铜镜残片等遗物850多件以及船板等物品。2007年至2008年，由中国国家博物馆水下考古研究中心组织，再次开展“华光礁Ⅰ号”古船遗址的发掘工作，打捞出水文物近万件（图8-2）。

2007年第一阶段发掘完之后，为了保护船体，对遗址进行了保护性回填，再加上一年多的时间里水流形成的自然回淤，2008年第二阶段发掘时船体上已覆盖一层厚约20～80厘米的堆积。同时由于渔民继续在遗址进行盗掘活动，大部分隔舱板被破坏，2007年残存的10道隔舱板（图8-3）到第二阶段发掘时仅剩3道，部分船板也由于盗掘者掏瓷器而被掀开，使得遗址表面散落一些船体构件。

第二阶段的发掘工作开展于2008年11月至12月间，这一阶段主要对沉船进行清理，并对每块船板编号（图8-4），进行测绘、摄影摄像等资料提取工作；船板发掘出水后，再进行防霉保湿等保护处理，同时对船板进行细部测绘和登记，最后包装好再装箱。

在提取古船体的过程中，以龙骨西侧船板的断裂处为界，分成两组拆解船体，

图8-2 "华光礁Ⅰ号"沉船两次发掘时水下考古现场照片
（上图2007年拍摄，下图2008年拍摄）

从南、北、西部断面均可发现这艘沉船的船板有5～6层，在最上面的3层船板列板之间有窄长、较薄的压缝板，断裂严重；船板上的铁钉大多因长时间掩埋和海水腐蚀已无存，仅留下钉孔和一些锈结的钉头以及呈块状的舱料等；因此，水下工作人员制定了先易后难、由上至下清理的原则。先将船体上面比较零散的第一层船板清理完，再逐层清理第二、三、四、五层，最后清理龙骨。编号则采用阿拉伯数字顺序编号，每露出一块船板，马上对其进行编号，号码统一固定在船板的南端正面，隔舱板的编号则统一固定在西端正面。在取每一块船板时，均先对其进行拍照及信息收集，不仅要求体现它与相邻船板的平面位置关系，还要体现它们之间的连接关系。在拆板过程中如有重要发现则马上停止拆板，待资料提取工作完成后再继续进行，板拆下来后马上送到托架上，并用松紧带固定。由于大部分板较长，且裂缝较多，在提取以及运送过程中极易发生断裂现象，对分装在几个托架上的长板，每个托架均编号，注明板的编号以及位置，以便出水后再拼接。船板固定在托架上后，再用平台运送到工作船上。

第二阶段发掘时实测船体水平总残长17米，残宽7.54米，船头方向320°。与2007年相比，略有差别，主要是一年多来被破坏所致，一些原来就腐朽较严重的板经过渔民的盗掘，已荡然无存。大部分船板的表面呈浅褐色，部分炭化较严重的呈黑色，表面还可见许多裂纹和一些船蛆腐蚀的痕迹，尤其是龙骨西侧凝结物底下的船板，由于遭受重压并被金属物质侵蚀，呈粉碎状态，无法成块提取。龙骨东侧的船板由于造礁珊瑚较高，船体埋藏浅，保存较差。龙骨西侧的船板由于埋藏较深，保存相对较好。在距龙骨约3.5米处有一裂沟，南北段裂开最宽约1米，中间未全部裂开，仍然连在一起。龙骨除了艏龙骨破坏较严重外，主龙骨和艉龙骨则保存较好。整个船体由东北向西南倾斜，东北面距海床表面0.3米，西南面则有约2.3米，高差约2米。

在裂沟中发现一些瓷器，应是船体在坍塌后造成船板撕裂，器物坠落下去。在西边底层船板下面也发现有执壶、大盘、盒、罐等器物，还发现了一些以往所未发现或很少的器物，如小方口瓶、青釉大盘等，应是船体在坍塌前滑落下去之后又被垮塌下的船板压住。从船板的位置看，龙骨西边第1排到第10排可能为船底板，第11排到第15排可能为船侧板，西边裂沟的位置应处于船底板和侧板交接的位置。

2007年第一阶段水下考古发掘之后，同年年底用科学的方法将整个船体拆解出水，在拆解的过程中对船体结构和形制有了更深入的认识，获得了大批的第一手材料。虽然这艘船仅西半部保存较好，根据对称原理，这对复原古船有着极大的价值，对研究我国的造船史和海外交通史也有着非常重要的意义。2008年的船体发掘是我国第一次真正意义上的水下考古发掘船体工作，同时，这次出水的船体在国内也是罕见的。首先它的船板层数多，大部分有5层，局部有6层叠压，而且船板体量大，大部分主要船板长度均在5米以上，最长的达14.4米，宽度也在30厘米以上，最宽的达48厘米。此次提取有编号的船板共511块，采集有编号的船板48块，共装入244厘米 × 47厘米 × 35厘米和244厘米 × 61厘米 × 35厘米两种规格的木箱177个。此外，还采集了近100个样品，包括各部位的船板、舱料、珊瑚砂等。

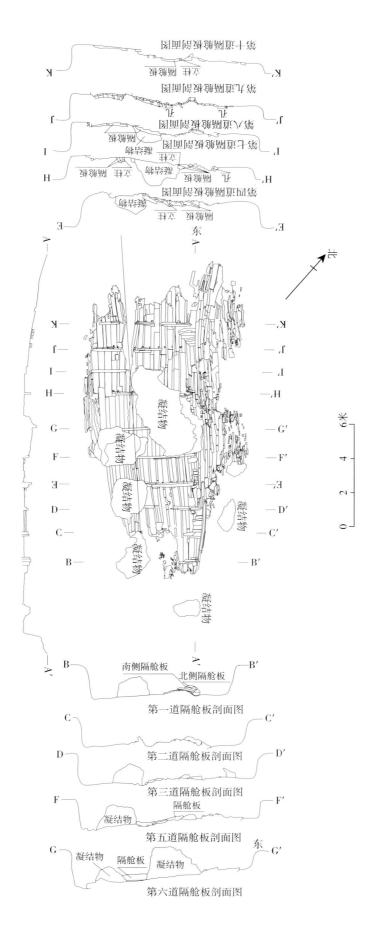

图 8-3　2007 年第一阶段发掘时 "华光礁Ⅰ号" 沉船考古实测图
（国家文物局水下文化遗产保护中心水下考古队制图）

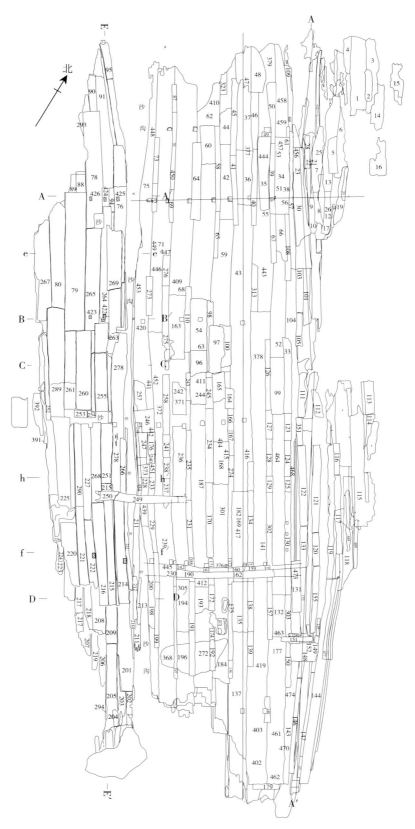

图8-4　2008年第二阶段发掘时"华光礁Ⅰ号"沉船总平面及板材构件编号示意图

（国家文物局水下文化遗产保护中心水下考古队制图）

第三节　沉船龙骨的测绘与分析

宋代的大型海船一般采用尖底龙骨船结构，具有很强的抗御风浪能力。在船舷两侧又夹持着大鬃，提高了船体的纵向强度。龙骨最迟在宋代已经出现，因有显著的防摇效果，故又被称为防摇龙骨。"华光礁Ⅰ号"古船龙骨只留存了主龙骨和部分艏龙骨。

一、龙骨的测绘

根据"华光礁Ⅰ号"水下考古现场发掘打捞记载："龙骨除了艏龙骨破坏较严重外，主龙骨和艉龙骨则保存较好。""龙骨残长 16.7 米，共分成三段，最北段应为艏龙骨，残长 2.86、宽 0.25、厚 0.075 米，从南端与主龙骨交接处便折向东，中间有缺失，共编二个号（北段编号 499，南段编号 502），应是船体坍垮时造成，南端则置于主龙骨凹榫中。主龙骨两侧为企口，侧面较直，底部略呈弧形，中间略宽，两端较窄，长 10.53、宽 0.44、厚 0.24 米，中间亦有缺失，共编三个号（北段编号 106、中间编号 511、南段编号 326），其南端与艉龙骨以凹凸榫相接。最南段应为艉龙骨（编号 374），南端残，残长 2.65、宽 0.32、厚 0.21 米。在靠近南端处有一宽 0.135、深 0.012 米的凹槽。在龙骨的南端西侧约一米多为底板直接插入龙骨下之外，其他两侧均有一层宽约0.13、厚约 0.02 米的薄板紧贴龙骨的侧面。"（图 8–5 至图 8–9）

图 8–5　龙骨残体示意图

二、龙骨连接形式

存放在海南省博物馆中的船材构件，因已经拆解，无法得到其连接形式。

从"华光礁Ⅰ号"古船龙骨照片来看，该船装配有粗大的龙骨，主龙骨与艉龙骨连接方式采用凹凸榫榫接，榫头上用 4 枚大钉钉连（图 8–10、8–11）。从采用粗大龙骨与连接方式等方面分析，该船与大多数尖底海船结构类似，可能属于福船型。主龙骨连接 2 层疑为加强材的结构为中国古代沉船中的首次发现（见图 8–9）。而以往发现的中国古代沉船，加强材只出现在龙骨两处接头部位。

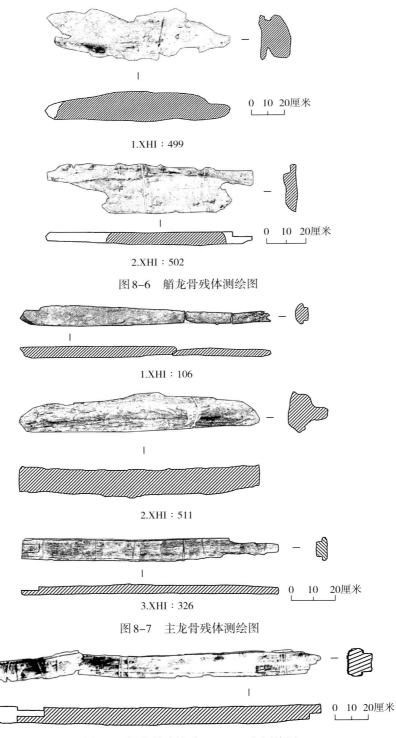

1.XHI：499

2.XHI：502

图8-6　艏龙骨残体测绘图

1.XHI：106

2.XHI：511

3.XHI：326

图8-7　主龙骨残体测绘图

图8-8　艉龙骨残体（XHI：374）测绘图

图8-9　主龙骨与其上的木结构（图1-3A断面）

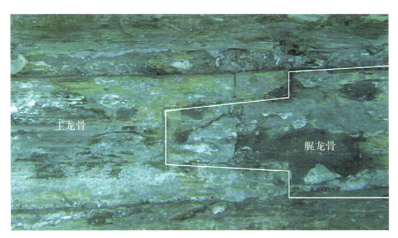

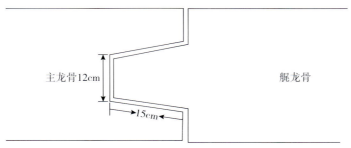

图8-10　艉龙骨与主龙骨连接详图

图8-11　艉龙骨与主龙骨接头照片

艏龙骨南端置于主龙骨北端凹槽内，推断为凹凸榫相接，如图8-12。

图8-12　艏龙骨与主龙骨连接照片（水下现场拍摄）

三、主龙骨上部结构分析

水下发掘时在主龙骨和艉龙骨连接处的上方、首柱与艏龙骨的连接处上方发现有一层或两层叠压在龙骨上的板材结构，构件大多保存不佳，其横截面为梯形、长方形，纵向有的平直，有的为弧形，长43～224、宽9.5～32、厚6～15厘米。板两侧都留有大量白色凝结物和多个钉孔，它们之间以及与龙骨、船壳板之间以铁钉相连，再涂以桐油灰加强密封。如图8-13中的23号和30号板。

30号板南、北两端完整，平直。中间厚。南、北两端上翘，底部向正面平斜。正面呈黑色，中部略凹，残留大量黏合剂。钉孔孔径1厘米，孔距20～35厘米（图8-14）。据其形状和与主龙骨的连接推断，应为龙骨补强材。

30号板上面钉接的23号板南、北两端残，背面较平整，其北端变薄，形成残长38厘米的搭口。东、西两侧完整。船板横截面呈梯形，背面西侧有11个小方孔，孔径0.5厘米，钉孔皆对穿至背面东侧面，东侧面共12个钉孔，其对应的西侧面残破。两侧钉孔为水平方向，应为连接外板的钉接痕迹。背面有与30号板钉接的钉孔（图8-15）。

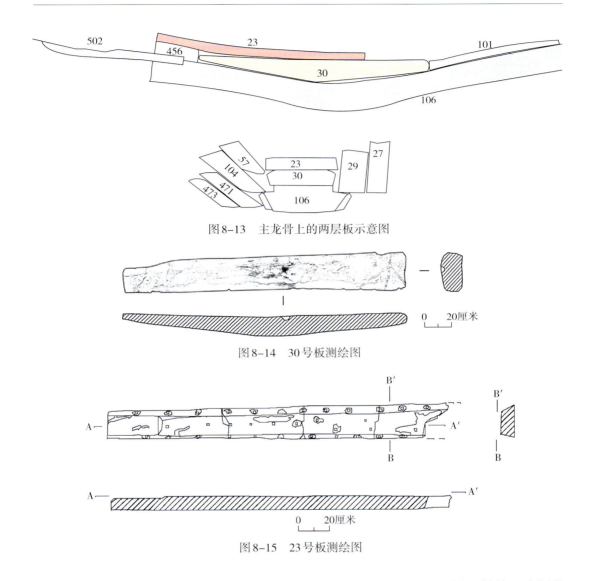

图8-13 主龙骨上的两层板示意图

图8-14 30号板测绘图

图8-15 23号板测绘图

从水下测绘图和连接痕迹判断，23号板和30号板可能为龙骨的补强结构，多层的龙骨结构也很有可能是宋代多层板的连接工艺的一部分。

四、其他龙骨上连接的结构

在龙骨两侧、紧贴龙骨的腹部，共发现8条材质不详、形状规则的长方形条木，长54.5～310、宽5.5～16、厚2.5～5厘米。护板并未贯穿龙骨两侧，其中龙骨中侧断裂处两侧及龙骨后部右侧未发现护板。护板大多被海虫蚕食中空腐朽，加上海水长年浸泡，腐烂严重。板的正、反面残留大量的白色凝结物，并有一些钉孔，说明护板与龙骨、船壳板之间是以铁钉相连，并涂以大量的桐油灰加强稳固性和密封性。护板贴在龙骨两侧，主要作用应是减少龙骨的磨损。

图8-16　疑为龙骨保护结构的龙骨翼板

第三节　沉船外板的测绘与分析

宋元时期中国中等以上的海船多采用多层板结构，板材的连接方式有平接、斜口接、榫接、搭接等。接头处用木榫穿固，再以铁钉钉牢，然后填充艌料。

一、多层板的测绘分析

"华光礁 I 号"沉船水下考古发掘记录记载："龙骨东侧船体残长16.1米，残宽1.9米。残存四层船板，除龙骨旁的侧板保存较好外，其他均腐朽严重，最底层的基本上已看不出板的完整形状，提取的板大多残长在几十厘米至2米之内。船板的连接方式不多，龙骨旁的侧板纵向以凸榫搭接，上下则以企口或错缝搭接，横向则以铁钉相连，在龙骨北端东侧的侧板上还有滑肩同口。底板有凸榫搭接，也有平接。所有船缝之间以及钉孔均用艌料密封，特别是在龙骨东侧第三层侧板的下面有一段长约1.5米的艌料，断面呈直角三角形，直边长约0.05米。船板缝之间的艌料许多还掺有麻丝，而钉孔的艌料则不掺麻丝。艌料一般呈灰白色，质地坚硬。"（图8-17）

图8-17 遗址南端断面照片

"龙骨西侧船体保存相对较好。水平残长16.62米，残宽5.24米，残存3道隔舱板，其他仅存隔舱板旁边的立柱和痕迹。根据2007年的实测，船体共10道隔舱板，中间9个舱（从南端开始）的进深依次为1.15、1.35、1.18、1.42、1.54、1.95、1.14、1.10、1.32米。西侧共有15列板，除裂沟西边发现两列有第六层板外，其他均为五层板。其中第一、二层板较厚，一般厚约0.06~0.1米，三、四层板略薄，厚约0.04~0.05米，第五层板则最薄，厚约0.02~0.05米。西边有第六层板的则第六层板最薄，厚约0.03~0.05米。第五层板腐蚀严重，部分船板仅剩边缘部位。搭接方法主要有企口搭接、滑肩同口、平接等，企口搭接主要在第一、二层板的横向之间采用，企口除了用舱料黏接之外，在企口转角处还有方形铁钉加固。纵向则采用凸榫搭接，在上面三层板的纵向板缝之间均有压缝板，第五层在底板和侧板交接处也有少量压缝板（图8-18），最长的超过10米，宽约0.1~0.15米，厚约0.03~0.06米。"

"第三、四、五层板在裂沟西边则采用平接为主，东侧的船板则不再有企口，但横向仍呈台阶状。滑肩同口则主要在龙骨北端的侧板上采用。上下船板之间除了填充舱料之外，每列板用三至五排铁钉加固。""船板体量大，大部分主要船板长度均在五六米以上，最长的达14.4米，宽度也在30厘米以上，最宽的达48厘米。"

"华光礁 I 号"沉船为多重板结构，即5~6层板，其中内层第一、二层板较厚，一般厚约6~10厘米，三、四层板略薄，厚约4~5厘米，第五、六层板则更薄。

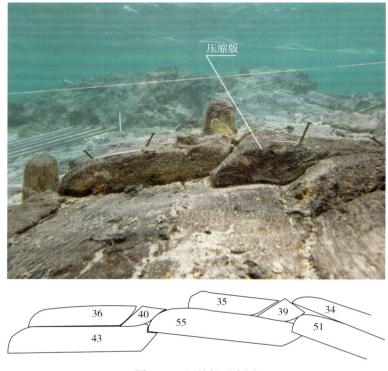

图8-18 压缝板示意图

水下考古队队员秉持严谨认真的工作态度,对"华光礁Ⅰ号"古船多层板结构进行仔细观察,然后测绘图,每完成一层测绘,再发掘一层,六层外板平面图严谨清晰。(图8-20至图8-22)

从"华光礁Ⅰ号"古船船体横断面(图8-19)观察,龙骨与上层疑为加强材的板共有3层,这种龙骨上面增加2层板的结构是"华光礁Ⅰ号"古船造船技术的特殊构造。从龙骨与底板的搭接方式来看,采用3层龙骨是为了与多层外板相匹配。

根据龚昌奇早期开展的工作:"华光礁Ⅰ号宋代古船主船体多达五层船板,舷侧外板在舷侧纵桁的部位竟达到六层板。这一结构在国内外木板船中还是首次见到。"[5]对于"华光礁Ⅰ号"古船是否存在六层板,此处存疑,仍待考证。

多重壳板是中国古代海船建造中经常采用的建造技术,已出土的泉州宋船和南海一号宋船都采用了这一技术。究其原因,一是便于取材,采用窄薄的板材拼构成船板,对原材料的要求大大降低,减少了材料成本,提高了经济性,尤其对批量造船,经济效益更突出;二是成型工艺性有所提高,尤其是船舶的舭部,便于弯折。

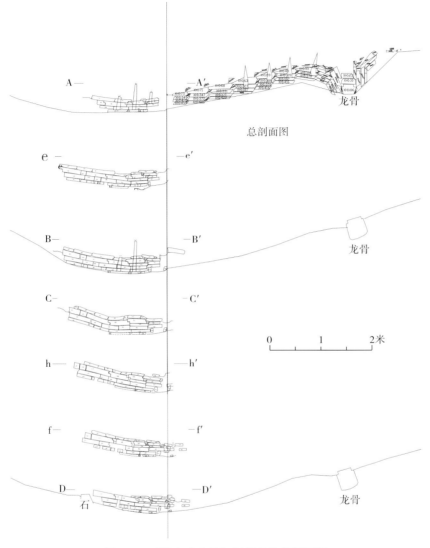

图8-19 "华光礁 I 号"沉船船体横断面图

如果采用单层板，不仅难于成型，而且，因木材弯曲时残余应力的存留，将直接影响船体的强度。而薄板便于弯曲成型、残余应力小，对于福船这种曲面变化相对复杂的船型，工艺效果更加明显。同时，提高了船体的水密程度，有利于抗沉性。当然，对板材的拼接、每层船板的贴合以及施工的时间上，会带来一些不利影响。另一方面，多重板之间不能留有缝隙，否则，将加快板材的腐蚀，这就要求施工工艺精细、合理。

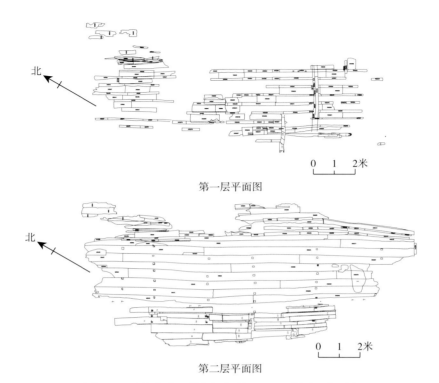

第一层平面图

第二层平面图

图8-20　"华光礁Ⅰ号"沉船第一、二层船板平面图

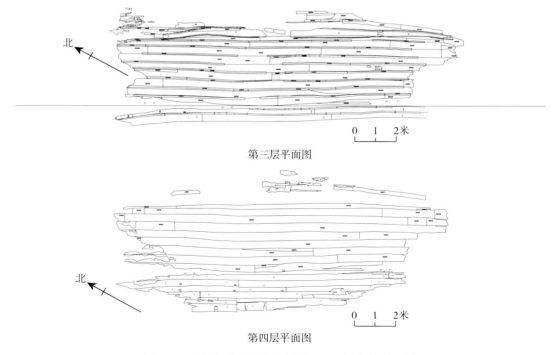

第三层平面图

第四层平面图

图8-21　"华光礁Ⅰ号"沉船第三、四层船板平面图

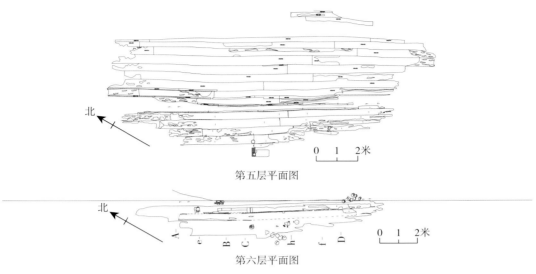

第五层平面图

第六层平面图

图8-22 "华光礁I号"沉船第五、六层船板平面图

通过与新安船横剖面的对比，可以发现"华光礁I号"沉船第二层板与新安船外板相似（如图8-23），板列之间同为凹凸槽对接形式（鱼鳞搭接工艺），但其他层此处基本为平接。且二层板的上下对接板缝均设有压缝板条并填塞舱料以保持水密，同时其板厚也超过其他层。这些足以证明第二层板在船体结构上的重要性。第三层板也是构成重板结构的重要部分，它是由舌形长榫的基础板和二层板的外部压缝板组成。长榫就固定于该层板材上，穿过第一、二层板与舱壁板固接。一层板只与第二层板相贴合，它包含了二层板的内部压缝板，因此各列板与二层板为交错布置。从残留钉孔分析，一层板是由内向外与第二层板钉接的。同时因为榫孔的设置以二层板为基础，一层板的交错布置使榫孔位置常落在它的边缘上，造成了舌形榫对它的定位效果不佳。因此在舱壁破坏后，一层板也有大量脱落遗失。

而第四、五两层板则是钉连在第三层板上。各层板的相对位置及连接关系见图8-24。

历史文献中尚未查到中国古船3~6层外板的有关记述，但袁晓春在《马可·波罗游记》查到相关记载：此种船舶，每年修理一次，加厚板一层，其板刨光涂油，结合于原有船板之上，单独行动张帆之二小船，修理之法亦同。应知此每年或必要时增加之板，只能在数年间为之，至船壁有六板厚时遂止。盖逾此限度以外，不复加板，业已厚有六板之船，不复航行大海，仅供沿岸航行之用，至其不能航行之时，然后卸之[6]。

对此，袁晓春就"华光礁I号"沉船6层外板的作用进行了总结[7]：

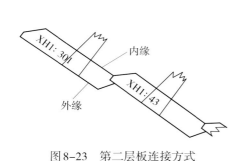

图8-23 第二层板连接方式

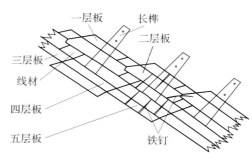

图8-24 各层板的相对位置及连接关系

1. 保证船舶强度，防止海损

宋朝海船船壳板从单层外板演变成复合外板，多层加厚外板保证船舶强度，复合外板是在3层外板中间均夹一层黏性密封材料，甚至像"华光礁Ⅰ号"沉船五六层外板叠合而成，在各层外板之间形成缝隙。如果遇到来自外部的碰撞，碰撞力穿透一层外板都要消耗一定能量，多层外板使外力逐渐耗减，海船从而免受海损。

2. 防止海蛆侵蚀

古代海船普遍遇到海蛆侵蚀船板难以解决的航海难题。漂浮在海水中的海蛆钻入海船外板以其为蛆巢，慢慢地蚕食掏空，逐步形成蜂窝式蛆巢，外板被破坏到完全没有强度，造成海船外板蛆蚀漏水遇险。宋朝海船采用的多层外板，即使钻进海蛆，最多只会破坏一层外板，因为海蛆的特点是终生在一层板内钻洞寄生，从而有效遏止海蛆钻进外板破坏船材的问题发生。

3. 可以解决船材局限

古代海船建造均使用木材，木材造船有其局限性：一是因船板过厚则弯板困难，还会增加船板的弯曲应力。因木材弯曲时残余应力的存留，将直接影响船体的强度。而薄板便于弯曲成型、残余应力小。二是木材的长度与厚度有限。造船施工时，会遇到船材不能充分满足造船设计的长度与厚度要求。而采用6层外板的薄板工艺，可以解决此问题。

4. 提高船壳板架结构强度

"华光礁Ⅰ号"沉船6层外板搭接处的总板厚为两列搭接板板厚之和，它大于连接板的厚度，这就如同在船壳纵向加装了加厚的板条，成了船壳板的纵向筋材，其作用相当于钢船船壳板架的纵骨，提高了船壳板架结构强度。

5. 减小船舶摇摆幅度

"华光礁Ⅰ号"沉船6层外板为鱼鳞式搭接结构，在船体外壳形成其纵向的锯齿形剖面，与光滑的其他非鱼鳞式搭接结构船壳剖面相比，此搭接结构增大了船舶横摇阻尼，从而减小船舶摇摆幅度[8]。

二、舌形榫（木钩钉）

"舌形榫，楔形，顶端尖，其余各面平整的小立柱，高58、宽9.5、厚8厘米，整个船体仅残存8个舌形榫，但船壳板残留着40个7厘米×9厘米的长方形小榫坑，有些榫坑中还残留着舌形榫，每一个榫坑中应有一个舌形榫。榫坑主要分布在第二、四、七、八、九、十道隔舱板靠近船头一侧，紧贴隔舱板，横向成排分布，仅龙骨的左侧一排最多有10个榫坑，最少残留着3个榫坑，间距从24至56厘米不等，大多数为30厘米左右。舌形榫打破船板，植入船体，在靠近龙骨较近的位置，打穿三层板，落在第四层板上；靠近船体边缘位置，打穿第四层板，落在第五层板上；在船体的中部偏向边缘位置，舌形榫打破第五层板，落在第六层板上。船体以上部分残高约10～28厘米。舌形榫与船板之间涂以桐油灰增强密封性。"（图8-25）

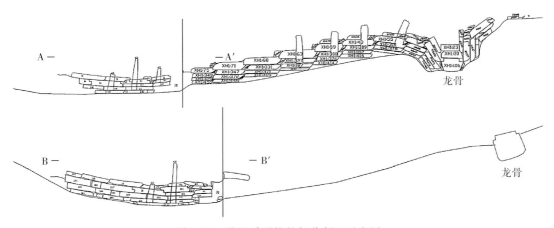

图8-25　设置舌形榫的部分断面示意图

用舌形榫（木钩钉）将外板钉连到舱壁上的技术，在宋代泉州法石古船和元代新安船上都已经发现过，且位置、尺寸与形状均相似，可以判定功能是相同的，但之前发现的两艘古船均为单层外板，在多层外板上的舌形榫（木钩钉）结构尚属首见（图8-26）。

舌形榫的安装方法是在外板上开孔后从外侧垂直打入，再与舱壁钉合，为保证船体结构的完整性，一般来说舌形榫应穿透全部的船板，但在"华光礁 I 号"沉船船底部分有两层没有穿透，而船侧部分有一层船板没有穿透，这些船板并未与舱壁形成紧密的连接，可以推断它们并非船舶的主要受力结构。

三、多层板的连接分析

基于水下中心的原始资料，壳板的拼接方法在横向上总体呈现阶梯状特点，采用滑肩搭接和企口衔接技术，借助条木压缝，以及铁钉、麻丝、桐油灰舱料加固和密封。六层板中仅第二层为企口衔接，

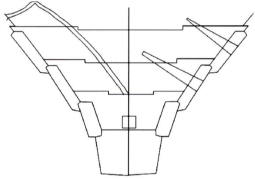

图 8-26　新安船上的舌形榫（木钩钉）结构

其他几层均为滑肩搭接。第一层（船体最内侧）全部使用条板，该层中长板厚度约 6 厘米，下边的长板前侧搭在条板上，上边的长板后侧压条板，形成一个阶梯，长板压在第二层板上，它们之间的条板压在下一层两块长板的缝隙上，上下长板之间以及条板与长板之间用桐油灰相连，并且用铁钉固定。第二层板在六层板中最厚，一般厚约 10 厘米，企口深和宽度约为 3 厘米。该层全部使用条板，条板为菱形。条板压在第三层前后两块长板的缝隙上，同时被第二层的长板压住，板与板之间的缝隙涂以桐油灰粘，并用铁钉固定。从第三层板开始往下，长板都比较薄，最薄仅 4 厘米。该层下没有使用条板，直接搭压在第四层板上，上下板之间涂桐油灰并以铁钉固定。前后板的缝隙中填以麻丝舱料。第四层、第五层板的搭接与第一层相类似，不同的是这两层前后板的缝隙中都用麻丝舱料。第六层仅见于船体的边缘，船板几乎腐烂殆尽。从仅存的痕迹

上判断，应该也是采用滑肩搭接。

　　船壳板在纵向上主要采用企口搭接、平接、斜肩搭接。仅第二层为企口衔接，其他几层为平接，接缝处使用麻丝舱料密封。采用斜肩搭接方式的不多，仅见于艏龙骨左侧一列船壳板使用。

四、特殊的船体构件

　　"130号板，位于船体的中后部，龙骨的右侧，为第一层压缝板，其南与303号板相接，北连125号板，下压着104号和177号板。板被虫食严重，多处中空，边缘腐烂。板断为2段，正面黑色，有钉孔，背面残留较硬的白色凝结物。板中部隆起，两侧较薄。整体呈长条形，长208、宽15、厚5厘米。板中段有3个长方形小孔，小孔大小相当，长5.5、宽4厘米。孔贯穿木板，孔间距分别为18、28厘米。小孔作用不详。"（图8-27）

图8-27　130号板出水照片

　　"52号板，位于龙骨左侧第二排船壳板，为第二层板。船板断为5段，南、北两端完整。正面黑色，平整略凹。东端企口，宽4厘米，深4厘米，企口处钉1排铁钉，残留少量白色黏合剂，板面多处残留大量的金粉，成分待测定。背面平整，有一凸榫，深6.5厘米，宽9厘米。北端呈尖状。"（图8-28）

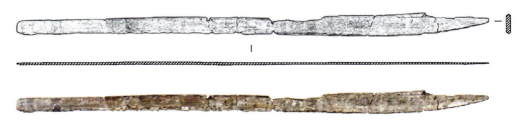

图8-28　52号板照片与测绘图

"墩状物，木质，材质不详，磨损严重，棱角光滑，形状如一圆木墩。尺寸待补，位于船体中部第五道隔舱板靠近龙骨一侧，紧贴隔舱板，出现前曾被大凝结物压着，后来在发掘过程中不慎移动了位置。作用不详。"

"柱状物，木质，材质不详。圆形柱状，尺寸待补，圆顶，距离顶端十几厘米处有一凹槽，凹槽似乎是用来绑缚绳用的。在发掘沉船的过程中采集到的，对于它原来的位置不详。该构件具体用处待考。"

第四节　沉船舱壁的测绘与分析

保存在海南省博物馆内的船材很难判定舱壁板及结构信息。

水下考古中心记载："从船头开始为第一个舱，到船尾为第九个舱，最宽的舱位于船体的中部，最窄的舱位于船尾部。"（图8-29、8-30）

在2007年的发掘记录中记载："隔舱板，整个船体残留四道隔舱板：第一道、第五道、第六道和第七道，共九块舱板，材质不详。第一道隔舱板位置仅残留一块长方形板，残长18.5厘米。背面一侧斜向削平，正面和背面残留大量白色黏结剂和钉孔。该板与船底板以铁钉相连，并涂以桐油灰。第五道残存两块舱板，单排相连，残损严重，形状不是很清楚，正面黑色，两端均残。长度分别为152、41厘米。较长的舱板表面残留有瓷片。两块板与船底板以铁钉相固定。第六道隔舱板保存相对比较好，保留五块

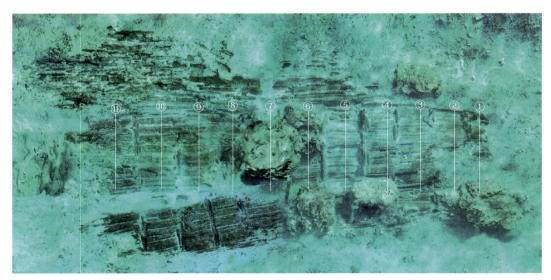

图8-29　舱室与隔舱

第四道隔舱板北向立面图

图8-30 2008年残存最为完整的第四道隔舱板北向立面图及照片

舱板，五块板依次斜压，最下的一块板靠近龙骨一侧，最长的舱板为92厘米，最短的舱板为23厘米。大部分舱板为菱形、个别的为长方形和三角形。表面被虫蚀严重，有很多空洞。仅一块舱板上发现有凹槽，应与其上边的舱板相榫合。该道隔舱板与龙骨未相连，中间出现空缺，与船底板以铁钉相固定，并涂以桐油灰。舱板之间有企口相连，也有平接。隔舱板靠近船头一侧，紧贴舱板一排小榫坑，内残存舌形榫，来加强隔舱板的稳固性。第七道隔舱板，在龙骨的上方位置并列保存两块舱板，分别长27厘米和50厘米，形状为长方形。较长的板，表面黄褐色，一表面平整，有钉孔，一端残。较短的板，表面黑色，平整，下方有白色凝结物。它们与龙骨上方的加强材之间以铁钉相固定，并涂有桐油灰。隔舱板与船底板相连接一侧，没有发现流水孔。

舱壁肋骨，整个船体仅残留一条，位于第六道隔舱板靠近船尾一侧，已断为数断，残损严重，呈现弧形，两端均残，长205厘米，宽27厘米，厚13厘米。表面黑色，有多个钉孔；背面残留白色凝结物，较硬。该舱壁肋骨与隔舱板以铁钉相连，其下侧与船底板同样用铁钉相连，并涂以桐油灰相固定。"

第五节 沉船主要尺度及型线复原推测

"华光礁 I 号"古船破损十分严重,基本上无法从现有的残体中发现与船型相关的要素与特点。有鉴于此,只能通过船舶的功能、航区、船上文物和年代等外围条件,确定船型。型线复原的主要方法是以船体结构实测图为基础,再结合古船结构工艺特点,经过推断、初定和校核,最后绘制出型线。

一、船型的推断

前文研究表明,"华光礁 I 号"古船为福船型的可能性很大。福船主要建造和航行于浙江、福建、福建沿海,并向远洋航行。该船型船身高大,船底尖瘦,尖首方尾,首尾起翘,有粗大的龙骨和首柱,尖底,尾部呈马蹄形,设大拉、扇形帆,尤其适应于广阔海域的远洋航行。考古出土的宋元及明代海船,也大都采用福船船型。

图8-31分别为泉州宋代古船(a)、象山明代古船(b)和福船(c)的横剖面示意图。

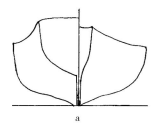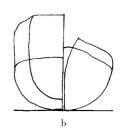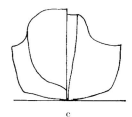

a b c

图8-31 福船的横剖面示意图

通过泉州湾宋代沉船、宁波宋代海船等考古发掘结果及其相关研究可知,宋元时期,闽粤沿海一带,为了满足官方和民间海运需求,建造了大量经济适用、船型相同、船长约在20～40米、载量300吨左右的货船。观察"华光礁 I 号"古船,有粗大的船底龙骨,若适用于远洋航行,船体的横截面为"V"形则耐波性更加突出,这种结构的船舶吃水较深,抗御风浪能力较强,更适合于南海航行。从发掘的龙骨与船侧板的连接看,似应为尖底,但侧板的变位严重尚难以确定横剖面线型的UV度。根据上述推断,"华光礁 I 号"古船船型为尖底福船船型。福船横剖面形式一般如图8-32所示。"华光礁 I 号"古船的船型复原以此为基础开展。

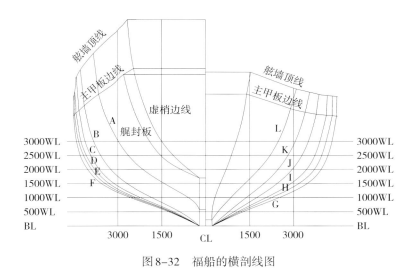

图 8-32　福船的横剖线图

二、造船地点的推断

我国古代航海的船只多用木材制造，不同的环境和场合，用途不同的船只对木材材质要求也不同。"华光礁Ⅰ号"船的龙骨和桅座等关键部位使用了木质较坚硬、容易加工、抗腐朽的香樟；对于船壳和船板这样长期与海水接触的部位，则采用耐水湿的马尾松；对于二层或以上船板的部位，从远洋承载角度，选用了质量轻的杉木，这充分体现了我国古代劳动人们的非凡智慧。

广州、福建是中国古代的造船基地，广船、闽船也因此而得名。《泉南歌》记载："州南有海浩无穷，每岁造船通异域。"也充分说明了福建泉州在我国造船史上的历史地位。古代由于交通不便，造船所用的材料，一般都是就地选择上乘的适用于水上或海上的木材。闽船造船用料就用福建当地盛产的松木、杉木、樟木、楠木。广船造船材料多采用荔枝木、樟木、铁力木等硬重的阔叶材。

根据"华光礁Ⅰ号"沉船的用材，结合有关中国古代造船的特点等资料，它应为我国南方地区所造的船只。从其用材有马尾松、香樟和杉木来看，这艘南宋古船可能是福建所造的船只。

三、"华光礁Ⅰ号"古船主尺度的分析

1. 船舶长宽尺度比

L/B是影响船舶航海性能和船体强度的重要参数。较大型的木船因为材料和功能的

特殊性，采用较小的长宽比是合理的。出土的历代木船都曾有过这类小长宽比的例证。文献记载宝船的长宽比值为2.466，基本上和泉州宋船的长宽比（2.52）、宁波宋船的长宽比（2.71）、新安元船的尺度比（2.8）相近。另据采访老船工，造大型木船采用小的长宽比是比较常见的，这与现代船大不相同。

表8-1　已出土的中国古船的长宽比值

古船名	发掘位置	发掘年份	古船年代	长宽比	作者及文献发表年份
泉州船	中国浙江泉州湾	1975	南宋	2.52 2.48	席龙飞、何国卫，1979[9]； 杨槱，1987[10]
宁波船	中国浙江宁波市	1978	北宋	2.71 2.8	席龙飞、何国卫，1987[11]； 徐英范，1981
新安船	韩国木浦	1976~1984	元代	2.82 2.61	席龙飞，1985，1994； 李昌忆（韩），1991

2. 古船长度

根据现场发掘时水下实测图和板材编号进行拼装拟合，"华光礁Ⅰ号"古船首朝西北，尾部保留较完整。残存龙骨及部分首柱长约16.3米，龙骨首部与首柱连接处起翘明显，高度已超出船底（基线）约1.5米，首轮廓的顺延趋势能够较好地把握。尾段龙骨和尾柱已不存。参考泉州宋代古船和新安元代古船，宋元时期货船一般设有12或13道舱壁，所以，尾部至少还应设有一道横舱壁。接近船舯的E横剖面是本船保存最完整的横剖面。从龙骨至残存的舷顶横剖线展开长度达5.3米。再加上舷顶的大撇结构，横剖线展开长度将会超过6米。该剖面保存有比较多的外板、舱壁及舱壁肋骨，也是唯一能够进行较准确复原形状的横剖面。利用E剖面，如图8-33所示，能绘出该剖面的型线，并能大概得到古船的半宽和型深的近似尺度。

根据泉州宋代古船和新安元代古船和宁波宋船的尺度比：L/B=2.52~2.82；B/D=2~2.6，则华光礁Ⅰ号古船L=22.68~25.38米。

3. 纵、横剖线型

以E剖面为基础，结合船型特点，参考出土的同型、同时代古船，进行横剖线图的复原，见图8-34。

利用E剖面，根据侧面轮廓以及型线的变化趋势，绘出各舱壁处的横剖线图。参照泉州古船、宁波古船和新安古船，华光礁古船复原为福船船型：尖底、圆舭、小方形系数。

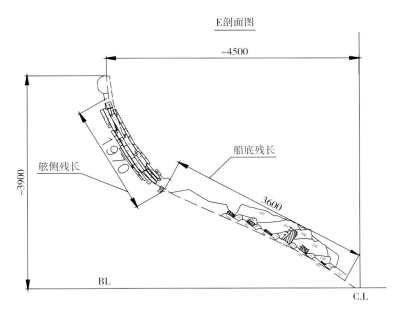

图 8-33 "华光礁 I 号"古船 E 剖面示意图

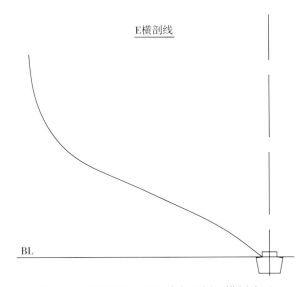

图 8-34 "华光礁 I 号"古船 E 剖面横剖线图

根据现场发掘时水下实测图，截取龙骨上表面边线，定出船底中纵剖面，并按照龙骨上翘趋势将艏龙骨补齐，在侧视图中绘制出船舶首尾轮廓线（图 8-35），最后确定船长为 24.6 米。

利用横剖线图和纵向轮廓图，作半宽水线和纵剖线，并经过三向光顺，完成舱壁

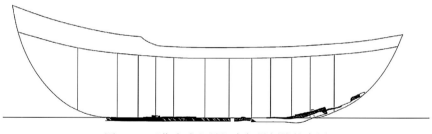

图8-35 "华光礁Ⅰ号"古船纵剖线轮廓图

型线图（图8-36）。

4. 其他船型参数

经过上述分析，并经过作图复原，进而能够得到一组古船的主尺度计算，"华光礁Ⅰ号"古船的复原尺度如表8-2所示。

表8-2 "华光礁Ⅰ号"古船主尺度及尺度比复原

名称	符号	数值	单位
总长	L_{oa}	24.6	m
水线长	L_{wl}	22	m
型宽	B	9	m
型深	D	3.9	m
吃水	d	3	m
方型系数	C_b	0.4	
型排水体积	V	~ 240	m^3
长宽比	L/B	2.73	
宽度吃水比	B/D	2.30	

从复原的型线及相关计算结果可以看出，"华光礁Ⅰ号"古船具有与南宋时期的南洋海船共同的特点：呈"V"形的横剖线，使得舭部平缓；紧收的首尾水线，使水流要从斜剖线方向流向船尾；给予舵的足够供水，保证了船舶的操纵性；斜剖线的平缓也有利于弯板，改善施工工艺性。

虽然长宽比仅2.73，船体短肥，但深而尖的横剖面形状，使得方型系数只有0.4，舯剖面系数为0.6，从而使得船体湿表面积很小，摩擦阻力相对较小，从而弥补了因长宽比较小对快速性产生的不利影响。

宋代航行于南海的货船，具有小长宽比、"V"形的横剖面配合深吃水，既能保证

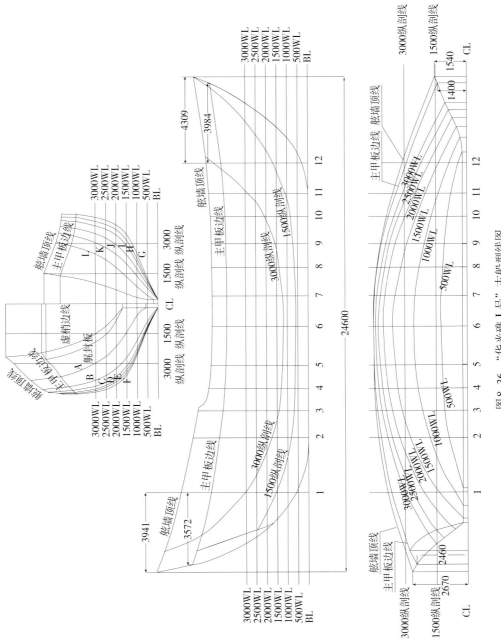

图8-36 "华光礁 I 号"古船型线图

船舶具有良好的稳性即抗倾覆的能力；又使船舶具有较好的适航性，横风作用下，船舶具有很好的抗漂能力。综合复原型线特点，"华光礁Ⅰ号"古船具有稳性好、快速性合适、适航性能优良的特点，承袭了当时下西洋货船的一贯优良传统。

根据上述型线复原过程确定主尺度后，再利用专业船舶三维设计软件进行建模仿真，最后可以得到"华光礁Ⅰ号"古船复原方案的型线图（见图8-36）及静水力数据。

值得注意的是，"华光礁Ⅰ号"的型线复原，是根据沉船残存情况同时参考型船（考古发掘的古船）来推测沉船可能的主尺度，并要验证主要尺度比是否符合船舶航行要求的基本规律的方式来完成的。由于横剖线型UV度及纵剖线首尾形状，难以根据现有的沉船遗址进行完全确认，所以主尺度会有一定的变化范围，如主尺度在23~28米之间，船宽在8~10米之间。

第六节　沉船总布置复原设想方案

"华光礁Ⅰ号"总布置的复原是复原工作中不确定因素最多的工作之一。布置方案所涉及的面极广，包括历史、政治、文化、宗教、军事和艺术等方方面面。没有也不可能有统一的标准和约定的规则。因此，方案确定工作主要是通过查阅古籍文献资料，结合考古实证、技术史发展并参照传统工艺完成的。方案确定主要从下列几个方面考虑：

（1）测绘中涉及全船总布置的资料；

（2）宋代远洋福船货船的背景与特征；

（3）货船的用途；

（4）古船总布置与木船结构的匹配；

（5）远洋船舶航行中所必备的设备。

"华光礁Ⅰ号"古船总体布置复原设想，力求反映宋代福船外貌及特征，并注意实用、美观、舒适、方便的原则，船舶风格为远洋货船福船形式。

根据现场发掘情况，"华光礁Ⅰ号"古船仅残存一个桅座，位于船体中部稍靠前，尚未发现其他桅座，故复原设计中设置主桅。"海船无帆不可动也"，海船主要靠风力航行，故在船首设首桅首帆，船尾设助舵帆，均为布帆。考虑到载货分舱的需要，在残存10道横舱壁的基础上，增设了2道横舱壁。在船首设置锚绞车1台，中部设帆绞车1台，尾部设置舵绞车1台。在船舶中后部设甲板室，船尾设雨棚。图8-37至图8-39为总布置设想方案图。

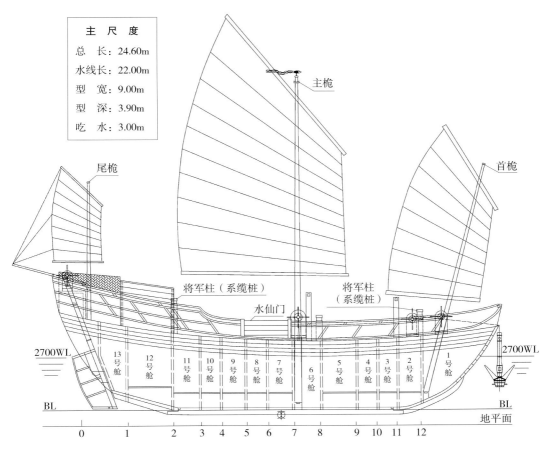

图8-37 "华光礁Ⅰ号"古船侧视复原设想图（单位：mm）

（武汉理工大学造船史研究中心制图）

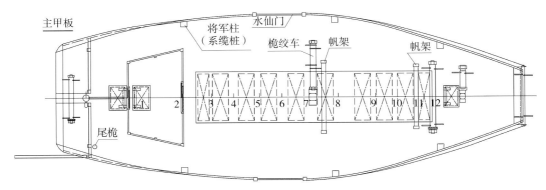

图8-38 "华光礁Ⅰ号"古船主甲板平面复原设想图（单位：mm）

（武汉理工大学造船史研究中心制图）

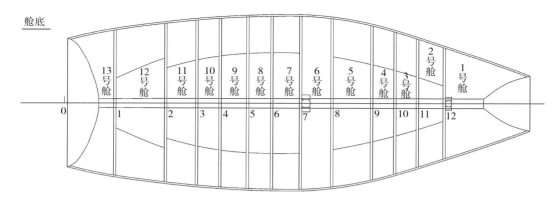

图8-39 "华光礁I号"古船舱内平面复原设想图（单位：mm）

（武汉理工大学造船史研究中心制图）

第七节　沉船基本结构复原

一、外板结构复原

船底外板采用交错连接的方式，不同层次、不同位置其连接工艺也不尽相同。从图8-24中可以看出，第二、三两层板是关键的外板结构，其他各层也是保证结构强度和密性的外板，但从连接的重要性而言，要次于上述两层板。正是因为各层板的作用与位置不同，其钉接的方式也不同。

第一层板只与第二层板相贴合，因为该层各列板是交错布置的，边缝之间基本上不发生连接关系。所以第一层板仅用1排间距15～20厘米的方钉，从内向外与第二层板钉接。

第二层每列板纵向共3排板孔，横向每排间距约6～10厘米，纵向孔距15～20厘米。下排钉孔系用铲钉与下列板连接。上面两排孔则分别是与第一层板和第三层板钉连的孔。

第三层每列板纵向共2排板孔，每排间距10～14厘米，孔距20～26厘米。两排钉孔分别是与第二层板和第四层板钉连的孔。

第四层每列板纵向共3排板孔，每排间距8～10厘米，孔距20厘米左右。一排钉孔是与第三层板、两排钉孔是与第五层板钉连的孔。

第五层每列板纵向共2排板孔，每排间距8～10厘米，孔距28～30厘米。是与第四层板钉连的孔。

舷侧部位的外板采用的是对接方式。除了第三层板采用直角同口对接外，其余各层均采用普通的平口对接。因为舷侧部分是船体梁受力相对集中的部位，采用对接方式，既能满足强度，又简化了工艺。

外板的端缝及纵向连接主要都采用平口对接工艺，部分端缝使用斜面同口和滑肩同口。

如本章第三节所述，"华光礁Ⅰ号"古船是否有6层外板尚待考证，故结构复原时仍以3层外板结构进行复原。

二、船体舱壁及横剖面结构复原

每层将B至L每块板的剖面图按顺序绘出。图8-40显示了第二层板每一舱壁处的各块板的剖面及相对位置。

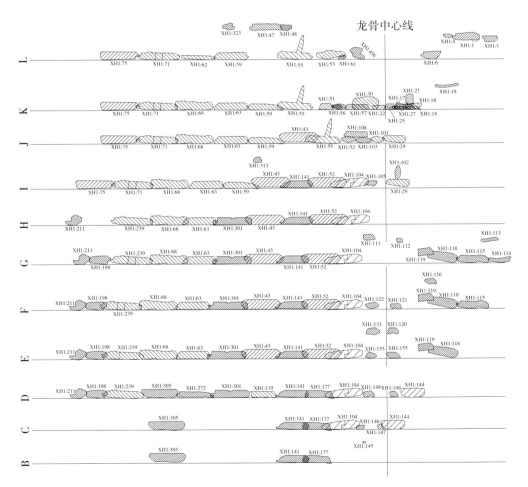

图8-40　第二层板每一舱壁处各块板的剖面图

　　然后，将每一剖面（即舱壁处）各层板的剖面图，按对应关系，顺型线分层排列，即可绘出该剖面残存板横剖面结构图，如图8-41所示。

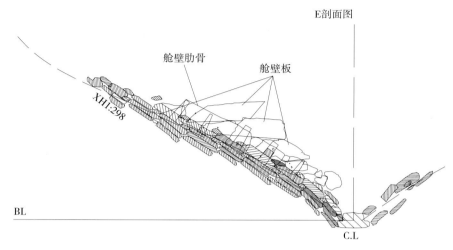

图8-41　E剖面横剖面图

　　根据各层板的结构关系，按横剖线图的曲线变化趋势，参照同类型福船的结构形式，能够比较准确地绘出各舱壁位置的横剖面结构图。其他舱壁剖面的复原结构图，可以E剖面为基础，以型线图为准绳，参考古代福船的结构关系绘制。

　　然后在总布置设想方案的基础上进行全船基本结构的复原。多重板及全舱壁形式是本复原船的重要特征。

　　图8-42至图8-44所示为"华光礁Ⅰ号"古船基本结构复原图。

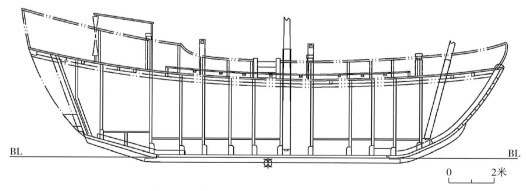

图8-42　"华光礁Ⅰ号"中纵剖面结构复原图
（武汉理工大学造船史研究中心制图）

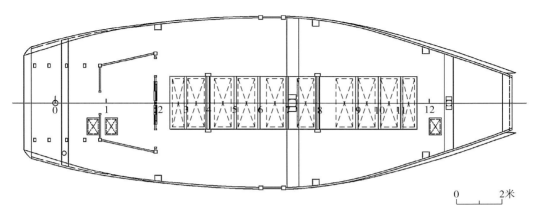

图8-43 "华光礁Ⅰ号"主甲板结构复原图

（武汉理工大学造船史研究中心制图）

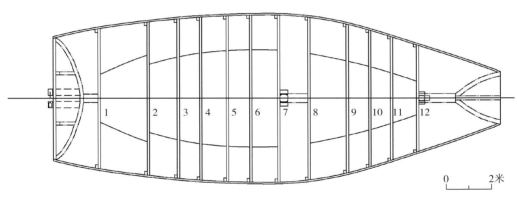

图8-44 "华光礁Ⅰ号"舱底结构复原图

（武汉理工大学造船史研究中心制图）

图8-45至图8-47所示为"华光礁Ⅰ号"古船复原典型横剖面结构图。

由于"华光礁Ⅰ号"沉船年代久远，腐蚀严重，大多船体构件遗失或识别度不高，只有关键的部位如龙骨、立柱、隔仓板等相对可辨，这给将来船体的复原工作带来了一定的难度。

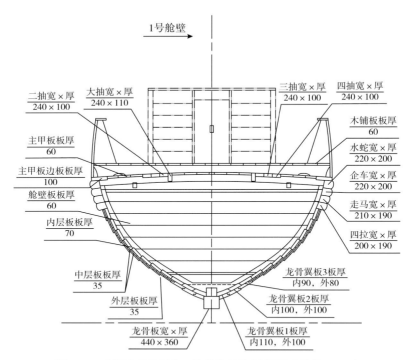

图8-45　"华光礁Ⅰ号"1号舱壁结构复原图（单位：mm）

（武汉理工大学造船史研究中心制图）

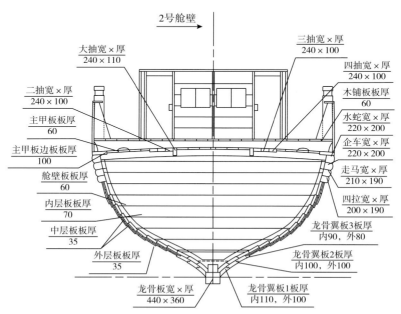

图8-46　"华光礁Ⅰ号"2号舱壁结构复原图（单位：mm）

（武汉理工大学造船史研究中心制图）

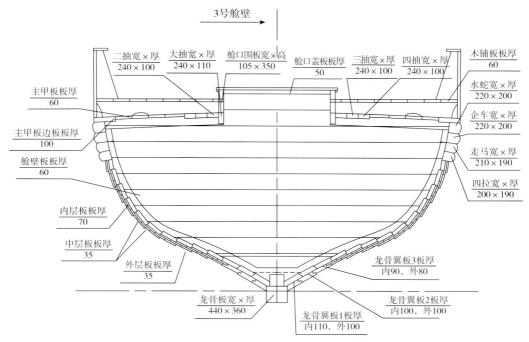

图8-47 "华光礁Ⅰ号"3号舱壁结构复原图（单位：mm）

（武汉理工大学造船史研究中心制图）

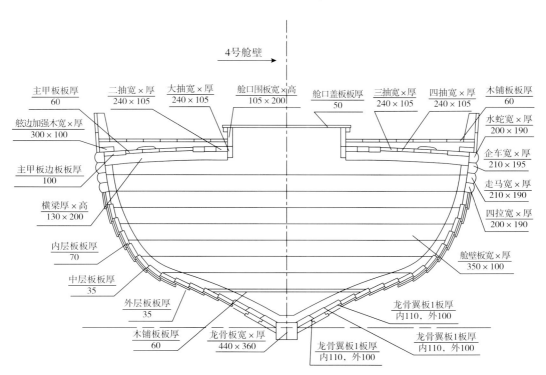

图8-48 "华光礁Ⅰ号"4号舱壁结构复原图（单位：mm）

（武汉理工大学造船史研究中心制图）

参考文献

［1］袁晓春：《南海"华光礁Ⅰ号"沉船造船技术研究》，《南海学刊》2018年第2卷第4期，第61～69页。

［2］龚昌奇、张启龙、席龙飞：《山东菏泽元代古船的测绘与研究》，《航海——文明之迹》，上海古籍出版社，2011年，第18页。

［3］顿贺：《出土（出水）古船的测绘与复原研究》，《中国文化遗产》2019年第4期，第4～18页。

［4］龚昌奇、张治国：《华光礁一号宋代古船技术复原初探》，《国家航海》2018年第1期，第71～88页。

［5］何国卫：《中国木帆船》，上海交通大学出版社，2019年，第172～176页。

［6］［意］马可·波罗：《马可·波罗行纪》，［法］沙海昂注，冯承钧译，上海书店，2001年，第385页。

［7］袁晓春：《南海"华光礁Ⅰ号"沉船造船技术研究》，《南海学刊》2018年第2卷第4期，第61～69页。

［8］何国卫：《泉州南宋海船船壳的多重板鱼鳞式搭接技术》，《海交史研究》2016年第1期。

［9］席龙飞、何国卫：《对泉州湾出土的宋代海船及其复原尺度的探讨》，《中国造船》1979年第2期。

［10］杨㮁：《对泉州湾宋代海船复原的几点看法》，《泉州湾宋代海船发掘与研究》，海洋出版社，1987年。

［11］席龙飞、何国卫：《对泉州湾出土的宋代海船及其复原尺度的探讨》，《泉州湾宋代海船发掘与研究》，海洋出版社，1987年，第87～95页。

第九章 "华光礁 I 号"沉船文物的
活化利用

2022年7月8日，习近平总书记给中国国家博物馆的老专家回信中强调："博物馆是保护和传承人类文明的重要场所，文博工作者使命光荣、责任重大。希望同志们坚持正确政治方向，坚定文化自信，深化学术研究，创新展览展示，推动文物活化利用，推进文明交流互鉴，守护好、传承好、展示好中华文明优秀成果，为发展文博事业、为建设社会主义文化强国不断作出新贡献。"

2016年《我在故宫修文物》纪录片开播后，迅速走红网络，很多人认为"一生只做一件事，文物修复师才叫作工匠精神"。该片记录了珍贵文物的修复过程，展现这些国家非物质文化遗产的技艺与传承人的日常工作和生活状态，展示了故宫文物的原始面貌和文物修复的高超技术，记录"文物医生"和他们的"文物复活术"。早在2014年，故宫淘宝官方微信公众号的一篇《雍正：感觉自己萌萌哒》的文章，就让故宫的阅读量第一次突破10万，有了质的飞跃。比着剪刀手的雍正、挤眉弄眼的康熙等表情包，迅速走红，萌化众人。《雍正行乐图》被做成Gif图片，画面中清帝在河边洗脚、喂猴子，旁白配文"朕……脚痒……"。随后更多的文物文创产品大量被开发出来，康熙"朕知道了"款胶带、故宫口红、故宫娃娃、故宫手表、故宫书签、故宫日历等，这些文创产品制作精良，颜值高，定价低，受到当前消费主力军——年轻人的喜爱，随后又开发出故宫动漫、故宫APP等软文化，故宫文创因此成为国内第一家文博大品牌，也逐渐被国内各家博物馆借鉴[1]。

河南博物院"考古盲盒"将时下流行的盲盒概念和文物结合起来，把微缩的文物仿制品藏在盒子里，带动玩家在微型的"考古现场"沉浸式体验考古的乐趣；考古盲盒不仅在国内市场风靡，还成功"出圈"到了海外，加拿大的商超上架了这款考古盲盒，卖得非常火爆。甘肃省博物馆利用镇馆之宝"铜奔马"的可爱造型，设计出了3D

马头造型的铜奔马文创衍生产品——"绿马头套"，在2021年中国旅游商品大赛中，这个呆萌可爱的铜奔马魔性头套荣获大赛银奖。三星堆博物馆的神秘金面具闻名于世，在推出的文物冰淇淋火爆之后，三星堆博物馆趁热推出了金面具巧克力，让不能到现场参观的消费者也能体验到"三星堆的味道"[2]。

自从故宫首开文创经济以来，如今文创产品已经成为各大博物馆的"流量密码"。《2021年全国文化消费数据报告》显示，文创、潮玩等购物消费占到2021年全国国潮文化消费总额的57.4%，是最热门的文化消费支出。年轻消费群体市场规模巨大，潜力惊人，随着主力消费群体发生变化，品牌营销方式也要向年轻消费者看齐，迎合新的消费者，获得更多的市场份额，在市场上占据有利地位。除了实物文创产品，新兴体验类文创消费也逐渐占据一席之地。如"一起考古吧""云上敦煌"等有趣且"有料"的数字文创小程序，拓展了大众了解历史的方式，使博物馆中的文物成为活跃于当下的文化意象，并在与现代人的互动中赋予崭新的生命。

文创 IP 的跨界融合，也是新的文创增长点。故宫出版社联合真人密室逃脱游戏品牌推出的互动解谜书《谜宫·如意琳琅图籍》《谜宫2·金榜题名》，通过解谜的形式，启发玩家主动探索书中包含的礼乐度量、时令节气、棋谱书画、五行八卦等传统文化知识；中国国家博物馆推出首部文物主题互动解谜游戏书《博乐·元宵行乐》，通过 App 与实体书籍的配合，让玩家在解谜过程中以主角视角获得身临其境的体验，出版后广受好评。

第一节　沉船文物活化利用现状

世界上有非常多的古船遗迹，其中17世纪时期瑞典的一艘"瓦萨"号战舰[3]最为著名，1628年，它在首航中即告沉没，在333年后的1961年被打捞出水。该古船发掘出水后被瑞典文物保护专家采用聚乙二醇（PEG）溶液以雾状喷洒到古船表面进行填充加固并进行防腐处理，经过漫长的17年，沉船保护修复工作才宣告结束。"瓦萨"号沉船博物馆是瑞典特意建造的，经过几十年的运营宣传已经成为瑞典的名片，也是世界上最著名的旅游景点之一。每年有来自世界各地的80万左右游客慕名而来，几十年来其2000多万的门票以及各种文创产品的销售收入为"瓦萨"号的维护和保养提供了强有力的支撑，大大减轻了瑞典政府的财政负担。充足的经费保证了"瓦萨"号可以高质量地进行维护，而保存完整的"瓦萨"号又吸引了更多的游客，由此形成了一个良性循环，"瓦萨"号成为瑞典的文化标志，带来了不可估量的文化影响力。另外一艘著名沉船，1545年英国朴次茅斯的"玛丽·玫瑰"号沉船，其打捞出水后采取边保护边对外展示的模式，其打捞之初就成立"玛丽·玫瑰"号基金会，依靠社会捐赠、门票出售、文创产品来维护船体的保护修复资金，每年来自世界各地的游客络绎不绝，也使船体保护基金长久不衰，这些都是沉船文化开发与保护相结合成功的典型例子[3]。"华光礁Ⅰ号"沉船目前仅靠政府的财政支持，将来可以借鉴"瓦萨"号沉船和"玛丽·玫瑰"号沉船的保护经验，开发出相关沉船文物文创产品，以减少资金压力。

我国水下考古事业近年来迅速发展，出水文物和发掘沉船众多。至今，先后进行过考古发掘的重要水下考古项目有：辽宁绥中三道岗元代沉船、福建平潭"碗礁Ⅰ号"清代沉船、广东汕头"南澳Ⅰ号"明代沉船、阳江"南海Ⅰ号"南宋沉船等，均在学术界和社会上产生很大的反响。在沉船文化的保护开发上，由于国内出水文物保护历史短，经验不足，成功的案例不是很多。阳江"南海Ⅰ号"沉船的发掘过程采用世界首创整体打捞方式，将这艘800余年的沉船打捞出水后放置在"水晶宫"中。2013年在"水晶宫"中对船体进行了开放式的考古发掘，观众可以完全参观整个发掘过程，这也是保护开发的创新方式，但因为船货数量巨大（目前发掘出文物超过17万件），船体发掘过程复杂，整个发掘过程还没有完全完成。汕头"南澳Ⅰ号"在沉没的过程中发生过船体断裂、倾斜，船体打捞有难度还未进行，目前展出的只是船货等文物。福建平潭"碗礁Ⅰ号"沉船遗址出水的17000余件瓷器，大多出于清代康熙年间景德镇民窑，大部分为青花瓷器，陈列在展厅向观众开放，沉船本体因各种原因未进行打捞。1973年7月，在福建泉州湾后渚港发现的宋代沉船，因在港口埋藏，保存状态尚好，未进行脱盐脱硫填充等保护过程，在室内阴干后展出，开发了少量相关文化产品。

总的来说，国外相关沉船文物文创产品的开发比较成熟，往往依靠门票和文创产品所得费用来维护文物的日常保护和维修，如瑞典"瓦萨"号沉船，国内沉船文物等文化创意产品不多，还有很多空间可以施展和开发。

第二节　"华光礁Ⅰ号"沉船文物的活化利用

文物只有被利用起来，才能真正发挥它的重要作用。

我国水下考古正处于发展阶段，出水文物保护的相关研究工作相当缺乏，将来会有越来越多的海洋出水文物需要保护处理。加速开展"华光礁Ⅰ号"沉船的复原以及造船和航海科学技术、陈列展览、保护技术等研究，将会大力提升海南文博界在国内外的影响力和科研水平，为建设新南海"海上丝绸之路"发挥重要作用。该研究成果可迅速推广转化成创新生产力，以"华光礁Ⅰ号"南宋沉船及出水文物保护为基础，合理开发利用文物资源，使文物保护和旅游开发相辅相成，不仅可以加强文物保护，同时又可推动海南旅游产业的发展，深入挖掘、研究和弘扬"华光礁Ⅰ号"南宋沉船的历史文化内涵在海南国际旅游岛建设中起着举足轻重的作用。对于实施"一带一路"倡议，保护水下文化遗产，弘扬民族历史文化、推动国际旅游岛建设，具有优先性、特殊性的重要意义。

一、"博物馆热"现象

在各级党委和政府的关怀下，随着经济社会的发展，依靠全体博物馆人的不懈奋斗，我国的博物馆事业正处在快速发展的时期。2008年起，我国公共博物馆、纪念馆和全国爱国主义教育示范基地全部免费开放。2019年底，全国备案的博物馆达到5535家，比前一年度增长181家。"十三五"以来，我国平均每2天新增一家博物馆，达到平均每25万人拥有一座博物馆。非国有博物馆达到1710家，增长趋势不断加快。2019年全国博物馆共举办展览2.86万个，接待观众12.27亿人次，其中非国有博物馆接待1.19亿人次。免费开放博物馆达到4929家，全年接待观众10.22亿人次，各类弱势群体和低收入者都能平等的享受博物馆丰富多样的文化产品，每个社会个体都能走入博物馆的文化殿堂，汲取知识与养分。

近年来，"博物馆热"已成为一种现象、一种潮流，自故宫文创产品成功开发之后，其他博物馆的文创产品开发也呈现井喷态势，新模式、新玩法层出不穷。2022年夏天，甘肃省博物馆的文创产品——铜奔马毛绒玩具"马踏飞燕"一炮而红，一周内销量约2万件，线上线下店铺都被买空；最终线上累计销售"绿马"玩偶和挂件5万多件。敦煌博物馆文创产品销量增长约30%，最受欢迎的畅销品包括香囊、香水、文件夹、门禁卡等。河南博物院的玉佩造型棒棒糖，造型逼真、纹路清晰，颜色也有做旧处理，让不少小朋友爱不释手。殷墟博物馆的"网红"雪糕，受到业内人士、游客的热捧。敦煌研究院与腾讯联手推出的数字文创产品"敦煌诗巾"，可以让用户通过小程序DIY，提炼不同壁画主题元素，设计既展现敦煌之美、又独属自己的丝巾。特色博物馆、文化遗址重点文保单位成为游客的必到之地，带动了当地的旅游文化市场。

国家文物局数据显示，2020年度全国博物馆文化创意产品开发种类超过12.4万种，实际收入超过 11 亿元。各类市场主体与博物馆合作的深度与广度逐步增强，由最初的展陈设计施工扩展至博物馆规划运营、教育研学、媒体传播、文创开发、营销推广等各领域，为满足公众多元化、高品质文化需求奠定基础。中国文博文创消费调研报告显示，1990 年后出生的消费者占比超过 53%，其中"95 后"占比达 30%。在年轻人聚集的社交网站上，也经常能见到各种博物馆文创推荐清单。

挖掘产品背后的文化价值，结合当下社会语境，以独具匠心的思想表达带给人们情感共鸣，是成功的文创产品普遍具有的特点。博物馆文创在为博物馆带来经济效益的同时，收益也可投入到馆内文物展品的日常保护与修缮，从而形成良性循环，这才是"取之于文物、用之于文物"。诚然，文博产品仍需根据时代潮流不断完善功能、充实内容，通过各种形式的融合发展，让现代化科技手段和信息融入文物本身，让文物真正活起来，更好体现文物的历史价值、科学价值和艺术价值[4]。

二、沉船文物的活化利用

博物馆以陈列展览和社会教育为核心的公共文化服务功能正发挥着日益重要的作用，博物馆展览展示和教育活动更加丰富多彩，区域、国际交流更加广泛深入，越来越多的人走进博物馆，感受文化与艺术的气息，获取科学与自然的知识，领受社会与人文的教益。目前海南省正在进行全域旅游和国际自贸港的建设，海南省最著名的水下文化遗产当属"华光礁 I 号"这艘南宋古沉船，我们当以此为契机借鉴国外沉船保护开发的成功经验，对"华光礁 I 号"沉船文物保护与文化旅游共赢进行开发规划。博物馆在文创产品开发中，可向观众开放"华光礁 I 号"文物保护修复过程，让观众和文物近距离接触，并研发一些和"华光礁 I 号"南宋沉船有关的文创产品，如出水瓷器的复制品、"华光礁 I 号"南宋沉船复原模型船、纪念币等旅游纪念品，规划保护与旅游开发利用策略，以支持"华光礁 I 号"南宋沉船的保护维修费用，同时真正发挥出文物的历史文化价值。

1. 文物虚拟复原展示

习近平总书记强调："要系统梳理传统文化资源，让收藏在禁宫里的文物、陈列在广阔大地上的遗产、书写在古籍里的文字都活起来。"数字化博物馆的迅速发展，对宣传和发挥文物的历史文物价值起到推动作用。如何"让文物活起来"，是每个有责任感的文博人要考虑的问题，在科学保护的基础上，利用文物价值发挥其传播历史文化的作用，而数字化博物馆的建设为此提供了新的良机。

科学技术的发展，使博物馆在陈列展览中可以有更多的选择去体现文物的历史价值，更拉近和观众之间的距离。现代社会，以数字技术为核心的信息技术、互联网已经成为人们日常生活中不可或缺的组成部分，数字技术为博物馆的藏品管理、展陈设计、互动传播等多方面带来了无限的拓展空间。数字博物馆将实体的文物以数字化的形式展示给观众，借助多媒体、虚拟现实等方式，实现传统展览不具备的展示功能。当前国内许多博物馆正开始使用数字化技术并感受其带来的魅力。

三维激光扫描技术可以真实的留取文物现状信息，重建高保真、可量测的三维模型，数字化永久存档，为将来实施具体的保护工作提供必要的基础数据以及进行相应的数据加工，还可以进行计算机虚拟修复，并记录不同修复阶段重要的文物修复信息数据，评价修复效果，并进行文物的虚拟展示等[5]。利用先进的数字化采集设备，精选“华光礁Ⅰ号”珍贵出水文物及沉船木板为对象，全面、准确、完整的采集文物的三维空间数据信息，通过近景摄影测量及3D数字建模技术，制作文物三维交互和船体虚拟复原动画等数字成果，多种数字化成果以高还原度、高精度、可视化操作等特点，通过互联网络可应用于博物馆、桌面电脑、移动设备等多种场合、终端上进行文物的展示、研究、教育，同时运用计算机网路技术、数据库技术定制化开发“华光礁Ⅰ号”沉船出水文物数字化管理系统，实现船体构件、船板和其他出水文物的文字、照片、线图、三维等数据的录入、管理、查询、分析、研究及展示功能[6]。在不对文物本体造成任何损害的基础上，不仅实现了“华光礁Ⅰ号”文物信息的永久性保存和科学化管理，同时人们可以面对面、接触式、无限制地浏览欣赏文物，了解“华光礁Ⅰ号”沉船背后的历史故事，学习文物蕴含的文化底蕴，“让文物活起来”。

根据扫描获取的船板三维模型，结合沉船考古资料、古船史专家指导意见，分析每块船板功能特点，对船体进行虚拟组装，完成“华光礁Ⅰ号”虚拟组装及复原动画制作（图9-1）。

“华光礁Ⅰ号”沉船，虽在特殊环境中得以保存，但本体早已脆弱不堪，容易受到来自外界的多种因素的损害，其保护工作一直考验着博物馆内的管理人员和科技人员。利用数字化设备，采集船板的三维数据，制作船板三维数据成果，只要数据存储安全，即可实现文物信息丝毫不差的永久记录和保存[7]。同时，船板三维数据成果，可以为船体的实体修复和构造还原提供重要参考，为文物保护修复工作开辟新的途径。

图9-1 "华光礁I号"沉船虚拟组装图

随着人们生活水平的提高，丰富多彩的精神文化生活也成为人们追求的目标，文物保护工作不但能研究古代人类的历史文化生活，也为丰富现代人们的文化生活提供了契机。作为公共文化服务机构，博物馆担负着人们对文化教育学习需求的责任。目前，海南省博物馆馆藏文物大多以实物静态化的方式展示，官方网站则以文物二维静态图片搭配文字为主，无法提供深层次、多样化的文物展示方式，难以满足公众对于文化的"消费"需求。文物的合理利用，发挥文物的价值，迫切需要进一步拓展文物的数字化展示方式，且改变以往单调的"物—人"形式的信息传递方式，让观众可以与文物进行亲密互动。利用三维数字技术制作沉船及出水文物精细的三维成果，不仅向观众展示文物高清、细致的三维立体信息，还可实现文物的任意旋转、放大、缩小等交互操作，巨细无遗地向游客诉说着文物的历史，深入满足社会大众的参观需求。建成后的船板及文物三维数据成果符合国家有关的文物信息、计算机信息、数据信息、系统信息等各方面、各种类安全要求，总体数据成果要求达到国内先进水平，各数据、系统具有完善的安全机制。

2. 保护现场的公开展陈方式

海南省博物馆系列展览"南溟泛舸——南海海洋文明陈列"，重点展现南海海洋文明的悠久历史[8]。整个展览以海洋的蓝色为主色调，陈列内容的表达和形式设计都颇具人性化的特点，更加注重观众的观展感受。

近年来，中国水下考古学蓬勃发展，"华光礁I号"沉船的水下考古是我国水下考古从近海走向远海的一个重要体现[9]。"华光礁I号"沉船出水的众多文物，展现了中国古代历史上通过这条"海上丝绸之路"南海航道进行的中西方文化交流和商贸往来的繁忙景象。展览陈列的是"华光礁Ⅰ号"沉船的过往历史，更映射着21世纪新丝绸之路的未来，在国家"一带一路"倡议指导下，南海仍然是海上贸易的大通道，必将会在新的历史时期发挥更加重要的作用。海南省博物馆海洋展厅真实地还原了"华光礁Ⅰ号"沉船原貌和所处的海洋环境，其上方环幕巨屏循环播放着影片《南溟泛舸——"华光礁Ⅰ号"的前世今生》，介绍了南海文化历史、"华光礁Ⅰ号"的航线和船货、遭遇台风暴雨侵袭而沉没的情景，影片采用激光投影机和潘多拉的播放系统设备，为整个展览增加了高科技技术含量。展厅里静态遗址和动态环幕相结合的展陈手法，使观众身临其境，仿佛穿越时光隧道，亲历了这一切。

"华光礁Ⅰ号"沉船出水船板及陶瓷器等文物的保护修复实验室也搬进了展厅，通常文物修复工作都是在观众不能随意进入的文物修复实验室中完成，而这种新颖的展陈方式直接将文物修复人员及其工作相关内容搬进展厅，更生动地展现在观众而前，使观众与其零距离接触。展柜中的文物摆放也讲究一定的方式方法，将未修复文物和已修复文物放在一起进行展示对比，给观众强烈的感官冲击，既展现了出水器物的文物特点，也间接反映文物修复的工作流程。"华光礁Ⅰ号"沉船出水的陶瓷器及水下考古调查采集的文物也进行了比较式陈列展示。展柜中采用仓储式和器物分类的陈列方法，不仅增加了展厅展线上展品的数量，而且将"华光礁Ⅰ号"沉船出水陶瓷器不同釉色及器类进行了直观展示。展柜中的文物一改中规中矩的摆放方式，看似是不经意地随意放在细沙上，实则是致力于还原文物原生态的保存环境，增加展览的直观性和趣味性。此类陈列手法将文物研究和展览展示进行有机地结合，深入浅出，使得不同的观众都能得到对文物基本常识的认知和了解。

3. 文创产品开发

研究表明，"华光礁Ⅰ号"沉船为福船船型的可能性很大。福船主要建造和航行于浙江、福建、福建沿海，并向远洋航行[10]。文献对福船有明确的记载。明代郑若曾《筹海图编》载："福船高大如楼，可容百人。其底尖，其上阔，其首昂而口张，其尾楼高耸。"《明史·兵志四》："福船耐风涛，且御火。""底尖上阔，首昂尾高。"明代何汝宾《兵录》："福船高大如楼，底平身大，旷海深洋，回翔稳便。""顺风大洋长驱。"该船型"上平如衡，下侧如刃"，即船身高大、船底尖瘦、尖首方尾、首尾起翘。尖首尖底利于破浪；底尖吃水深，稳定性较好，适航性强，便于在狭窄的航道和多礁石的航道中航行，适应于广阔海域的远洋航行。福船有粗大的龙骨和首柱，尖底，尾部呈马蹄形，设大拉、扇形帆，尤其适应于广阔海域的远洋航行。考古出土的宋元及明代海船，也大都采用福船船型。"华光礁Ⅰ号"沉船有粗大的船底龙骨，船体的横截面为"V"形则耐波性更加突出，这种结构的船舶吃水较深，抗御风浪能力较强，更适合于南海航行。从发掘的龙骨与船侧板的连接看，似应为尖底，但侧板的变位严重尚难以确定横剖面线型的UV度。根据上述推断，"华光礁Ⅰ号"古船船型为尖底福船船型。

海南省博物馆海洋展厅展示了中国南方地区古代"福船"和"广船"两大远洋航行船的模型，"华光礁Ⅰ号"沉船为南宋时期的"福船"类型，其船体具有设置水密隔舱、多重板结构、船板鱼鳞式搭接等特点。文化创意产品中可以开发制作不同比例的（如1：20，1：40等）船模，可采用不同的材质（如木质船模、铜质船模、塑料船模、纸质船模），以方便观众随意选购。另可开发出可拼装的小船模（木质或环保材料），小孩及拼装爱好者可根据说明自己组装，既增加了周末、节假日活动的趣味，又开发了孩子们的脑力智力，可谓一举两得。

"华光礁Ⅰ号"沉船出水了一批精美的陶瓷器，选择部分花纹精美、观赏性和实用性强的瓷器用以开发，可仿烧或者提取相关元素创烧现代瓷器用以出售，可做纪念，既美观又实用，间接宣传了"华光礁Ⅰ号"沉船的历史文化，让观者感知历史，收获知识，享受艺术。

4. 气味影院

电影这种多媒体技术不断发展和演化，从黑白无声电影到彩色有声电影，从平面二维电影到今天的3D电影、IMAX，甚至4D、5D、VR、全息多媒体，人们对新事物的发展已经应接不暇了。嗅觉电影（气味影院）的概念在20世纪50年代就在银幕上出现了雏形，90年代美国一家公司完善了"嗅觉电影"技术，他们将气味分成30多种类型，并建造了一种原型设备，可以产生许多日常生活中的气味。日本一家公司研究发现，用超声波信号刺激大脑，可以诱导观众产生嗅觉反应。科学家研究发现，特殊画面将促使人们产生一定的嗅觉联想，而嗅觉电影的出现使这一研究变成了现实，在电影放映过程中根据不同场景释放不同气味，使嗅觉与人体其他感觉随电影情节发挥相应感知功能，强化了影片情节所营造的视听幻觉，使得人们在观影体验中的感受更加真实、立体和全面。在中国，嗅觉电影的技术与设备已日趋成熟，某些品牌的设备已经进入实践性投放阶段。2018年9月8日下午，在海口的中视国际影城，海南首个气味电影厅体验活动成功举办。

利用"华光礁Ⅰ号"沉船研究成果，可以开发一个小型的气味影院，观众通过头部佩戴气味发生设备，在影厅观影时不仅能体验到传统的视觉、听觉效果，如"华光礁Ⅰ号"宋船沉没前遭遇的台风暴雨（类似5D电影，有下雨、刮风的场景），而且还能通过专业放映设备触发观众的第三感官——嗅觉去体验影片中的气味（如船员就餐时的饭香菜香，喝茶时的茶香，遭遇台风暴雨时嗅到的海水腥味等），"闻"到电影中不同场景里的不同气味，观众从听视触嗅这几个感官中受到诱导刺激，仿佛置身于"华光礁Ⅰ号"古船船舱之中，场面真实生动，身临其境。

5. 水下考古体验馆

在海底世界自由畅游是人们由来已久的梦想，随着潜水技术的发展，普通人也可以进行水下漫游，导致潜水这一项目风靡全球，经久不衰。走进水下世界已不再是一个童话般的心愿，而是一份惊喜不断的浪漫。潜水项目无须游客现行学习，在现场教练的辅助指导下，人们就可以体验到水下自由游动的新奇和浪漫。潜水运动不但能带来和岸上项目不一样的感觉，而且在水下和热带鱼儿嬉戏游玩还带来了不一样的感官冲击和享受；另外，潜水运动还能增强和改善人们的心肺机能，甚至有研究表明，人体在水下可加快血液循环，并通过吸氧抑制甚至杀死癌细胞，能辅助治疗癌症。

目前每个去巴厘岛、马尔代夫，甚至去三亚旅游的游客都不会放弃一场水下潜水体验课，水下摄影、水下婚礼的举行，游客兴致盎然，乐此不疲。"华光礁Ⅰ号"沉船的水下考古是我国远海水下发掘的一个里程碑，我国水下考古队员也积累了大量水下考古经验。利用此机会，开发一个水下潜水考古体验馆，既让人们了解水下考古设备、工作步骤，又可以让他们有机会亲自下水体验水下考古过程，理解水下考古人员的工作艰辛，一举多得。

6. 海洋文化遗产公园

三沙市所在的岛屿有很多历史遗迹，如甘泉岛唐宋遗址、"华光礁Ⅰ号"沉船遗址、古代渔民拜神的古庙、墓碑等，这些都已成为岛礁上的"博物馆"，这些南海文化遗存便是"海上丝绸之路"的印证，也是我国古代先民来此的见证。"华光礁Ⅰ号"沉船遗址2014年被列为全国重点文物单位。

2013年4月，西沙邮轮旅游航线开通，"椰香公主号""长乐公主号""南海之梦号"等邮轮到访西沙，吸引了不少游客。这些游客既体验了海上航行，又有时间登上西沙永乐群岛去体验海钓、浮潜，欣赏海水蓝绿分隔的美妙景象。旅游业的发展使渔民的收入也增加了不少。

据调查，三沙附近海域海水透明度高于20米，超过巴厘岛、马尔代夫等世界著名海岛旅游胜地。可以借此机会将"华光礁 I 号"沉船遗址纳入旅游航线之内，游客欣赏西沙群岛环礁海景同时，又可以领略到"华光礁 I 号"宋船沉没遗址，领会到水下考古队员水下发掘的场景，增强和提高了人们的海洋权益和环保意识。在海南国际旅游岛、自贸区、自贸港开发建设的大潮中，对南海诸岛进行合理开发，三沙必将像巴厘岛一样吸引众多海内外游客前往度假，休闲旅游市场前景广阔。

第三节　让文物活起来

《中国文物古迹保护准则》（2015年版）特别指出，合理利用是文物古迹保护的重要内容，是保持文物古迹在当代社会生活中的活力，促进保护文物古迹及其价值的重要方法。利用会引发社会对文物古迹的进一步关注，在产生广泛的社会效益的同时也产生经济效益，促进地方经济的发展。文物古迹作为社会公共财富，应当通过必要的程序保证其利用的公平性和社会效益的优先性。

文物是历史的见证，是人类技术和文化的结晶，是人类创造活动的实物遗存，是珍贵的研究材料。通过对文物的研究，可对文物特征、价值及相关的历史、文化、社会、事件、人物关系及其背景解释，可以认识人类历史演化、技术进步和文化发展。展示是对文物和相关研究成果的表述，展示的目的是使观众能完整、准确地认识文物的价值，尊重、传承优秀的历史文化传统，自觉参与对文物的保护。

近年来，博物馆陈列展览的形式不断地进行改变和创新[11]。随着互联网、大数据、云计算等高新科技的迅猛发展，出现了很多高科技技术，例如 AR 增强现实、VR 虚拟现实、人脸识别技术、人机交互、三维交互技术等，在博物馆通过多媒体技术结合运用使文物的展示描述如身临其境，必然给博物馆的展览增添色彩和趣味。儿童在博物馆观众中占有一定比重，很多家长会带着孩子来参观博物馆，将高科技技术和文物文化内容融为一体，让孩子们通过玩一个闯关游戏，或者看一段场景再现，使其体会到当时历史的一种文化状态，间接受到历史教育，大有裨益。博物馆将更加深入地融入当代生活，对社会大众的影响也会越来越大，观众将不仅仅是展览的看客，还会成为展陈的设计者、参与者和分享者。策展过程中需将观众的感受感想体现出来，站在观众的角度考虑问题，主动融入社会，拉近与公众的距离，增强亲和力，用优质的陈列展览和服务吸引观众，增强陈列展示的可看性、互动性、通俗性，满足社会大众的精神需求。

海南省博物馆在展区增设了可触摸互动的"文物展示魔术墙"、"华光礁 I 号"沉船遗址复原场景大环屏、开放式的"华光礁Ⅰ号"沉船保护实验室，到此参观的观众人头攒动，说明了文物创新开发的成功有其必要性和必然性。"华光礁Ⅰ号"南宋沉船的保护与开发是一个持续的工程，在保护过程中还会遇上各样的困难，尤其是后期的维护保护、复原工程，但这既是挑战也是机遇。

第四节　小结

海洋文化遗产具有文化遗产所普遍具有的考古、艺术、教育和科研价值，而相较于陆上文化遗产，海洋水下文化遗产所处环境受到的人为干预较少，沉船等海洋文化遗址保存相对完好，能够给考古学家和历史学家等提供大量宝贵的原始信息，对于研究、阐释和再现古代人类社会活动历史、贸易往来、科技传播等具有重要意义。近年来，我国对海洋文化遗产的关注程度和保护力度与日俱增，水下考古技术突飞猛进，国家围绕海洋文化遗址、遗迹开展了大量的调查和发掘工作，一些重要的沉船遗址和海洋文化遗迹相继被列入保护范围。水下文化遗产保护在我国文化遗产保护工作中占有重要地位，世界上沿海国家已经加大了开发和利用海洋资源的力度，水下文化遗产的保护与开发必定会日益受到重视。

作为拥有200多万平方千米海洋面积的海洋大省，海南省的水下文化遗产数量据调查居全国之最。"华光礁Ⅰ号"南宋沉船文化的保护开发与研究探索可以为文物保护工作与文化旅游开发相结合提供资料和经验，对于我国水下考古发掘出水文物的保护保存及文创产品的开发，具有普遍而深远的意义。本课题研究成果可迅速推广转化成创新生产力，在海南国际旅游岛建设中推广应用，真正发挥文物作用的途径是文物被利用起来，通过旅游宣传、文创产品使"文物"达到会说话的目的，才能真正发挥其作为文物的价值，"让文物活起来"。以"华光礁Ⅰ号"南宋沉船及出水文物保护为基础，旅游开发相辅，达到合作共赢的局面，合理开发利用文物资源，不仅可以加强文物保护，同时又可以推动海南旅游产业的发展，深入挖掘、研究和弘扬"华光礁Ⅰ号"南宋沉船的历史文化遗产在海南国际旅游岛建设中起着举足轻重的作用。

参考文献

［1］　六百年历史的故宫，为何越活越年轻，成为最受欢迎的文创IP？牛牛财经是2021-11-15。

〔2〕 玩转博物馆经济 故宫文创火了后,其他博物馆复制成功了吗?上游新闻2022–05–18。

〔3〕 李锦辉:《瑞典"瓦萨"号沉船保护带来的启示》,《中国文物报》2011年7月15日第6版。

〔4〕 舒静、施雨岑、韩佳诺:《博物馆文创产品频频"出圈"的背后》,中国日报网2022–08–23。

〔5〕 云思:《博物馆的"智慧化生存"》,《上海信息化》2016年第3期,第59~62页。

〔6〕 匡标:《基于三维激光扫描技术的古建筑数字档案建库以及保护研究——以宋朝四大书院石鼓书院为例》,《中外交流》2017年第31期,第5~6页。袁国平:《三维激光扫描技术在文物保护中的应用》,《矿山测量》2018年第5期,第93~97页。

〔7〕 丁贵:《地面三维激光扫描技术在文物测绘中的应用》,《矿山测量》2015年第3期,第9~11转第6页。海南省博物馆和武汉理工大学合作课题"'华光礁Ⅰ号'船体测绘及复原方案设计"成果。

〔8〕 张蕊:《"南溟泛舸——南海海洋文明陈列"简述》,《南溟泛舸——南海海洋文明陈列》,南方出版社,2017年,第11~13页。

〔9〕 蔺爱军、林桂兰、董卫卫、胡毅、王立明、许江:《我国海洋水下文化遗产保护现状与管理探讨》,《海洋开发与管理》2016年第33卷第12期,第93~98页。

〔10〕 刘义杰:《福船源流考》,《海交史研究》2016年第2期,第1~12页。

〔11〕 杜晓帆:《价值判断是活用"文化遗产"的前提》,《小康》2018年第1期,第78页。

后　记

　　该项目成果以"华光礁Ⅰ号"沉船及出水文物的三维采集数据及数字化成果为核心载体，基于移动互联、云计算、大数据等技术，实现文物永久保存，并为提供观众互动及影视级体验服务，多种数字成果可深入应用于网站、移微、线下数字屏等多"屏"台，彰显海南省博物馆馆藏特色，拉近文物与公众距离，加强文物"对话沟通"，传递深厚历史文化，建构海南省博物馆数字化形态。

　　本书为国家"十一五"规划海疆考古规划重要项目——"华光礁Ⅰ号"沉船遗址发掘及保护成果之一，在此对国家文物局、海南省旅游与文化广电体育厅各级领导表示感谢！同时该项目也得到了湖北省海达文化遗产保护科技研究院和武汉理工大学造船史研究中心蔡薇教授团队的支持，在此一并致谢！

　　本研究的开展及顺利结项，也得到了海南省博物馆馆内同仁的大力支持！

　　本书分为九个章节，分别对出水文物保护概论、"华光礁Ⅰ号"沉船出水文物、数字化技术在文物保护中的应用、"华光礁Ⅰ号"沉船文物数字化保护构想、"华光礁Ⅰ号"沉船文物数字化保护方案、"华光礁Ⅰ号"沉船文物的数字化保护、文物数字化管理平台的开发、"华光礁Ⅰ号"沉船的复原、"华光礁Ⅰ号"沉船文物的活化利用等内容进行了介绍。本书第一章、第三章、第四章、第五章、第六章、第九章由苏启雅执笔（共20万字），第二章、第七章、第八章由包春磊执笔（第八章由包春磊和蔡薇教授合作撰写），合计12万字。

　　感谢所有关心海南文物保护工作和"华光礁Ⅰ号"沉船出水文物保护的各级领导、国内同行和馆内同仁！值此书稿付梓之际，在此一并致谢！同时感谢文物出版社编辑的热心支持！

　　当然，由于编者水平有限，书中难免会出现疏漏与谬误，尚祈行家批评指正，并请各位读者见谅。

著者

2023 年 10 月